幸福的亲子关系之旅

[德]卡特琳娜·萨尔弗兰克 著

章 冉 译

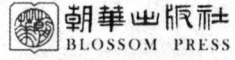

著作权合同登记号 图字：01-2022-3351

Die Reise zur glücklichen Eltern-Kind-Beziehung © 2021 Beltz Verlag in the publishing group Beltz · Weinheim Basel
Chinese translation copyright © 2023 by Blossom Press

图书在版编目（CIP）数据

幸福的亲子关系之旅 /（德）卡特琳娜·萨尔弗兰克著；章冉译．－－北京：朝华出版社，2023.10

ISBN 978-7-5054-5197-1

Ⅰ．①幸… Ⅱ．①卡… ②章… Ⅲ．①亲子关系－家庭教育 Ⅳ．① G78

中国国家版本馆 CIP 数据核字（2023）第 178344 号

幸福的亲子关系之旅

作　　者	［德］卡特琳娜·萨尔弗兰克
译　　者	章　冉
选题策划	袁　侠
责任编辑	刘　莎
责任印制	陆竞赢　崔　航
装帧设计	未　末

出版发行	朝华出版社		
社　　址	北京市西城区百万庄大街 24 号	邮政编码	100037
订购电话	（010）68996522		
传　　真	（010）88415258（发行部）		
联系版权	zhbq@cicg.org.cn		
网　　址	http：//zhcb.cicg.org.cn		
印　　刷	小森印刷（北京）有限公司		
经　　销	全国新华书店		
开　　本	710mm×1000mm　1/16	字　数	180 千字
印　　张	22.25		
版　　次	2023 年 10 月第 1 版　2023 年 10 月第 1 次印刷		
装　　别	平		
书　　号	ISBN 978-7-5054-5197-1		
定　　价	69.80 元		

版权所有　翻印必究·印装有误　负责调换

前　言

欢迎开启你的旅程

你能选择这本书，真是太好了。我很开心，你愿意开启这趟特别的整体性旅程，对新的视角和观点保持开放的心态。在这段旅程中，我会邀请你从许多不同的角度出发，从而更好地认识和理解你的孩子，以及你自己。

在养育孩子的过程中，或者换一种更好的表述方法——在我们与孩子的关系中，会发生很多无意识的过程，并且我们往往不会质疑自己作为父母所采取的视角和行为，因为在日常生活中除了进行教育以外，我们不知道还有其他方法。我们自己就是经历这些长大的，所以会不自觉地接受和吸收了很多东西，甚至包括我们的整个思维方式和对待孩子的基本态度。并且在日常生活中，我们常常是犹豫不决、举棋不定的。根据我的经验，父母总是担心下面这几个问题，可能这几个问题也常常萦绕在你的心中：我怎么能知道自己现在是否走在正确的道路上？为什么家中的矛盾会愈演愈烈、不断恶化呢？当孩子做出不符合我期待的行为时，我该如何更好地理解他？为什么我常常无法在充满压力的日常生活中把对孩子的爱表现出来呢？

在这里，我们提出了一系列本质性的问题，这其中最重要的，甚至可以说所有的问题之源是：我想怎样生活，我想成为什么样的人？类似的问题还有：我想如何规划我的家庭生活？对我来说什么是重要的？我想做一位什么样的父亲或者母亲？我目前过的生活和我在平日里的行为真的符合我的价值观和想法吗？我喜欢自己做的事情吗？如果答案为否，那么我可以做什么？该如何做？

想要回答这些问题，我们回顾一下过去是很有帮助的。这样做不是为了让你沉溺其中不停地"挖掘"往事，而是为了让你更好地了解，你如何成为了今天的你；是为了让你告别过去，有意识地活在当下，并且做出些改变。通常情况下，我们的过去（不自觉地）决定了我们现在的行为。如果我们有意识地审视过去并且质疑它，我们就能够打破旧的模式。如果你准备告别昨天，那么就能够找到新的视角，在今天用不同的方式和你的孩子相处，在日常生活中温柔慈爱地陪伴你的孩子，从过往的遭遇中解脱，在爱的沐浴下行动。这样，你就能够获得一种全新的人际关系，在彼此的陪伴中体验快乐，感受共同的幸福。从这个意义上说，你可以现在向自己提出这个问题：此时此地，为了把你对孩子的爱越来越多地转化为爱的、关怀的行动，你能够做些什么具体的事情？

在我看来，这是一个令人兴奋的问题，因为它开启了全新的可能性和视角。而这正是问题的关键所在——一切都关乎于新的视角。因此，从现在开始，我想和你一起把焦点从日常生活中的鸡毛蒜皮上转移开，关注一些其他的事情。我们的关注点不在于什么是不起作用的，什么是无效的，而在于什么是可行的，什么是可用的。我们要把精力放在那些值得关注和投入的事物上，这样才能更有效地改善它。这趟旅程

前 言

关乎你如何更好地了解你的孩子，你该如何看待自己，以及你如何能够建立起一个全新的行为模式。

在过去的几年中，这个问题不断在我的脑海中浮现："我怎样才能更好地理解孩子，究竟如何才能做得不一样呢？"我非常努力地想给出一个答案，但亲子关系问题涉及的层面是多样的，总是在变化，所以我们需要更多的元素，也就是说，我们得动用整个身体才能真正进入到这种动态的关系中来。因此，为了行动起来并真正带来改变，我们将运用到不同的层面：认知（你的想法）、情绪（你的感受）和身体（你身体的感觉）。

这三者之间的关系，或者说在思维、感受、相互触动以及身体中各种各样的反应之间存在的奇妙而独特的相互作用，是使我们成为人类以及构成我们彼此之间关系的根本原因。根据我的经验，为了能够接受新的视角，采取不同的行动，并且在之后的联系中保持敏锐的直觉，了解这些层面之间的联系，有意识地感知它们、运用它们，并且在日常生活中积极且建设性地将理论转化为实际是至关重要的。我们遭遇过的一切都会对这些层面产生影响。我们经历的每件事情，学习的所有东西，都会将相应的思想锚定在我们的脑海中，并且与我们在那种情况下感受到的相应感觉结合起来，然后通过与之相对的反应反馈到我们身体系统中，作为感知标记下来。然而，我们童年时期的某些依恋关系经验，让我们在成年后往往不能（再）有意识地感知这些层面并将其相应地联系起来。所以，我们需要再次建立起这些层面之间的联系，并重新认识到这三者之间相互作用的重要性。

我认为我的任务是：在这段你即将开启的旅途中陪伴你，帮助你在这三个层面之间（重新）建立联系，让你能够再次开放地、轻松地建立与自己的关系。这样，你就会（再次）与你的"情绪地图"，也就是你自己的感受有更多接触，同时与你的孩子进入到一种更有共鸣、更深层的关系中。在这段旅程中，我们不会使用一些诸如"正确"或"错误"、"好"或"坏"的评价词语。因为人际关系是一种奇妙的舞蹈，你可能跳着跳着会踩到别人的脚，也有可能跳着跳着跑到了别人的地盘。我之所以要强调这件事情，是因为在咨询工作中我遇到过的父母，都想把每件事做"好"、做"对"，想做到"完美"，不容许有所谓的"错误"出现。然而，我们不能如此简单粗暴、黑白分明地理解亲子关系，因为关系是一条道路，是一个过程，在这个过程中，我们会不断地产生新的认识，并据此调整我们的行为。

我的方法和对孩子的看法，非常明确地区别于在我们的社会中常常被运用到的行为学方法（以行为为导向的育儿法）。这些方法的目的是使孩子的行为与成年人对其期待的行为相符。然而我们需要意识到，儿童（也包括成人）的行为只是更深层次的情感—心理运动的外在表现，这些内在过程表现出来的结果只是冰山的一角。如果我们想要可持续地改变行为，那么来好好研究一下导致孩子某种行为的深层次原因是非常必要的。因此，我们以这个假设为出发点可以推知：孩子的行为总是有意义的，人类的行动和行为从根本上说首先是由感受（快乐、愤怒、怨恨、羞耻、痛苦、恐惧）所驱动的，而这个情绪原则被基础情感需求（比如，对亲密关系和安全感的渴望、争取自主权、自我效能感、归属感，等等）所灌溉。对这一串连锁反应的解析将是本书和我们旅程中的主要工具。因此，我想和你一起仔细研究这条反应链，准确、仔细地观察它，然后学会有效地运用它，这样你就可以用以依恋和关系为导向的教育法来理解孩子的行为：不再局限于只"解决"

孩子表面上令人讨厌的行为，相反，我们要将孩子的行为理解为从更深层次的心灵—情感的内在活动中传递出的宝贵信号。这些信号提醒你有能力采取不同的应对方式，有能力为你和你的孩子找到一种全新的、互相尊重的、促进发展的答案。

为了让你能够认识、领会和理解一个行为背后的意义，也就是了解冰山一角下深藏海中的那部分，我们在第一阶段将会研究哪些感受会触发一个行为，哪些基本情感需求又会激起什么感受。也就是说，我们会一起去"深海探险"，去探索冰山隐藏在海面以下的未知部分。

为了能够带着由此得来的知识和理解继续我们的旅程，我们还将在精神上为接下来的旅程做好准备。你将了解到我们所采取的观点的重要性，肯定与鼓励在我们的思想中可以发挥的作用，以及呼吸对我们整个身体的影响。我们会研究基本的态度观点，学习感恩的强大力量。在本书的第二章我们将会学习令人激动的观点变化以及设定你自己的旅行目标。

用前两个阶段的学习成果武装好自己，接下来我们会来到第三和第四阶段，在这里我们会研究情感和情绪，也就是来探索你自己的情绪地图以及孩子的情感发展。在你自己的情绪地图中可能存在一些未知的角落，或者不容易被你读懂的地方。所以，我们将通过游历每个（情感）领域，重新探索它，发现那些隐秘的角落，使这张地图变得完整。在这之后，我们将在第五阶段进行一场走近自我的旅行，深入我们的内心。你会审视自己的形象，并且重新找回自己内心的孩子。我会带你体验如何用不同的角度看待往事，然后将不好的回忆抛诸脑后。如果你准备好了承认过去，过好现在，那么未来就能成功。

在这场旅行之中，特别是在最后一个阶段，你将学习如何通过典型的日常情景，把旅途中获得的所有宝贵经验建设性地落实到你的日常家庭生活中。到那个时候，你的行李箱中会多了许多非常有用的工具，利用这些工具你可以更好地了解你自己和你的孩子，从而发展一段温暖的、有建设性的、完满的关系。

为了能让这条道路走起来平稳、顺畅，为了能够陪伴你的个人成长，我从咨询实践中整理出了实用的材料，并且附上了我的想法、练习、知识锦囊和思考题，也就是说，我会作为心理教练和旅行伙伴陪伴在你身边。这也是我有意识地决定，用"你"和非常个人化的方式来称呼本书读者的原因之一。我想在你的旅程中为你提供支持，并在路途中给你指路，为你提供地图和指南针。你可以自己设定步幅和节奏，用最舒服、最适合自己的方式走完这段旅程。

如果本书的内容将你推到了极限，强烈的压迫感压得你喘不过气，让你产生了无法继续的感觉，那么可能对你来说在某些话题上寻求专业的支持、陪伴是有必要的。由我创立的"暑期学院：更好地理解孩子"的课程和研习小组可能是一个寻求深入陪伴性学习的好机会。在那里，你可以与处在同一段旅程中的父母交换意见，并且给我反馈。为了让作为读者的你获得直接交流的机会，我在脸书（Facebook）上创建了一个名为"更好地了解你的孩子和你自己"的讨论小组。我非常期待你的加入，告诉我你的旅程经历并与他人分享你的成长体会和经验。

本书关注的重点并不是为特定的情况提供肤浅的建议——因为这种方式并不适用于复杂烦琐的家庭生活，而是在于你，让你能够更有意识地倾听自己的声音，重新回到与自己的和谐关系之中。为了这场旅行，我选择编入本书的内容可能就像手电筒的一道明亮光束，照亮你内心世界中昏暗的区域和隐蔽的角落，给原本处于迷雾之中的地方带来明亮和光彩。那些在你心中以及在你生活中到目前为止还不太被关注的领域，现在都可以且可能被关注到了。它们本身就是你的一部分，是对你有帮助的，可以给你提示，也可以为你和孩子关系中的重要部分开辟新的视角。

在实践中我接触过各种各样的家庭——从有孩子的同性伴侣到想要孩子的单身人士，再到领养或收养孩子的父母。家庭生活的模式不是单一的，而是令人难以置信地多姿多彩，能够观察这种多样性对我来说着实是一种乐趣。所有的家长，无论是父亲还是母亲，都有相同的目标，就是在与孩子的相处中尽可能地将父母的角色扮演得更好。因此，在我们踏上这段旅程之前，我想通过本书向所有父母致辞，欢迎所有父母参与进来。为自己的成长发展做出努力是每个人的权力和自由，你是被邀请来加入这场旅行的，所以不要有被逼迫感。还有一点对我来说很重要：当我在下文中特别称呼你们为母亲或父亲时，不要感到被排斥在外——我所指的并不仅仅是传统家庭模式中的父亲母亲，而是以你们各自作为父母的角色称呼你们，无论你或者你们选择了哪种家庭的模式。

对于作为母亲的你，我想对你说……

感谢你踏上这段旅程。也许你已经读了很多书，或者听了很多播客。根据我的经验，为了能更好地了解孩子，母亲往往非常积极，阅读、倾听并乐于与其他家长分享。这真是太好了。我想，对于育儿你已经有不少了解，却仍然选择打开这本书，对此我真的感到非常荣幸。然而，我也知道，作为母亲，你常常承受着非常大的内心压力。你想要把每件事情，真的是事无巨细、每时每刻都要做好做对。当然，我们都明白，做到"完美"是不可能的。心理学家、心理治疗师斯蒂芬妮·斯塔尔一言以蔽之："父母不必完美无缺，做到足够好就可以了。"但怎样才是足够的呢？所以许多母亲问自己这个问题：我做的是否足够了？

所以在这里，我想对你说：每一天，你都完成了那么多事情，并且你也已经开始了新的探索（最起码现在你手里拿着这本书），以开放的态度面对与孩子有关的思考，准备好了与自己打交道。是你，撑起平凡、漫长又令人疲惫的日子，与孩子们周旋，与自己相处。特别是在应对新冠疫情的这几年中，因为居家办公和居家上学，我们被局限在同一个狭小的空间里，你要处理孩子的争吵，你要安慰孩子的泪水，要整理房间，要做饭，要去采购食物，要陪孩子玩耍，要哄孩子入睡，要……你能看到自己每天要做多少事情吗（甚至这只是全部的一小部分）？

在你踏上这段旅程之前，我要给你一些鼓励：请你一定要温柔、有爱地对待自己。谁会张开双臂拥你入怀，感恩你的付出？偶尔也要让自己松懈下来，被拥抱一下。最重要的是，你要能够在内心拥抱自己。你足够好了！你做的一切，也足够多了。但这并不意味着所有事情都可以顺利进行，重要的是，在一条路行不通时我们要能够停下来，重新确定我们的方向，然后以一种全新的、不同的方式再次前进。我们能一起开启这段旅程，真是太好了。

前 言

对于作为父亲的你，我想对你说……

感谢你愿意踏上这段旅程。从我的咨询和实践经验来看，父亲不仅越来越感兴趣，而且还希望更积极地参与到子女的日常生活中来，并愿意为实现这一目标努力配合。许多夫妇希望在育儿上拥有平等的关系。这真是太好了。在我初为人母时，大家还没有这种想法。尽管如此，我的丈夫还是和我平等地分担了育儿以及与之相关的一切。父母双方是同等重要的，所以这本书既是为母亲，也是为父亲所写。更加令我高兴的是，你已经接收到了这个信息，并且打开了这本书。谢谢你的信任。

在这里，我想明确地鼓励你以适合自己的方式安排这场旅程。如果书里有些内容让你觉得很奇怪，你不妨先尝试一下，如果尝试之后你觉得它对你不适用，那就把它搁置在一边好了。或许这些内容在另一个时间段对你来说更合适。如果书里有些内容对你来说太过沉重，你需要停下来喘口气，那就休息一下吧。重要的是，在休息之后要继续坚持这段旅程，因为更好地了解自己是件非常值得做的事。

还有，在这段旅程中，请对自己有耐心。我知道，寻求替代性的行动方案是很有诱惑性的，因为你可能想迅速找到一个解决问题的办法。这点我理解。虽然我们会经历好几个阶段，但是一路上也会为你提供问题解决方案的。然而事实上，这条道路就是我们的目标，而且这是一个需要花些时间的过程。在此期间，我们会透过认知深入到情感，从思考进入到感受。真正去感知某件事情是需要时间的，这就是为什么我要求你对自己有耐心，要相信解决方案会在适当的时候出现。你在情感上越能感受和理解自己和孩子，你就会越容易找到解决办法，即使道路有时看起来崎岖不平。不要忘记：作为一个个体，作为一位父亲，作为你的孩子依恋的对象，你现在的样子就很好。我们能一起开启这段旅程，真是太好了。

对于作为父母的你们，我想说……

现在请允许我向你们双方说一些话。在你们一起开启这趟旅途之前，我想对你们说：

● 请对对方有耐心，给予对方支持。虽然你们一起走在这条道路上，但你们每个人都拥有属于自己的故事、自己的印记。不同的背景可能会导致在日常生活中触碰到敏感的区域，使某一方感到特别脆弱，或者受到打击。相互理解是处理这个问题最好的方法。从信任出发，坚信你们双方都是出于好意，都想把事情做好。互相陪伴，当对方想诉说一些事情时，要善于倾听。这就足够了。去感受你不是一个人，你不是孤身奋战。

● 尊重每个人的节奏。成长是不能加速的，这也是它的奇妙之处。你为之付出的时间越多，获得的认识就会越详细，进步就会越快。

● 交流想法。如果你们能够定期抽出时间，以父亲、母亲的身份，结合从书中学习到的内容，谈一谈你们在这段旅途中与自己重新建立连接时的想法和经验，那就更好了。如果你们喜欢这种分享，那么可以经常交流，即使只是在厨房喝杯咖啡的时间。今天的家庭模式如此丰富多样，母亲和父亲可以平等地生活在一起，在平等的基础上为人父母，这是一项多么伟大的成就——不仅仅是对作为父母或伴侣的你们,也是对你们的孩子。孩子的成长需要你们两个人的守护,就像你们现在这样,在孩子身边作为指引方向的灯塔,以你们真实的样子陪伴他们,爱着他们。父母之间的差异性对于孩子来说也是非常重要的,他们会从这些差异中受益。也恰恰是这些差异激发了我的灵感,在书中我也会单独为父母中的一方编写明确的指示。当然这些都只是提议。你们能够一起开启这段旅程,真好!

这本书还能为你提供什么

在这段旅程中,我希望你能经历自己的成长,敢于质疑自己,深化内心的洞察力,改变观察的视角。为了能够帮助到你,我想先为你介绍一下将会接触到的内容和辅助工具。你会在书中对应的地方找到相关提示。

通过练习巩固你读到的内容

在这本书中,你会发现有许多书面练习,也有一些实践练习。这些练习可以帮助你更仔细地思考刚刚阅读的内容。有时,这些练习可能对你来说是一种挑战,因为它们触及内心的最深处。我非常希望你能勇敢地面对练习中涉及的问题,因为迈出这一步是值得的。

也许你认为在头脑中思考这些书面练习就足够了。但我想请求你花些时间,在纸上写下你对这些问题真正的回答。通过书写来阐明你的想法,这些练习将为你带来更大、更持久的益处,而且你还能在之后的某个时间重新阅读自己的回答。也许你为了记录回答和心得,打算买一个专门的笔记本或者日记本。我非常鼓励你这么做！

顺便说一句：用手写记录能带来特别好的效果，因为那样我们会自动放慢思考速度，想法会更深刻，一切都能在你的内心中产生更持久的影响。

一个好的顾问和向导首先会提出问题

许多顾问乐于针对某些问题直接给出具体的答案。这是可以理解的，但这种方式往往无法带来真正持久的改变。在这段旅程中，在你的个人发展中，最重要的是把你学习到的内容付诸实践，切实有效地运用它。为了能够实现这样的转化，一场从自己内心出发的整体性改变是必不可少的。这是因为，我们在外界看到的、感知到的，主要都是在我们内心中深信不疑的东西。所以，我不仅仅要以新的视角为你重新解释外界发生的事情，还要首先触动你的内心、激发你的思考。我会主要通过提问的方式打开通往你以及你内心世界中新空间的大门。因此，在这本书中交织着许多不同的灵感与启发，鼓励你进行思考，我也重复性地穿插了一些帮助你思考的问题。

针对这些问题我想说，请你不要立刻去寻找具体的答案，而要首先利用问题本身来冷静地审视与之相关的一切，研究清楚这个问题涉及的各个角度，然后在心中为此预留空间。在这里，旅程本身就是目标。我们的大脑被设计得很精妙：它总是通过迅速给问题找一个答案的方法，尽快调节问题带给我们的内在压力。在实践中，我们经常讨论如何能更好地理解儿童的行为。而且我经常听到父母（通常是父亲）这样说："好的，我现在理解了，那我具体该怎么做呢？"答案创造了一种压力缓解的平衡，我们又找回了内在安全感。我们的大脑会尽其所能，使机体以最快的速度回复到安全状态。因此，我们的天性就是如此：希望立刻知道在某种特定情况下该如何应对。如果说，我们还生活在远古时期，遇到的危险情况是突然出现在山脚下的剑齿虎，那么这种机制相当适用。

即便是遇到涉及自己孩子的问题时，我们也能经常感受到我们没有敞开心扉，以开放的心态处理问题。作为父母，我们需要为孩子的心灵成长铺垫好道路。所以，请你给自己时间，平静地分析问题，你并不需要马上得到现成的答案，而是要允许自己反思，先说服自己。相信在这个过程中，答案会在你的心中浮现。

激活你内心的力量

我们的内心世界影响着我们如何感知周围的外部世界。如果我们改变了自己内心的想法和态度，那么对外在事物的感知也会立即发生变化。一个非常有效的方法是使用肯定的话语来实现长期变化，并且激活自己内心的力量。积极的自我肯定是指我们对自己说的想法和句子，是对自己和生活的积极、有活力、有能量的表述。我们可以用它们"喂养"我们的潜意识，汲取精神力量，增强注意力。通过这种方式，我们可以引导大脑走出长期感到活力不足的状态，将我们的关注点调整到生活中积极的方面，擦亮我们的眼睛，发现更多生活中的美好，并且有力地汲取生活提供给我们的一切。

规律性地重复肯定的话语有助于我们调节自己的潜意识，使其长期保持一种新的、积极的自我认知。为了利用这些肯定话语的力量，你要真正地、全心全意地相信它，这点格外重要。如果不起效果，那么往往是因为你没有真正"相信"这句话所说的内容，就像在"机械地背诵"或者"毫无感情地复述"一首诗，没有真正深入地感受。这样，话语就不会带来力量，内容也失去了意义。因此，如果你想要使用肯定语这个工具，你就要相信你对自己说的话，并且接受它为你的生命旅程带来的东西。

最棒的是，你不仅可以利用它积极塑造你当前的生活，还可以用它来改写原来的信念，也就是"重新编程"你的潜意识。为了取代旧的信念和程序，重要的是，你要用肯定这种形式将新的想法更频繁地带入潜意识，覆盖掉旧的想法。这就是为什么使用日常的肯定语是有意义的。通过这种方式，你可以不断地"训练"你的头脑来适应新的想法。

我为我们的旅程开发出了一种"精神旅行食粮"，你可以从中汲取精神力量。当你大声地对自己说出这些肯定话语时，它的功效是最强的，甚至会提升好几倍。一个有效的方法是在一大早使用这个工具，开始新的一天。它们将帮助你专注于当下，用积极的心情开启一天的工作。

精神旅行食粮

如果你对某种想法感到抵触，不要与它对抗。它可以存在，你可以接纳它，也可以之后在另外一个层面上处理它。同样，会有一些句子特别吸引你，给你一种温暖、舒适的感觉。

● 我承认我自己，以及我对家庭关系带来的不可估量的影响。

- 我仁慈地且充满爱意地看待自己。
- 我充满了信心，对变化持开放态度。
- 我关注自己，在乎自己的想法和感受。
- 我放下控制和恐惧，选择信任和建立联系。
- 我将目光看向生命中的充实，并且关注各种可能性和解决方案。
- 我对自己的思想、情感和行动负责。

如果你想通过肯定语这种方式加强与自己的联系，同时与孩子建立深层次的连接，我可以向你推荐使用肯定－连接小卡片。这些小卡片能够帮助你在日常生活中取得沟通、保持联系，创造细致体贴的家庭生活。除此之外，你也可以借助这些卡片让这些具有积极意识的句子给孩子留下持久深刻的印象，从而每天积极地促进孩子自信心的成长。这样，孩子在生活中会更有安全感，也会变得更强大。

练习：制定你自己的正能量语录

为自己至少写下三个有力量的励志短句，这些句子将在你阅读本书的过程中陪伴你，积极支持你的个人改变。你可以把它们写在笔记本上，或者写在便签上，并把它贴在或放在一个合适的地方。

每天早上醒来之后、晚上入睡之前都要重复读这些正能量语句。想象一下，你是如何在生活中体现出这句话的。以感恩的心态，尽可能多地将这些肯定的话语和积极的情感联系起来。

呼吸是一种与自己的联系

有了正能量的语句,你便已经得到了一个调整思想的奇妙且有效的工具。现在,我想向你介绍另外一个工具:你的呼吸。呼吸是连接内部和外部的纽带。我们向内吸入空气,然后再把它向外呼出,这是与周围生命最重要的联系。然而,我们通常不太关注呼吸这件事,我们总是无意识地呼吸。我想向你展示,有意识地呼吸可以带来多少变化。

在日常生活中,我们总是面对很多压力。因为我们需要同时兼顾很多事情——孩子、家庭作业、家务、工作……于是压力产生了。但是,压力到底是什么呢?

压力是由威胁性或不愉快的情况以及过度要求引发的。然后我们的大脑会通过激素和神经系统使我们的身体处于警戒状态:心跳加快,呼吸加速,血压上升。大脑的自主神经系统负责压力调节。交感神经系统和副交感神经系统在这里起着至关重要的作用:交感神经系统使人处于紧张状态,加速心跳和呼吸,使整个身体做好战斗或逃跑的准备,而副交感神经系统主要负责放松和再生的过程。这种使身体进入高度兴奋状态,从而触发警报状态的身体反应曾经对维系我们的生存非常重要,因为身体通过这种方式可以迅速为我们提供大量的能量,用来逃跑或攻击。然而,如果交感神经系统和副交感神经系统之间的互动不能正常运作,我们就会一直处于压力状态之中,尽管我们想要更从容淡定地做出反应,但事实上很难做到。通过有意识地调节呼吸,我们可以影响自主神经系统的某些区域。如此一来,我们可以从负责高度紧张和压力的区域(交感神经系统)切换到负责放松和再生的区域（副交感神经系统）。

你也可以用你的呼吸来调节情绪。当我们压抑愤怒或者恐惧等情绪，以及处于压力状态之中时，都会感到紧张：呼吸变浅，身体仿佛被冻僵了，内心也变得僵硬坚固。笑、哭和抽泣主要是横膈膜和肺部的运动，呼吸技巧正是利用了这种联系。通过调整呼吸，你可以处理和释放情绪。这样做，你在情感上、精神上、心理上以及身体上都能够得到放松。

有意识地调节呼吸的另一个重要作用是帮助我们活在当下，关注此时此刻。也就是说，我们要将注意力集中在此刻正在发生的事情上。我们总想一心多用，试图在同一时间做几件事情，以为这样可以更好地利用时间。但事实上，这样做只会让时间贬值，因为一个活动已经被下一个活动所覆盖，而我们的注意力并没有集中在当下。我们陷入了一种同时性，使我们感到压力和分心，我们无法享受当下，无法享受此时此刻，也无法参与其中。

如果我们忽视了有意识地调节呼吸，只是气喘吁吁地在这个世界上跑来跑去，那我们就有可能失去平静和内在的平衡，陷入一种虚无和缺乏。不仅仅是在身体上，也是在精神上。这就是为什么有意识地调节呼吸是如此重要。有意识地集中精力并且用清醒的意识感知自己的呼吸，可以调整自己，集中自己的力量，从而找到自己的中心。顺便说一下，你可以在任何地方这样做，在家里和孩子们一起时，在工作中，在路上，无论你在哪里。下面这个呼吸练习可以帮助你做到这一点。

练习：这样呼吸可以让你平静下来

第1步：观察自己。

你到底是怎么呼吸的？你用哪个部位呼吸？你是否只用腹部呼吸，不用胸部呼吸？或者相反？吸气更多还是呼气更多？深呼吸多还是浅呼吸多？呼吸的时候肩膀会跟随着起伏吗？呼吸的时候是吃力的还是轻松自然的？你在感受呼吸时能觉察到什么变化？

好好探索一下，并尝试在日常生活中更多地了解自己的呼吸。

第2步：

- 吸气，在心中数到4。
- 屏住呼吸片刻，数1和2。
- 然后呼气，比你吸气的时间长一点，从1数到6。

如果你连续这样做几次，就会发现自己很快就可以平静下来。你可以感受到更多的平静时刻。通过这种形式的呼吸，可以激活大脑中负责放松的区域。这在我们面对压力的时候很重要，在我们感到愤怒以及强烈的、有可能将我们淹没的情绪时也很重要。

如果你愿意，可以每天多做几次这个练习。尝试一下吧，设置一个闹钟，这样你就不会忘记。只要稍加训练，你就可以在紧张的情况下自如地运用这种方法。

专注于身体接触和亲密时刻

在与孩子的日常生活中，亲密时刻和身体接触都是必不可少的。无论你的孩子是正在蹒跚学步的婴儿，或是正值学龄的儿童，还是十几岁的少年，都丝毫不影响其重要性。

前言

身体接触对生命来说是必不可少的。对于婴幼儿来说,缺乏感官刺激(皮肤接触)甚至会带来巨大的负面影响:他们的成长速度明显延迟,脉搏、呼吸和心血管系统都会更加不稳定。缺少触摸会让婴儿实实在在地生病。因此,建议早产婴儿的父母练习所谓的"袋鼠环抱":在医院病房的安全环境下,每天拥抱婴儿,让婴儿可以体验到亲近和皮肤上的触摸。

> **身体接触及其影响**
>
> 身体接触能使人平静,降低血压、心率和呼吸频率,压力水平显著降低,免疫系统得到加强。对儿童来说,可以刺激他们的成长。身体接触对他们有镇静、熟悉、疗愈和亲近的作用。
>
> 著名的家庭治疗师弗吉尼亚·萨蒂尔曾经说过:"我们每天需要拥抱4次才能存活,需要拥抱8次才能感觉良好,需要拥抱12次才能使内心成长。"

科学研究成果表明,触觉刺激,即抚摸、触摸、揽在怀里、摇晃和拥抱,对婴儿的生存是绝对必要的。当我们成年后,这种对亲近和身体接触的基本需求就会变得不那么重要。在德国的文化环境中,相互触摸并不是那么自然的一件事。相反,我们更依赖距离。现在,以及在新冠大流行之后更是如此。我们常常局限在思维和认知中,忘记了身体对于能够在当下采取行动也是至关重要的。在这场旅行中,我们会仔细研究身体的作用。

亲密时刻可以是身体上的接触,但主要还是情感上的接触和联系,是可以在情感层面上感受到的那一瞬间。它们是短暂却珍贵的情景,在其中你感到有几毫秒的联系。亲密时刻可以是:

- 让你们产生触碰的姿势(拉着孩子的手或抚摸孩子的背,并且感受到了这个动作;当你的孩子在告诉你一些事情时,手放在他们的脑袋上)。
- 你们交换的、留在你们记忆中的目光。
- 感动你的话语。
- 打动你的句子。
- 情感上触动你的心弦。
- 留在你心中的时刻。
- 你们共享的、牢牢扎根于你们记忆中的经历。
- 你们定期一起进行的仪式化活动。

这方面的先决条件是你要(再次)关注到与孩子在一起时的手势、眼神、词汇、句子、接触,更为细心地观察它们,使它们成为你日常生活的中心。这需要我们在生活的相处中放慢速度。

因为我们常常不承认这样的亲密时刻,所以总是让它们在不经意间流逝。亲密时刻可以是简单的:"妈妈,你能帮我打开这个吗?"(眼神、手势、有意识的触摸)或者是:"爸爸,我们什么时候再一起去购物?"这些不起眼的亲密时刻,充满爱意的眼神、动作和陪伴,是与我们的孩子保持良好联系的最佳"黏合剂"。这就是为什么我想邀请你参加个人的亲密时刻挑战。它由日常生活中小的正念训练组成,你在与孩子相处的过程中会遇到它们,通过这些正念训练,你能够打磨自己的认识,意识到在生活中什么才是对孩子来说重要的——联系和接触。这些小"任务"可以帮助你们重新建立彼此之间有意识的连接，并更清楚地感受到你们需要什么，这样才能真正与孩子建立联系，从而创造和塑造充实的亲密时刻。挑战中的问题、反思和启发就是为了这个目的。我诚挚地邀请你参与进来。你将看到立刻的变化，你的意识也会集中在你与孩子关系的质量上。

　　亲密时刻挑战贯穿在整本书中。通过这种方式，你可以感知到在这段特殊旅程中发生的一切变化。在这里，我想再次邀请你记录下自己的想法。如果可以，父母两个人一起做这个挑战。互相鼓励，交换意见，互相支持，彼此之间进行善意、友好的交流。

　　这些挑战，肯定有些对你来说很容易，有些对你来说很困难、具有挑战性。这都没有关系，没有"正确"或者"错误"。这只是进行有意识的连接。你会发现，在日常生活中，有许多小的时刻对你们整体的相处有很大的影响。

亲密时刻

在一天中充满爱意地拥抱自己的孩子三次！确保你真的感觉到了彼此之间的联系。

　　□当你回想这项任务时，你对它的感觉如何？你是在什么时候以及如何成功地将这种形式的接触融入进你和孩子的关系的？你如何确认自己真的建立了有意识的连接呢？你的孩子对此有什么反应？

　　千里之行，始于足下。放手去做就好了。现在，你已经成功地迈出了几步，向着目标出发了。欢迎开启你的旅程！

目录

第 1 章　家长的视角问题 / 1

第 2 章　家长的期待和想法 / 39

第 3 章　家长的情绪地图 / 63

第 4 章　孩子的情绪地图 / 125

第 5 章　更好地理解自己 / 179

第 6 章　营造幸福的日常生活 / 245

后记：用爱代替恐惧 / 323

致谢 / 329

第1章

家长的视角问题

第1章
家长的视角问题

在这段旅程中，我们将首先了解关于养育孩子和关系建立的新维度，然后学习改变自己的视角。你会注意到，同样的一件事情换一个角度看，感觉是完全不同的，一个崭新的宇宙将为你打开，你也会发现全新的行动方案和处理方式。你可以更加敏锐地注意到，用哪种视角完全可以由你自己选择，你才是那个做出决定的人。

首先，我要向你介绍一个由我自己开发的，并且也是最重要的用来改变视角的模型——冰山模型，或者说由我独创的三阶段模型。当然，将冰山作为一个模型并不是什么新鲜事儿。在培训中我主要将它作为一个象征性图片来使用，并为了咨询工作特地继续拓展了它的功能。它融合了发展心理学原理、婴儿－依恋关系研究的知识以及脑部研究的科学成果，我将这些融合在一个特殊的关系语境中。这是我从精神分析的咨询实践中发展出的模型，并且已经在我面向家长进行的以依恋－关系为导向的育儿咨询工作中使用了多年。我们将把冰山模型作为一个核心工具来使用，从这个宝贵的角度出发，逐步地理解孩子的行为和你自己的行为。

在这个定位模型中，我把行为、情感和需要之间的基本相互关系放到了同一个框架下，这样，孩子在各种情况下的行为表现就变得有迹可循了。对父母来说，就有可能在行动层面上找到适当的具有相关性、建设性、发展性的答案。在运用了冰山模型之后，你对孩子行为的看法会立刻发生改变。旅程中我们会反复参考这个模型，以便更好地了解你的孩子和你自己，同时也会不断学习在涉及某一个具体观点时，该如何建设性地运用它。

旅程中你会接触到全新的观察角度，而且可能其中绝大部分与传统的教育以及你以前学习到的价值观不同。因为这些角度对你来说位于陌生地带，所以学会定位是非常重要的。一些价值观已经在实践中被证明非常适用于与孩子的相处中定位。我把这些总结成了一个价值指南针，你可能已经在我的另外一本书《我们的孩子需要什么》中学习过了。在人际关系中有七种价值观适用于与孩子打交道，它们可以为我们指明正确的方向。你可以把这个指南针看成镶嵌在"关系天空"中的七颗明亮闪烁的指路星。它们的诞生基于发展心理学的基本假设，它们为我们确定了与孩子交往的气氛基调，是我们家长的指示牌和防护栏。如果我们能够在这里学习到保证一个人在心理和身体上最大限度地健康成长所需的科学知识，那么我们就能很好地把握住全局，知道往哪个方向迈进才是有意义的。

传统教育和它的机制

首先，我想以一种全新的眼光来看待孩子，然后用这种不同的视角来说明孩子需要什么才能健康地成长。为了使我们能够从根本上改变视角，有必要首先关注一下在社会中普遍存在的、作为主流的基本观点。

事实上，我们的社会仍旧被禁锢在传统的思维模式和态度中，远远没有运用到许多科学研究早就表明的结论来应对充满冲突的日常生活。无论是在我们自己家中还是在幼儿园、学校等机构中，儿童需要一个可靠的、安全的纽带和建设性的关系，尤其是在发生冲突的情况下。这个观点尚未在所有地区被认可，其原因与传统的信念和对儿童的过时观念有关。

比如，成年人一直以来认为孩子是"缺陷体"，因此必须由成年人通过某种特定的"治疗"方式，并借助教育方法将其培养成一个"完全体"。成年人必须通过影响孩子、诱导孩子的方式，让他们以某种特定的方式行事。从这个意义上说，教育意味着规定行为的训练以及固定技能和能力的培养方式。这种将成年人的目标和兴趣用或多或少严格的方式强加于孩子身上的教育方法，就是我所说的传统教育。下面我想更详细地来探究一下与它相辅相成的机制。

孩子应该学会顺从和适应。为了达到这个目的，父母会利用他们的权力地位。甚至如果有必要，父母也会采用暴力的手段。因此，传统的教育基于四个相互依存的原则：顺从、适应、权力和暴力。

为实现这一目标，会使用以下几种机制。

评价。父母会按照预先设定的标准评价孩子的行为表现，且经常通过羞辱的方式来贬低孩子。正如同我们观察到的，在学校和日托中心等机构中，这仍然是一种常见的、被社会接受的态度和做法。

惩罚。为了让孩子的行为符合父母的期待，为了让他们顺从听话，父母会拿惩罚和后果威胁孩子来达到目的。惩罚，实际上是基于孩子依赖性的权力滥用，是对孩子的暴力。在我的《没有惩罚的童年》一书中，也深入探讨了惩罚的机制。

控制。为了确保孩子遵循预定的方向，控制是必要的。我们都知道这句俗语："信任是好事，控制则更好。"

彼此对立。在以父母或者成年人利益为主导的强力手段下，孩子要么只能顺从，要么就只能站出来，接受这场和成年人的斗争。这往往就会在日常生活中导致激烈的权力争夺，然后由成年人借助上面说到的威胁或实施惩罚/后果等手段结束。虽然成年人以巨大的优势赢得了这场斗争，但是日常彼此对立往往是对精力的巨大消耗，也是父母来找我咨询的最常见原因之一。

独白。大人们心中已经有了解决方案，对孩子的意见不感兴趣，或者只是表面上装作感兴趣。因此，他们没有与孩子进行真正的交流和对话，而只是期待孩子能够倾听、理解并内化他们必须要做的事情。这通常会导致孩子胆怯、退缩，变得沉默寡言。

关系紧张。所有上述机制造成了日常生活中一次又一次或大或小的伤害。这意味着，如果亲子关系是不断粗暴地主张成人的利益，通过管教和强有力的措施使孩子适应成人想要的行为，那么亲子关系就会不断暴露在情感压力之下。

下面的案例很好地展现了这种机制。

伊莱亚斯（7岁）正在他的房间里玩耍。今天是星期六，本来他应该帮助父亲整理房间，丢掉废旧的玻璃瓶。他的母亲已经催促过他一次，让他赶快过来。然而，他却被其他事情分散了注意力，完全忘记了该做的事情。他起身，穿过他的房间瘫坐在床上，开始听广播剧。他沉浸在故事中，甚至没有注意到他的母亲没有敲门就进入了他的房间。

"伊莱亚斯，你到底什么时候过来？你不要躺在这里无所事事的！我们和你说了，你现在该去帮助爸爸！"母亲愤怒地喊道。

伊莱亚斯吓了一跳，他坐起来并试图为自己辩解，结结巴巴地说："呃，是的……我还有一分钟的时间……我想听完这一节广播剧，妈妈。"

"每次让你做点什么，你都要给我演上这出戏，"伊莱亚斯的母亲生气地感叹道，"爸爸忙得手忙脚乱，等你过去帮忙，你却在这里玩得正开心。真是够了！如果你现在不立刻去帮忙，今天的电脑游戏时间就被取消！"

伊莱亚斯惊恐地看着妈妈，跳了起来。"是，是，好的。我来了。"他急忙肯定地说。

第1章
家长的视角问题

"瞧你,"母亲说,"就这样吧。为什么我总是要先威胁你,你才做你应该做的、本来就已经讨论好的事情?"她愤怒地离开了房间。伊莱亚斯耷拉着肩膀,默默地跟着她。

我们应该可以很明确地从上面这个场景中辨认出提到过的养育机制:母亲对伊莱亚斯的行为进行了评价,她的用词也显示出贬低的含义("演戏""躺着""无所事事""玩得开心"的评价)。她通过威胁取消孩子的电脑游戏时间,有力地维护了自己的利益(威胁要实施惩罚)。她试图把局面往她所希望的方向引导,并立即用不遵从就会面对的后果威胁孩子,这样她就能直接控制伊莱亚斯的行为,使其符合她的想法(控制)。达成妥协似乎是不可能的。母亲通过具有战斗性的语言强有力地主张自己的想法,她提高音量责骂孩子,以至于伊莱亚斯放弃反抗并陷入沉默(彼此对立)。她独自一人说了很多,伊莱亚斯的声音却没有被真正听到;他说的话不算数(独白),只有母亲的利益才算数。伊莱亚斯关注的事情和对他重要的东西都没有被重视(关系紧张)。

为什么这种机制塑造了传统教育?只要我们看一下过去的教育目标就不难理解这个问题了。直到19世纪末,孩子都只是一种经济上的需要。因此,教育的目的是尽快将儿童带入成人世界,让他们熟悉成年人的行为规范。他们应该顺从,符合并服从于一个等级制度。自19世纪末以来,人们更加重视儿童的个性和个人发展,但从根本上说,成人和儿童之间的这种关系结构并没有受到来自社会或政治上的质疑。虽然近年来出现了新的发展趋势,但发展心理学和依附理论研究的许多新成果仍然没有被运用和融入到与孩子的日常交往中。相反,大多数育儿指南并没有服务于儿童的利益，同之前一样依靠操控性的方法和"温柔的"手段为成年人主张利益提供便利。因此，在许多地方，权力滥用和顺从仍然渗透在成人和儿童的关系中。

在我的咨询实践中，当我们在谈到父母为孩子设定的目标这个问题时，通常能很快发现，当今父母对孩子的设想与以前的教育目标相去甚远。因此，传统的教育机制对父母来说没有帮助了。我们甚至发现，它们会阻碍和危害到孩子的健康成长。所以，我们应该为自己制定一个新的目标。

很久之前，我把自己对孩子的期盼和目标做出了如下总结：

我的目标是以关爱和欣赏的态度陪伴孩子的发展和成长，使孩子在心理和身体上尽可能地健康成长，能够感受到幸福，变得独立和自主，形成良好的自我价值观念，并能够承担责任；让孩子成为开放、友好和有同情心的人，能够按照自己的意愿自信地、自主地塑造自己的环境和生活，同时在意见和价值观上尊重并尊敬他人。

在下面的练习中，请尝试用一句话来表述你的目标。句子写得多长都可以，涵盖一切你认为重要的方面。

练习：对孩子的目标

你的教育目标是什么？你希望你的孩子以后是什么样子的？什么对你来说是重要的？如果可能的话，写下你的目标。你可以看看这里列出的概念，用它们帮助你组织语言，你也可以自由地制定它们。

开朗；开放；友好；安全；礼貌；有同情心；敏感；自信；有创造力；独立；自主；身心健康；可靠。

第1章
家长的视角问题

> **亲密时刻**
>
> 我想请你接受这个挑战:尝试一整天不对你的孩子发号施令。也就是说,请不要使用"如果……那么"的句子,无论是消极意义上的("如果你不……,那么就……"),还是所谓积极意义上的("如果你这么做了……,那么……")。

☐ 你对此有何感想?你觉得在哪些情况下特别难做到?请感受一下:如果你停止给孩子下指令,和他们的关系是什么样的感觉?如果你没停止发号施令呢?

新的视角:以依附和关系为导向

如果我们观察一下以前的教育目标——儿童要学会服从和适应成年人期待的行为,就不难理解,成年人在与孩子的关系中遵循着一种权力结构。在今天,虽然教育手段变得温和了许多,但这种权力结构仍然在很多领域起主导作用,也是大家的共识。行为教育学被社会所接受,在幼儿园和小学中行为教育的方法仍然是日常议程,也是教育学纲领的一个固定组成部分。尤其是当孩子的行为表现被判定为扰乱秩序时,同从前一样,仍然只会采用行为教育的措施。比如,在日托中心,如果孩子捣乱了,就必须离开晨会[1],或者独自坐在长椅上反思。

---

[1] 在德国的日托所或者幼儿园中,每天早晨孩子们都会围成一个圈,一起唱歌、做游戏、聊天,以这种互动的方式开始新的一天。

在学校里会采用所谓的"红绿灯系统"。这清楚地表明，行为教育的措施是以行为为导向的，并且是单一维度的行为方式和作用原理，因为它只从行为层面上对捣乱行为进行调节。

如果一个学生表现得不"好"（也就是表现得不恰当、不冷静，或是在捣乱），某种特定的颜色就会出现，像交通信号灯一样闪烁。不同的颜色（黄色和红色）对应着不同的等级，当其被激活时，孩子就要承担某些随之而来的后果。你也许知道这个系统或者听说过它。在许多学校的网站上都可以找到解释"红绿灯系统"的插图，令人印象深刻。这些插图和解释仅仅在惩罚的类型上有些细微的差别。例如，位于比伦（德国北莱茵·威斯特法伦州的一个市）的莫里茨-冯-比伦学校，其办学理念是这样描述的：信号灯最初是绿色的，意为"我表现得很好"；当信号灯跳转成黄色时（由老师决定），孩子必须离开房间到其他教室去；如果信号灯处于最高级别时，即变成红色时，孩子就必须给家里打电话，让家里人来接自己回家，或者需要在家里反省一天。这个表述让人印象深刻，且在我看来似乎有些阴险，因为它居然是用第一人称写的，换句话说，是从孩子的角度出发的，以一种特别具有操纵性的方式暗示孩子认同并且赞成这种措施，甚至让孩子自己想出该为自己的行为承担何种后果。

从这个例子中我们能清楚地发现，孩子行为背后的原因在以行为为导向的教育纲领中一点儿也不重要。如果孩子捣乱了，就会被送走（在上述案例中，他必须得自己离开）。这样一来，孩子体验到的是排斥和分离，而不是亲情和联系。这背后的想法是：大人不应该对孩子的不良行为给予更多的关注，这样孩子就不会因为其"行为不当"还获得奖励，他们就不会重复这种行为，甚至把它作为一种应对策略。家长们每天都在宣扬这一点。

第 1 章
家长的视角问题

我们可以说，行为教育学对儿童行为的看法是狭隘的、一维的，而且纯粹从行为层面出发，以行为为导向采取相应的措施。如果成年人仅仅根据孩子的行为做出反应，而不去质疑和思考产生这种行为的原因，那么就完全忽略了情感发展这一重要维度。在情感层面我们能找到导致孩子行为的内在动机，而"红绿灯系统"完全对此视而不见，所以说这种模式不仅仅是单一维度和以行为为导向的，从长远来看甚至是有害的、抑制孩子成长的，因为如果成年人不支持孩子，不帮助他们打开通往隐藏在行为背后更多维度的关键通道，孩子就会停滞不前。

在这里，我想着重指出，这并不是某一个机构的个别案例，而是从整个社会的层面上说，我们依旧生活在一个彻彻底底仅以行为为导向的世界中，关注的角度和解决问题的方法都在单一维度地针对孩子的行为，好像其他维度根本不存在。上面提到的位于比伦的那个学校，甚至因为这个"红绿灯系统"获得了"强基学校"的称号，被他们作为荣誉写在了网站上。显然，他们并不认为网页上列举出来的这些手段是对孩子的成长发育不利的。从网站上我们还能得知，在对"红绿灯系统"进行严谨的审查分析后，发现它现在不仅适用于课堂，而且还适用于课间休息和学校操场。老师们想通过这种方式保持对班级的控制是可以理解的，然而，从发展心理学的角度来看，这种方式无法培养儿童在社会以及情感发展中获得解决问题的能力。所以我完全可以理解，如果父母对孩子的教育采取了新的角度与方法，而幼儿园或者学校仍使用传统教育的机制时，会产生一些冲突。我希望重要的现代研究成果能够引起社会的重视，也能作为专业教职人员培训的一个组成部分，从政策层面上说，我希望不要重量不重质，应该首先注重对孩子的关怀和教育。

在这里，我想邀请你们进行第一次重要的观点改变——加入到以依恋和关系为导向的育儿法中来。以这个形式为基础，我开发了一套育儿法，一方面注重家长与自己的联系，另一方面重视家长与孩子之间亲密的、具有建设性的关系。并且，这套育儿法的重点在于挖掘行为方式背后的深层含义，引导你从完全不同的视角看待行为。

改变视角是至关重要的，因为如果不改变视角，就很难在彼此之间建立联系。所以，这套育儿法注重探寻产生某种行为的原因，将其与我们在外部看到的表象联系起来，在对行为方式的分析中融入儿童成长发展的基本知识。通过这种育儿方法，我把孩子的行为理解为一种有价值的信号，将它与孩子成长的不同阶段、某种行为出现的对应情况以及与我们的关系结合到一起来解读。

此外，我们大人可以将孩子的行为表现看作一个提示，让我们关注孩子的内心世界中发生了什么，他的感觉如何，以及每个行为背后的动机是什么。行为已经是一连串反应的终点了，如果我们只对我们看到的，也就是仅仅对孩子的行为表现做出反应，那么可以说是从后面给马配鞍——本末倒置了。孩子会通过他们的行为传递出自己内心世界的重要信号和有效反馈，他们往往不能够（或者还不能）用语言充分表达出的东西，会清楚地反映在行为中。马蒂亚斯·克劳迪乌斯[1]的诗句体现出这一点：

>你是否看见月亮悬于天边？
>即使只有一半显现于世
>但它依然美丽圆满

---

[1] 德国诗人、记者，1740年生于德国荷尔斯泰因地区。以抒情诗著称，诗作具有乡土气息，感情浓烈。

第 1 章
家长的视角问题

> 世间的事物大抵如此
> 我们轻易臧否
> 只因为我们未能识得全貌

冰山模型：每个行为都有意义

从下面由我开发的三阶段模型中，你可以看到这几个层面是如何联系在一起的：孩子的行为被一种深层的感受所激发，而这种感受又反过来指向一种基本需求。这意味着，行为只是冰山露出海面的一角，是始于内部的一连串连锁反应的终点。

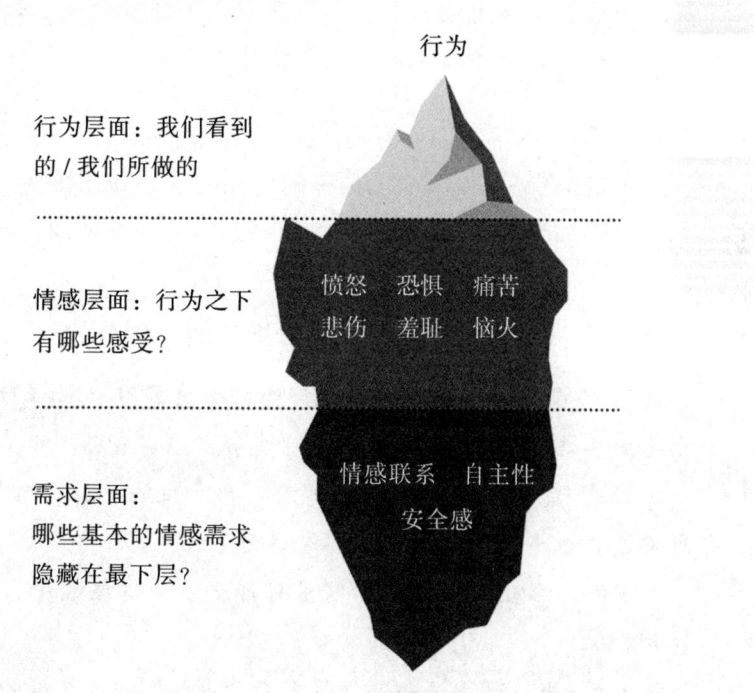

行为

行为层面：我们看到的／我们所做的

情感层面：行为之下有哪些感受？
愤怒　恐惧　痛苦
悲伤　羞耻　恼火

需求层面：哪些基本的情感需求隐藏在最下层？
情感联系　自主性
安全感

（卡特琳娜·萨尔弗兰克的三阶段模型：孩子的行动和行为是由感觉和情绪驱动的。）

> **改变视角**
>
> **一种常见的角度**：孩子的某种行为会被孤立地看作一种症状，并被视为"不好的"。所以，必须动用一切手段制止孩子做出不受欢迎的行为。孩子必须学会以一种特定的方式行事。父母会在行为层面迅速回应孩子的表现。
>
> **新的视角**：把孩子的行为和一些特定的参变量相联系，将其视为对应孩子某种内心状态的宝贵外部信号。孩子的每一种行为都基于一种感受，而在感受之下隐藏着某种孩子努力争取的基本情感需求。通过这种模式来分析孩子的行为，才能读懂孩子。对于找到一种促进孩子成长发展的处理方式，这种分析也是非常必要的。只有在这一步后我们才能从情感层面上对孩子的行为做出反应。

为了帮助你更好地理解冰山模型的应用方法，并在日常生活中越来越自信地采用这种视角，你现在可以做一做下面这个练习：

练习：利用冰山模型更好地理解一种行为

第1步：请你回忆孩子某种让你感到疲惫且难以理解的行为，并把它简单地写下来。

第2步：借助冰山模型，尝试理解行为产生的一系列内在原因，并思考这背后可能隐藏着什么样的感受。

第3步：哪些基本的情感需求可能会触发这些感受，从而导致这种行为？

第4步：当你现在再去回想这些行为时，你有什么样的感觉？现在你对于孩子的行为可能在暗示什么有想法了吗？

第1章
家长的视角问题

这个冰山模型的基础是以依恋－关系为导向的育儿法。之所以把它称作以依恋－关系为导向的，是因为这种育儿法主要涉及与自己、与他人的联系以及彼此之间的建设性关系。人类是社会性的动物。联系和对联系的渴望是人类三种基础情感需求之一，正如你在图中看到的那样。我们来到这个世界上是为了产生联系。如果没有其他人，不和他人产生联系，我们就无法存活下来。我们需要与我们生活中的其他人建立联系——这一点在新冠大流行期间再次变得明确起来。这意味着，以依恋－关系为导向的育儿法的重点始终在于如何建立并保持联系，而不是制造分离（比如，惩罚、责骂或贬低）。

联系是我们生活的基础之一。在冰山模型中你可以看到，我们在外界表现出的行为，也就是冰山浮在水面上所有人都能看到的部分，与水面之下更深层次的情感层面和需求层面是紧密关联的。情感层面直接触发了行为的产生，而行为本身则是为了努力满足一个或多个基础情感需求。从这个角度出发，孩子的行为好像看起来完全不同了，忽然之间，我们能够以完全不同的方式解释他们的行为，并将其与内在心理过程联系起来。

从这个意义上说，以依恋－关系为导向的育儿法以其独特的视角将各个层面关联起来，用相互联系的而不是孤立的角度看待行为，也就是说，行为不再被认为是"割裂"和独立于其他层面的存在。它在行为层面和情感层面之间建立了一种联系，并把情感和基础情感需求联系起来进行解释分析。这种清晰的视角仿佛为父母寻求合理答案打开了一扇崭新的大门。在实践中，我每天都会遇到这种情况。

因此在我看来，在与人交往时（无论大人还是小孩），重要的是我们要意识到每一种行为背后都有一个原因，甚至可以说：每个人的每种行为表现（某个人在某种特定的情况下），究其根源都是有意义的！

慢慢去接近我们一开始无法理解的行为其背后的原因和合理性，并尝试去理解它，这是我们能应对好这种行为或解决隐藏在行为表层下的问题的第一步。实践中的经历不断向我证明，每一种行为都源于一种生存需要，对孩子来说往往是某种急迫的需要。

在这里我想首先避免产生一个误解：以依恋－关系为导向的育儿方法并不意味着孩子在没有成年人指导的环境中任凭自己喜好随心所欲地成长，更不意味着这是一种自由放任的教育法——孩子不会受到任何限制。恰恰相反，孩子需要指引，没有指引他们就会迷失方向。对我来说问题仅仅存在于，成年人该如何引导孩子以及这种引导的质量如何。你想选择哪种形式的引领？是独裁的，只考虑行为的制裁性领导吗？不顾后果，哪怕会造成与孩子的隔阂也要以符合期待的行为为目标？还是你决定采用一种顾全大局的整体性领导方法，将你与孩子的关系作为决定性因素？还是以互相尊重的态度，考虑到各个维度之间的相互作用，允许体验自己的感受，关注情绪和相应的基本需求？

生活的根基：基础情感需求

所有人，无论大人小孩，都有基本需求。为了能够生存下去，这些需求必须在最低程度上得到满足。基本需求又可以被区分为物质需求和精神－情感需求。例如吃饭、喝水、睡觉是基本物质需求。而对于我们读懂孩子的行为意义重大的则是精神－情感需求，与物质需求相比，这些需求对我们来说通常不是那么具体。我们需要认识这些需求，更多地了解它们，意识到它们的存在。这样，我们才能逐渐在与自己的联系中越来越好地理解什么原因导致孩子产生某种行为。

第 1 章
家长的视角问题

借助冰山模型我们就可以清楚地观察到自己在努力追求什么，以及在内心深处的情感需求层面上想要寻求什么样的满足。需求是多种多样的，从这个意义上说，需求是最强烈最原始的动机，是需求最终让我们行动起来，走出去，放手一搏或是知难而退。比如，你是被什么所驱使才打开这本书，踏上走向自己的旅程的呢？或许就是寻求联系的基本需求，渴望与孩子建立良好、紧密、有爱的关系吧？只有你自己能感受到这种动力的强度。也许在日常生活中，你一次又一次地觉察到它的存在。

在我们的旅程中，你需要关注的基础情感需求有三个：

安全感（所有层面）。

联系（对建立联系的渴望）和**自主性**（追求自我效能）。

被理解	自己关心的事情被理解的感受
被看到	自己关心的事情被看到的感受
价值感	有价值的感受
自主性	自我效能/自主决定
联系	对建立联系的渴望
安全感	感到安全

需求玻璃杯（卡特琳娜·萨尔弗兰克的必要基本需求模型）

构成我们感情基石的是各种基本的情感需求。现在我们已经从心理学和心理治疗中获知，了解和满足人们的基本情感需求是多么重要。作为成年人，我们已经发展出了一套自己的策略（健康的或者不太健康的），并且为满足自己的情感需求负责，确保其维持在足够平衡的状态。我们越能更好地了解自己的需求，越能学会重视自己、满足基本需求以及适当地补偿自己的不平衡，我们的生活就会越快乐、越健康。孩子还没有能力自己做到这些。因此，作为父母，我们的任务就是：不断寻找孩子行为背后的情感需求，理解它，并且做出相应的反应。

正如吃饭、喝水、睡觉是最重要的基本生理需求一样，最重要的基本心理需求是安全感、对联系的渴望，即拥有亲密关系，以及对自主和自我效能的追求。我称它们为根本－基础需求。

安全第一：头号基本情感需求

从最早年的孩童时代起，我们拥有愤怒、恐惧、悲伤和痛苦等情绪。这些情绪都是深深扎根于我们内心中的根本－基础需求的表现：安全性、亲密关系和自主性。但是归根结底，这些需求始终会追溯到我们人类一直在寻求满足的绝对根本－基础需求，也就是对安全感的渴望。没有安全，其他一切都无从谈起！我们人类的系统就是根据这个原则设计的——无论何时都要确定自己的方位，为自己创造安全感。作为成年人，我们甚至往往都意识不到自己在夜里醒来过。我们的系统就是这样设置的，本能地确定自己的方位（我是一个人吗？窗户在哪里？门在哪里？一切都像我预期的那样吗？还是有什么不同？），以至于我们甚至都没有真正地清醒过来，在成功确定自己的方位后就再次迅速进入下一个睡眠阶段。基本的心理需求不仅仅包括空间的安全感（确定空间方位），也关乎情感安全（我在生活中受到欢迎吗？我的位置

第1章
家长的视角问题

在哪儿？我是被爱的吗？）

我大致将对安全的根本－基础情感需求分为两个方面：

1. 对情感安全的需求

情感安全意味着，我们在人际关系中感到安全。例如，如果我们在一段恋情中没有情感上的安全感，就会在情感层面产生一种既苦涩又复杂的感觉，然后往往在行为层面表现出某些奇怪的举动。比如说，如果情侣中的一方感到嫉妒，那么他或她可能就会开始控制、窥探或者纠缠另一半。或者，会通过沉默、拒绝等冷暴力的方式来"惩罚"另一半。无论是何种反应，它们都表达出了一种对伴侣来说不够有价值而产生的恐惧、痛苦、愤怒和悲伤等感受。正是对自我价值的怀疑，才让自己陷入情绪的不安状态。但这些行为方式都是为了满足情感安全的短期策略，不幸的是只能在短期内能够满足安全需求。

在满足自己对情感安全的渴望中，我们总是在不断寻求这个问题的答案——我们究竟对他人有多大的价值？也就是说，我们是在夫妻和伴侣关系中，在个人（恋爱关系）和社会关系（朋友、熟人、工作同事等）中找寻情感安全感，并且想要证明自己是被爱的、被喜欢的、有价值的、被认可的。当我们自己关心的事情得到足够的关注，被看到、听到和理解时，便能获得满足。这就是关于情感安全的特别之处——只能在关系中实现。从对依附关系和发展心理学的研究中我们知道了这一点。心理治疗研究也给我们提供了这方面的解释，归根结底，就是我们需要与他人产生联系。也就是说，我们需要另一个人来满足自己这部分的根本－基础需求。除此之外，这种需求还需要维护，需要被不断满足。为了让你更容易理解这里说的到底是什么意思，你可以问问自己下面这个问题：

□ 你从哪些方面可以意识到，你对你的伴侣（或男朋友/女朋友）是有价值的？

2. 对时间和空间安全的需求

这种形式的安全感涉及实际空间中的方位。方位给我们提供了安全感，因为它让我们对自己处于什么位置有了概念。这听起来是老生常谈，但实际上却非常关键。例如，小鹿永远不会在绝对安全的环境中度过一生。在迈出每一步之前确定自己的位置是它们的天性：当它们走出树林来到空地中时会首先仔细观望，确定方向，然后才敢迈出下一步。这个特点贯穿了鹿的一生：它们只有在确定自己的方位后才感到安全，一边前进一边继续定位。因此，这种动物永远生活在积极定位和获得安全感两种不断交替的状态中。

同样，我们人类的神经系统也是被这样设计的：我们会随时通过从某种程度来说下意识的定位来获得这种形式的安全感。在我们走出家门时，我们的系统会下意识地扫描周遭的不同事物，自动地感知环境中的各种印象。同时，我们会多线并行地处理这些印象，从而确定自己的方位。比如说，我们会注意天气，会注意街道边停着的车、附近路过的人、街道的状况、周围的房子，等等。这样，通过下意识的定位，我们获得了一切都很安全的确定性。我们总有种本能，无论何时都要能找到回家的路，找到我们的目的地。

我们个人空间的安全性也是至关重要的：这是我们逃避外界、休养生息和私密舒适的安全地带。如果这里被入侵了，个人的安全性就会受到巨大的挑战和伤害。从最真实的意义上说，这个空间"坍塌"了。我们的安全感消失殆尽，恐惧和不安占据了全身。

对我们人类来说，同样重要的是在时间和空间上的长期定位。也

第1章
家长的视角问题

就是说，我们知道（或者说我们相信自己知道）眼前或在更远的将来会发生些什么。这对一些人来说很重要，对一些人来说则无所谓。无论如何，一旦发生偏离内心主观期望的情况，就会产生某种不确定性，为了重新获得安全感我们就必须重新定位。在这里我们每个人用来获得安全感的策略也会有很大不同。

一种策略是，学会感知当下的安全感，并从外部确定自己的方位：我周围发生了什么事？我现在看到了什么，听到了什么，感觉到了什么？一方面，当我们迷失方向时，这样做可以给我们带来安全感；另一方面，这种当下的重新定位可以指引我们感知这一刻的完全与真实，也就是感受所谓的此时此地。冥想和正念练习在这种策略中很有帮助。通过这种方式，你可以训练自己每天有意识地感知一些非常具体的东西。例如，你可以花一天时间有意识地感知你的手部，用它们来感觉、抚摸、触碰。你的手一整天都做了哪些事情？你多长时间洗一次手？你多长时间会触碰别人一次？你的感受如何？或者关注一下，自己每天微笑多少次。当然你也可以花一天时间观察一下自己饮酒的频率，并且有意识地放下酒杯休息一下。不要为你的想象力设限。所有这些都有助于你抵达或停留在此时此地。

☐ 你是如何处理那些对你来说是新的、无法计划的状况的？例如，去看医生或在一个陌生的地方做报告？你获取安全感的策略是怎样的？

为了初步感受自己对安全的基本需求，更清楚安全对自己意味着什么，你可以自己思考以下这些问题：

☐ 你如何判断自己是否安全？什么让你感到安全？你如何在自己

的身体中感受到这一点？对你来说，想要获取安全感，必须满足什么条件？安全对你意味着什么？当似乎无法保证自己的安全时，你会如何应对？你从哪些方面意识到自己缺乏安全感？

在我们更深入地探索了根本－基础需求，特别是对安全的需求之后，现在你可以大胆地进入练习的第二部分——当然，你可以借助自己的冰山模型。

练习：利用冰山模型更好地理解整体情况

第1步：回忆与孩子发生的一次冲突，并向自己简要描述当时的情形和环境。

第2步：使用冰山模型，尝试理解事情的内在联系，并思考在行为背后可能涉及哪些感受。

第3步：在这种情况下，哪些基本的情感需求可能会触发这些感受，从而导致行为产生？

第4步：当你现在回想这场冲突时，有什么样的感觉？回顾过去，以你现在的角度看待当时的情景，你是否会做出不同的解释？有没有什么事情，换作今天的你，会采取不同的做法？在新的视角下，你是否想到该如何帮助当初的自己和孩子？

自我调节是通往自己内心的钥匙

每个人进入自身情感领域的通道以及与这些基本需求的联系在童年时期就已经奠定。也就是说，作为父母我们要看到并能够识别出孩子的基本情感需求，且在第一时间满足他们的这些需求。我们的目标是：让孩子在成长过程中与自己最亲密的抚养人在可持续的、充满爱的关系框架内，发展出一种健康、有建设性的关系，从而使他们的需求不断被满足。

所以说，自我调节是我们生活中最重要的能力之一。这种能力产生在我们生命的头三年。它能够在多大程度上得到发展，取决于孩子与抚养人亲密关系和沟通交流的质量。自我调节可以描述为以下能力：

- 在内心情绪激动时可以平复自己的心情
- 可以在受到惊吓后重新平静下来并且放轻松
- 可以集中和保持注意力
- 能够感受、控制并在必要时克制冲动
- 能够面对挫折
- 能够实现目的，追寻目标

自我调节能力发展得越好，我们在生活的各个领域中就会越幸福，因为我们的自我调节能力的强弱取决于我们的抗压能力如何，我们对冲动的调节能力如何，以及我们对压力刺激的反应有多强烈。拥有良好的自我调节能力意味着，我们可以怀着一种自信、自主、信心、好奇心和喜悦的基本感觉走向世界。

有趣的是

只有当孩子知道如何将自己的基本情感需求与对应的情绪联系到一起，并且被允许感知这种联系时，自我调节才会成功，儿童才能像成年人一样调节自己，使自己在情感上得到满足。因此，自我调节成为人生幸福的关键所在。

为了让自我调节能力能够得到进一步发展，在孩子生命最初的三年需要另外一个人，最好是最亲近的抚养人，帮助孩子获得与自己相处的经验并且发展一种内在调节工具。这个工具首先应该由监护人负责调节，之后慢慢地让孩子学会自己调节。孩子在最初几年依赖于父母或者最亲近、最依赖的抚养人为自我调节提供支持和陪伴，也就是进行共同调节。通过父母共同调节的目的是，使孩子能够在压力状况下、产生冲动和需求时获得多种多样的体验，并且发展健康的自我调节能力。

这种能力是在安全的依恋关系中发展起来的，其特点是父母在牢固且活泼的相互关系中，关注且积极地满足孩子对眼神和身体接触的需求，无论是在游戏中，还是在日常细腻的、给予安全感的、充满爱的互动和接触中。我经常体会到，当父母感到自己的需要以及/或者与孩子有冲突时，他们会非常担心孩子因此失去安全感。实际上这是一个误解，因为失望和冲突是无法避免的。它们是家庭生活的一部分——伤害和过失也是关系的一部分。因此，即使是处于安全关系中的孩子也会经历争吵、冲突和依恋关系的中断。恰恰是当父母努力通过重新建立关系并且弥补刚刚出现的裂痕来让一切回到正常的轨道上时，孩子才会体验到，冲突并不具有毁灭性的影响，只要认真处理，冲突是可以被解决的，孩子会意识到，争吵之后也可以重新建立联系。这是一段安全关系的基础。

第1章
家长的视角问题

> **有趣的是**
>
> 安全的关系通过这种循环往复的环节产生：生气勃勃且互相尊重的家庭关系，其中也会出现冲突，因此也会出现联系的中断。在父母的努力弥补后，冲突得到了解决，联系得到了恢复。我的经验是，在冲突之后，对彼此的理解甚至会加深和强化这段关系。

所以说，父母对于尽量不要让孩子感到失望，避免冲突从而不损害一段安全的关系的焦虑不仅仅是没有根据的，甚至可以说，是与孩子的需求背道而驰的。孩子需要自己寻求解决冲突和问题的策略。在安全的依恋关系中体验到冲突与矛盾是一个良好的框架。

> **有趣的是**
>
> 在与孩子的日常相处中，往往存在着将他们的愿望/要求与实际潜在的根源性情感需求相混淆的危险。这两种是不一样的。孩子的基本需求会在他们的愿望与请求中变得清晰起来。这意味着，孩子的表达给了我们暗示——他们的哪些基本需求需要被满足。

为了更生动地解释愿望和需求之间的区别，我想在这里展示一个小的日常生活场景，相信很多家长都不陌生：

约翰（4岁）正全神贯注地玩着游戏，父母在准备晚餐。当晚餐准备就绪后，父母想一起开始吃饭并且叫约翰过来。"可以过来吃饭了！"

约翰没有回应，继续玩他的游戏。妈妈教育孩子的方法是以需求为导向的，她来到约翰面前，关切地问道："怎么了？你不饿吗？"然后和约翰一起坐在地板上。"我还想玩。"约翰固执地说道。

"啊，那好吧。"妈妈说着，站起来走向餐桌。爸爸问道："怎么了？约翰不来吃饭吗？""不，"约翰的妈妈说，"他现在有打游戏的需要，我也希望他能够实现这个愿望。我们想要现在开始吃饭，但是他目前的需求是玩。没办法两全其美。"爸爸摇摇头："这样是不行的。我想和约翰一起吃饭。"妈妈抬起头说："我觉得他在四岁就能如此清晰地表达自己的需求，这很好。"最后，他们也没有能够和约翰一起吃晚饭。

在实践中，家长会向我描述这样或者类似的情况。在我看来，父母或许对孩子的需求有些误解或是感到混乱。假设约翰想要玩游戏，这是可以理解的。但是将它解释为一种需求则是错误的，因为玩游戏并不是他的需求，而是他的要求，因此这样做只是暂时满足其需求的一时之策。他背后真正的需求可能是争取自主性。那么解决问题的关键就在于，他需要时间和空间来自己做决定——要不要去吃饭。让我们回到这个场景中：

"我还想玩。"约翰固执地说道。"啊，我理解，"妈妈说道，"我们正要吃饭，爸爸已经在餐桌前等着了。你还需要多久呢？"约翰迅速地抬了一下头，回答道："一个小时。"妈妈开心地笑了："哈哈，你这么喜欢玩这个？""是的。"约翰说，开心地笑了，一边让汽车在乐高积木上行驶。"你也不必停下来，只是我们需要休息一下。

第1章
家长的视角问题

我们来一起把车开进车库休息好吗？还是你自己开？"妈妈问道，同时站了起来。"不，妈妈，我自己来开。但是请等我一下，我和你一起出去。"约翰说着，同时模仿着发动机的声音兴奋地把车开到了一个角落，在那里把车停下来。约翰飞快地跑向妈妈，将他的小手塞到妈妈的手里，高兴地在走廊里叫道："爸爸，我把车停好了！"爸爸已经坐下来了，说："真棒，你能过来真是太好了。"他们一起吃了饭。

在第二种场景中，你可以在不同的地方辨认出所有的根本-基础需求（安全感、联系、自主性）。孩子的这三种需求都没有被直白明确地指出，而是在与妈妈的交流中顺带满足了。你可以看到，游戏仅仅是一个愿望，愿望背后隐藏的（在这个场景中）是对自主性的需求。孩子的内心被强烈的情感需求驱使着，但他们往往还不太了解该如何建设性地满足这些需求。因此，他们需要能识别这些基本需求的父母，能够读懂他们的需求，以及在互动中考虑他们的需求。约翰的妈妈知道并且相信，从根本上说他是在寻求与父母的联系（在餐桌上一起吃饭），并且享受这种亲密关系。她也知道约翰对自主的渴望，所以首先为他提供足够的空间，让他自主做出决定（我们一起把车开进车库休息好吗？还是你自己开？）。约翰能够很愉快地接受这个空间，接着再满足自己对联系的需求（但是请等我一下，我和你一起出去/约翰飞快地跑向妈妈，将他的小手塞到妈妈的手里/爸爸,我把车停好了）。母亲对约翰关怀的方式看起来如此不经意，但约翰对价值感的需求，以及在关注中被听到和看到的需求，都得到了满足。所以，我们有大量的日常生活场景可以用来与孩子一起讨论他们的需求——非常简单，就是通过建立联系、给予孩子自主权的方式来营造出全方位的满足感与舒适感。让孩子明白：你现在这样，就很好。

> **有趣的是**
>
> 我们的目标并不是让所有的事情总是奏效，让你的孩子立刻欢呼雀跃起来。重要的是，我们要通过这种方式与孩子建立联系，在冲突中充分利用需求分析法。所以要给自己时间，不要让自己焦虑。

拓宽视野：关系的新质量

我们对情感的基本需求并不是在我们来到这个世界之后才开始形成的。在我们出生以前，还蜷缩在母亲安全的子宫中时，对情感需求的萌芽就已经产生了。在生命的早期的产前发育阶段，我们已经有了第一次深深铭记在心的关系经验：在整个孕期中胎儿的基本体验是，一方面在子宫内通过脐带与母亲安全、深刻、紧密地联系在一起，但是另一方面，我们每天都在成长，在子宫中就已经变得越来越自主、自在、自由、独立和自立。

正是这种经历，使我们能够成为社会性的动物，拥有发展关系的能力。同时也正是这种经历，让我们在生命中渴望重新获得这种质量的关系——紧密联系的同时也拥有自主性，这就是我们对孩子爱的质量基础。

生活在这种形式的关系中意味着，两个人非常紧密，并且从内心

第1章
家长的视角问题

最深处感到相互联系，相互信任，并且确信可以彼此依赖。他们也都明白，对于对方的期待不外乎是能够成长为一个对自己负责且自食其力的人，也就是说，能够独立、自主地生活。爱是唯一的关系形式，在这种关系中，人可以在自由的同时紧密相连。孩子能够健康成长并且充分发展自身潜力的先决条件就是：他们可以在这个意义上感到被爱着，拥有一段以爱和认可为特征的关系，并且能够感知到这段关系传递出的信息——你现在的样子就很好。

所有与孩子的关系，只要没有满足上面这些条件，都是抑制、阻碍甚至是干扰孩子成长发育的。如果我们作为父母意识到这两种关乎存在的基本需求，就能够承担起责任，保持一种平衡的关系，让孩子在感受到紧密联系的同时拥有自主性。

诗人约翰·沃尔夫冈·冯·歌德在两百多年前就阐明了这一点："孩子应该从父母那里获得两样东西——根基和翅膀。"并且是同时得到，不是先得到一个（根基），再获得另一个（翅膀）。育儿的艺术就在于，在稳固根基的同时，允许孩子张开翅膀——这样才能形成一种稳定、持续的关系。

☐ 你能在日常生活中感受到自己的根本 - 基础需求何时出现吗？当你的基本情感需求没有得到满足时，你会有什么感觉？当你没有安全感时，当没有建立起关系时，或者当你无法实现自我效能，自主权受到限制时，你会如何表现？

> **顺便说一下**
>
> 特别是在新冠大流行时期，许多人满足其根本 - 基础需求的策略受到了限制。关于建立联系的基本需求受到严重影响，接触有限制，距离也不能过近。自主性被严重削弱，社会生活几乎是不可能的。工作、休闲活动、外出等都被阻止和/或被规定管制。同时，安全感这个重要的基本需求也受到了极大威胁。在许多地方都缺少指向性、全局性和明确性。这就是为什么在这段时间里，人们的情感受到了前所未有的巨大挑战。

儿童是团队合作者

认为孩子反叛地站在我们对立面的这种态度仍然无意识地存在于我们心中。这是过去几十年，甚至是几百年以来儿童教育的历史遗留问题。过去的人们有这样的想法：孩子生来就带有某种程度的反抗性，所以必须通过教育来压制它。

然而，在此期间有来自各种不同科学领域的研究成果，比如婴幼儿发展研究和发展心理学的研究结果表明，人类生来就是社会性的，生来就具有发展关系的能力并主动寻求与他人的接触。例如，自约翰·鲍尔比以来的依附理论认为，所有的人都有一种与生俱来的需求，即与他人建立关系。另一个来自发展心理学的重要发现是，由于孩子拥有人际交往能力，从根本上说他们希望与我们建立联系并与我们合作。因此，认为孩子生来就会叛逆、反抗父母的观点是错误的，也是对孩子不公平的。

因为孩子已经基本准备好与我们成年人合作了,所以面对他们的拒绝,我们应该首先理解并探索他们这种表现的原因。只有这样,我们才能制定出不一样的替代性行动方案。孩子拒绝合作并不是为了惹恼我们,一般来说他们只是无法控制自己。如果孩子拒绝与成年人合作,那么只可能是因为:

- 来自期望的巨大压力使他们不堪重负。(当他们不得不长时间、不断遵从父母的愿望和期待时,会逐渐陷入一种过度合作的状态中,此时就会出现这种情况。)

- 他们对这段关系的信任被破坏或完全丧失。(当他们受到伤害或冒犯,人格没有被尊重,需求被忽视时,就会发生这种情况。)

改变视角

一个常见的观点是:我的孩子不按我的要求去做,是因为他/她想测试我的极限,想与我发生"摩擦"。他/她做了反对我的事情。

新的角度:我的孩子想要与我合作,如果不合作,那么有他/她自己的理由。他/她不是在反对我,即使有时感觉起来是这样。他/她总是为自己做事情。

这到底是什么意思?想象一下,你为你的伴侣精心准备了一顿晚餐,这花了你很多工夫。然后你的伴侣回到家开始批评你做的菜:太辣了、太咸了、味道不够好。即便你只是在言外之意里感受到这

些信息，但是下次你会思考，还要不要花这个工夫准备晚餐。你对被看到的需求在这里被另一方忽略了，你感觉被冒犯了，或许还会因此伤心地封闭自己。你的合作意愿在此刻大大降低。也许在将来你会拒绝合作、发怒、"执拗地"不愿再付出努力，并且当下立刻或者晚些时候和你的伴侣发生争执。你的情绪会变得低落，对这段关系的信任也受到些许损伤。

你有过这种经历吗？对于我们的孩子来说也是同样的。而且我们必须要注意，这种感受对于孩子而言完全是另一个程度，而且他们还没有自我调节的能力。由于孩子心理和情绪的发育程度，他们更有可能达到自己的极限，更快地感到不知所措，并且没有办法从语言上表达他们的无所适从。他们指望着成年人能够觉察到他们的力不从心，不要强求他们做一些不可能的事情。实际上，孩子希望与我们合作，迎合我们的期待，做所有正确的事情。而当他们不这样做时，追根溯源只有两个理由：他们要么是被冒犯了，要么是不堪重负了。

所以在这种时候，我们应该退后一步做出让步，并且理解孩子：他们的行为不是在针对我们，而是因为无法控制自己，并且陷入了一个心理困境，他们正试图用自己的行为来表达这个困境。

有时原因就是这么简单。我们成年人也会有压力大、紧张的日子，也会达到自己的极限。可能有些时候大人和小孩都因负担过重处于压力下，那么就很可能发生碰撞，然后以矛盾激化和大吼大叫结束。然而事实上，孩子与父母双方都在这场"相互对立"中感到不被理解，然后停留在这种不愉快的感觉中。我们做不到一直避免这种情况出现，但是请尽最大努力去避免！因为，如果我们知道孩子实际上是团队合作者，而不是打心底里想要抗拒合作，那么遇到这种情况时，我们就可以运用我们的知识解决问题。

我们往往根本没有意识到孩子配合我们的频率有多高。从起床开始，就是孩子在一天中与我们的第一次合作，然后穿好衣服，乖乖地坐到餐桌前和我们一起吃饭。甚至孩子在真正开始一天之前，就已经和我们合作过好几次了。能够意识到这一点对我们来说是非常有帮助的。有一个很有趣的小妙招可以帮助你注意：在接下来的几天里，把纽扣、豆子、石头之类的小东西放进一个裤子口袋里，只要孩子合作了，就拿出一个放到另外一个裤子口袋里。我相信，你会对第二个口袋被填满的速度感到震惊。多花点时间注意孩子的合作也是非常有帮助的。

练习：合作日记

从今天起到接下来的几天，写一本合作日记。放慢一天的进度，仔细观察你的孩子在哪些方面表现出合作意愿。试着分辨出日常生活中被你忽略的、被你认为是理所应当的孩子的配合。也就是说，找出那些你没有立刻注意到的合作互动的地方。

从教育到关系

发展心理学、脑部研究以及其他许多教育、心理学学科都在这一点上达成了一致：我们曾经经历和看到过的教育方式已经过时了，这些方式甚至在许多方面抑制、危害到了孩子的成长。依恋研究、进化生物学和心理治疗研究在这方面提供了很多有趣的发现。因此现在也有许多父母希望能够以不同的方式养育孩子，希望更好地理解他们，以互相尊重的态度对他们的愿望和关心的事情做出回应，并充分考虑到他们的需求。他们非常希望能够与自己的孩子建立一种互相理解、健康良好的关系，无论会面对多少困难。

而这恰恰是导致父母经常达到极限的原因，他们会很快陷入绝望，质疑自己："我到底怎样做才能不一样？"为了能够找到这个问题的答案，找到新的路径，我们首先要进行一些非常必要的基本思考：我想遵循什么样的价值观生活？我想在什么样的气氛中塑造我与孩子的关系？

我愿意陪伴你为自己发展和建立新的价值观。首先我想向你介绍一个实用工具——"价值观指南针"，它们就像是关系天空中七颗指路的星星（指引星）。它们对我来说非常有效，希望它们也可以作为你的指南，为你辨别方向。让我们一起看看：你小时候从原生家庭中获得了什么样的价值观？今天，你想和哪些价值观分手，想带着哪些继续走下去？

☐ 在你的原生家庭中有哪些家庭价值观？你们家中的氛围如何？你父母的哪些想法塑造了这种家庭气氛？你对它有什么印象？是好的还是不那么好的？

请想一想，当年的哪些价值观你今天仍愿意采用，哪些不愿意采用，为什么？你希望在你的家庭中创造什么样的氛围？

以下七种价值观可以作为与孩子相处的新的指南针，它可以帮助你抛弃旧的机制，为你的家庭制定新原则。它为你指出了通往平等且富有建设性的关系的方向，你可以按照顺时针记住这些价值。这个指南针也为你们的个人发挥留有余地，作为母亲或父亲你可以自己尝试、发展。你会对自己作为父母的直觉感到更加信任。整个家庭都会从良好的亲子关系中受益，你的日常生活也会越来越轻松。

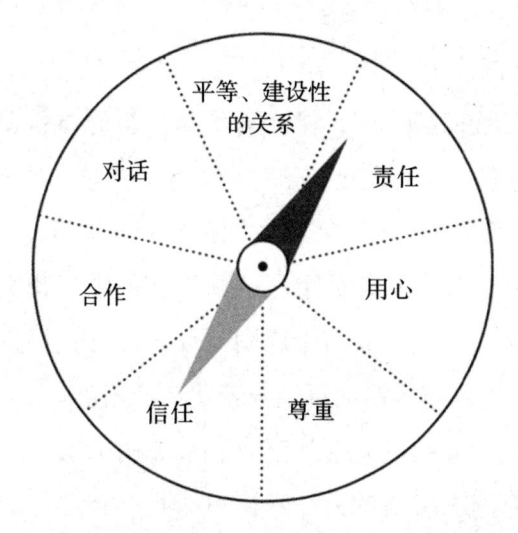

家庭的新价值（卡特琳娜·萨尔弗兰克的七种价值指南针）

改变视角

一个常见的观点：守时、秩序、努力、诚实、成功等价值观也是值得践行的，因为它们是社会共有的规范。

新的视角：责任、用心、尊重、信任等价值观是与更深层次的情感领域相关的。比如说，如果尊重是我的价值观，那么守时对我来说就会很重要，因为到得太迟是对他人的不尊重。上面提到的价值观涉及行为层面，其背后的实际价值观还没有被触及。

价值观作为一个整体，本身就是看待孩子角度的改变。关于教育的机制我们已经了解过了，如果我们改变视角重新观察本书的内容，那么可以从中归纳出七种价值观：

责任（不是评价）：我们不要滥用作为父母的权力，而是要负责任地使用它。我们承担起责任，保证与子女关系的质量，通过我们的引导给孩子指明方向，从而满足孩子对于安全感的基本需求。

用心（不是惩罚）：我们不要试图去改变某种行为，而是要把它看作一个重要信号，关注其背后可见的情绪和需求。我们要设身处地地考虑孩子的想法，对他们的情绪感同身受。在与他们打交道的过程中要保持真诚，不要刻意地扮演母亲或者父亲的角色。

尊重（不是贬低）：孩子虽然年纪小，但依旧是我们应该以尊重的态度对待的具有同等价值的人。我们可以指出自己的边界，在自己的界限内表达自己，同时尊重孩子的界限。不要刻意或者故意地越过孩子的界限。

信任（不是控制）：相信自己作为父亲/母亲的能力，并且相信孩子的能力。放手让他们自己体验生活，为他们的体验提供空间和陪伴，而不是限制、约束他们。鼓励和支持孩子，并放下自己的恐惧和想要控制的冲动。

合作（不是彼此对立）：我们的孩子是团队工作者，会与我们合作。在日常生活中，互动是建立紧密联系的纽带。但同时，孩子需要自主和独立的空间。在冲突中我们希望避免与孩子产生权力斗争，但这并不意味着要回避冲突。我们总能找到重新建立联系的机会，在生动有趣的合作中成长。

对话（不是独白）：我对孩子的想法的确很感兴趣，并且以开放、没有偏见的态度和他们交流。我会有意识地将身体转向我的孩子倾听他/她的想法。我认真对待和孩子的对话，无条件地改变我的视角并且理解孩子的立场、感受和想法，即使我们的意见不统一。

平等、建设性的关系（不是有负担的关系）：拥有了这些价值观，就能成功地建立一种充满爱的、紧密联系的建设性关系。

请再次牢记，一段安全关系的循环并不靠回避冲突，或者在发生冲突的时候对它置之不理。恰恰相反：关键在于，你要积极地修复已经产生裂痕的关系，在适当的时候走向你的孩子，解决争执，从而恢复家庭关系的平衡。我们会更详细地研究冲突管理的问题。

练习：环境中的价值观

请回顾一下价值指南针。它为你指出通往一种平等、有建设性的关系的方向。顺时针方向显示的价值观依次是：责任、用心、尊重、信任、合作和对话。

从现在开始，提高你对周围气氛的感知能力，睁开情绪的眼睛，张开情绪的耳朵，设置你内心的天线来接收和感知在周围的哪些地方遇到了旧的价值观（评价、惩罚、贬低、控制、对立以及在越来越紧张的相互关系中的独白），在哪里遇到了新的价值观（责任、用心、尊重、信任、在平等关系中的合作和对话）。不仅观察自己的家庭，也观察外界，比如在路上或者社会中遇到的价值观。不要做出评价，只是观察它，并为自己记录下这些时刻。

第 2 章

家长的期待和想法

第2章
家长的期待和想法

在之前的旅途中我们已经学习到了一些基本知识，获得了一些新的认识，也在观点上完成了一些重大的转变。对于是否能够从新的角度观察问题来说，能够持续性地改变视角至关重要。以全新的视角看待事物也会为我们带来内心的转变，因此也能给外部的很多事物带来立竿见影的变化。而变化，正是其意义所在。我们的首要目标就是：触发你内心的运动，让变化在你的身体中酝酿起来，从一个新的角度看待过去的立场和观点，审视我们自己的期待，以及下意识的态度、想法和信念，因为这些可能是我们接受新事物、进行转变的障碍。你会惊讶地发现，无论是对你个人而言，还是对与孩子的相处而言，原来有这么多方面值得从新的角度来看待。但是，我并不是让你现在立刻抛弃自己的立场，否定自己的观点，或者评价这个观点是好是坏，是对是错。对我来说重要的是，你能否去感知一个新的、不同的视角——也就是说，能否通过发现新的事物以及从新的角度观察过去，让内心活动起来，从而在两个角度之间来回切换。换句话说，"横看成岭侧成峰"，要看到事物的不同面。

所以说，为了实现转变，你应该仔细观察家庭的日常生活，意识到自己现在的立场，让无意识的思想和行为模式变得清晰直观起来。在这里我想邀请你，以一个小的现状分析作为出发点，开始下面的旅途。

你现在在哪儿？

现在，为了继续向前迈进，并且真正做出持久的改变，我们首先要仔细观察目前的情况如何。因为，对现状有清晰认知是做出改变的前提，也才能既从外在也从内在感知到变化。让我们来看看，你通往幸福亲子关系旅程的起点是什么，此刻的你在哪里？

当下，我们的任务不是去寻找答案或者解决方案，而是为了更清楚地了解自己的起点。下面这些问题可以帮助你定位。此外，这些问题还明确了对你来说可能比较困难的地方，并且帮你将注意力集中在你想为自己改变的地方。

为自己留出点时间，从自身出发回答这些问题。这些问题与你的伴侣的看法没有任何关系。这是关于你的，以及你对自己的评估。也许在每个问题上你需要花的时间都不一样，有的多些，有的少些。你可能还想记录下自己的答案和想法。记住：答案没有"正确"或"错误"之分，重要的是你自己回答。你越能清楚地认识到自己此刻的位置，就能越清晰地看到自己的变化。

练习：反思你的起点

● 在你的日常生活中，哪些情景（状况）是你想改变的？请概括性地描述一下。

● 你觉得和哪个孩子相处起来有困难？（多子女的家庭）

● 请详细描述你认为困难的地方，以及从你的角度来说应该具体做出哪些改变。

● 简要描述一下你的每日流程。

● 如果你有关于家庭这个主题的一些基本问题，请尝试现在将它具体描述出来。

● 目前在你日常生活中的哪些方面出现了冲突？你认为应该如何处理它们，如何解决它们？

第2章
家长的期待和想法

- 你想成为什么样的母亲/父亲?
- 你会如何描述现在家中的氛围?
- 究竟什么是应该做出改变的?

请用1—10来为以下问题评分(1=从不/10=非常频繁)

- 多久一次你会感到无法理解/归类孩子的行为?
- 多久一次你会责骂孩子或者对孩子说话大声?
- 多久一次你能以自己满意的方式解决冲突?
- 你是否经常感到无助,不知道如何以依恋-关系为导向地做出反应或采取行动?
- 多久一次你能在一天结束时对自己感到满意?
- 多久一次你能为自己留点时间?
- 在与孩子的日常生活中,你觉得压力有多大?
- 你对自己的愤怒有多强烈的感知?
- 多久一次你会感到被强烈的感情所淹没?
- 多久一次你会和自己的伴侣争吵?
- 多久一次你会觉得和伴侣是一个好团队?
- 在与孩子的日常生活中,你多久一次会感受不到轻松和快乐?
- 在日常生活中,多久你会拥抱自己的孩子一次?
- 在日常生活中,多久一次你会感受到时光的美好以及体验到与孩子的紧密连结?

当你看到你的答案时,有什么样的感觉?哪些答案让你感到惊讶?具体在哪些方面你想有所改变?写下你的想法,最近在日常生活中特别留心关注这些场景。

改变观点是值得的

在下面的旅程中,为了让你的洞察力更加敏锐,实现你在外部的第一次改变,我想邀请你和我一起转移你感知的焦点,从而向新的事物敞开心扉。你会发现,即便是极小的变化也能产生很大的影响。因此,现在我们要有意识地将注意力从日常生活中那些琐碎事务上移开,转向其他事物。同时,也不要去关注什么起不起作用,什么进展得顺不顺利,而是专注于过程本身。在这个过程中最重要的是,我们开始向自己提出新的、不同的问题。并且,我们要把无意识快速运转的过程放慢下来,有意识地使用我们的焦点,就像使用放大镜那样。现在,我们要把焦点放在以前忽略的一些事情上,例如彼此之间的关系和联系的质量。因此,我想提醒你注意一些关于我们的认知以及与孩子日常相处的重要方面(可能现在的你会觉得这些方面只是细枝末节,甚至有点像陈词滥调)但是,请将你的焦点转向下面这些方面的意义上:

- 我们(有意识地或无意识地)做出的对自己的评价
- 我们对孩子的期望以及我们如何用语言表达这些期望
- 萦绕在我们脑海中的、可能在日常生活中阻碍我们的想法
- 我们的身体和呼吸,特别是在紧张的情况下
- 我们花在孩子身上的时间,以及我们如何与孩子建立联系

通过这种方法,我们对自己内心深处的想法和无意识的期待能够变得清晰起来,也会对由此产生的行动有更清醒的认识。

我们对孩子的评价往往是无意识的,总的来说这与我们作为父母对孩子的某些期待密切相关,而语言的意义则是我们与孩子生活关系中

第 2 章
家长的期待和想法

的重要组成部分。在对孩子进行描述时,我们对他们的看法会变得清晰。

一位母亲在最近一次咨询中这样描述她的孩子:

我的孩子

- 爱做白日梦
- 在所有事情上都需要花更多时间
- 吃饭简直慢得要命
- 说话时反应迟钝
- 需要很长时间做出回应

她在描述的最后总结道:"他总是太慢了!"从这个例子中我们可以看到,当一个孩子被认为"迟钝"时,他也立刻得到了一个额外的负面评价。所以,缓慢迟钝——尤其是在当今这个快节奏的世界中——被视为孩子的不足,也就是一个缺点。当然,这种特质被视为缺点只是因为我们期待所有事情都必须更快地进行。这位母亲的案例并不特殊,父母常常会有这种期待。也许是社会环境促使父母产生这样的想法。我们会(不自觉地)感知社会期望,也经常因为这些期望让自己处于压力之中,同时在无意间将这种压力传递给了我们的孩子。然而,我们要明白,所谓的弱点(在这个案例中是迟钝),只有在某种特定的背景条件下才是缺陷、不足,即有人将它评价为这样时。举个例子,如果这个人在吃饭时细嚼慢咽,那么所谓的弱点可能突然变成一个巨大的优势,因为我们都知道狼吞虎咽是不好的,缓慢地进食对身体和精神都有好处。所以我们看到:优势和劣势,不足和错误……所有这些都是角度的问题。如果你能够清楚意识到自己内心的态度,觉察到自己的行为受到哪些期待、内心观点以及信念的影响,那么你就会更容易提高自己的认知，发现并采纳新的观点。

不仅仅是我们的期望和评价影响了自己的外部世界，我们的语言也在描述现实：充满爱与同情心的语言能够塑造联系。语言不仅塑造了我们与自己的联系、我们自己内心的画面、想象以及感受，也塑造了我们与孩子的联系，我们通过描述、表达一切，走近我们的孩子，成为这一切的存在。你会注意到清晰的沟通和用心的语言是多么重要，也会注意到差异化的表达会造成多大区别。

当我在咨询、培训和研讨会上谈到用心的语言时，常常会听到这样一句话："哎呀，但是你知道我是什么意思！"是的，在通常情况下，人们可以通过连贯性的联想很好地识别出一句话背后的含义，但是，或者正是因为如此，才值得我们去一探究竟：你真正想说的是什么？你想描述什么？表达什么对你来说很重要？我们可以来探究一下，语言在我们的脑海中创造了哪些画面。

□ **看看，当你听到"恐怖小孩"这个词时，脑海中会浮现出怎样的画面，内心中会产生什么样的感受？闭上眼睛，深吸一口气，然后体会这个词带来了什么样的画面和情绪。**

我非常好奇在你的脑海中会出现什么样的画面。对我来说，一提到"恐怖"，我就会联想到与战争、斗争相关的画面，会联想到毁灭并油然而生一种必须保护自身安全的感觉。我的心跳加快，血压上升，同时我会注意到自己的神经系统被激活了。接下来，我觉察到这个形象将我从自己的孩子身边带走了，带我远离了同情和理解，将我推向自己的恐惧和更深的无助中。对你来说呢？这个词给你带来了什么样的画面和感受？

第2章
家长的期待和想法

我知道，人们在谈论他们的"恐怖小孩"时会想说些什么。是的，我知道他们的意思，然而在这里我要鼓励他们勇于改变视角，以不同的方式看待和表达。毕竟，将想法准确地组织成语言，并清晰地表达出来，难道不是更有目的性和建设性吗？这对于对恐怖、战争和破坏一无所知的孩子，以及对作为成年人的我们的责任，难道不是更公平吗？如果我们切切实实地与自己保持联系，与我们心中真正描绘的图像保持接触，并且描述出现在的情况是怎样的，难道不是更有益于发展吗？差异性表达的目的是：更好地了解我们的孩子和我们自己。比如，"在某些情况下，我对孩子感到束手无策，我觉得自己孤立无援，不堪重负。我们会进行令人疲惫不堪、耗费精力的权力斗争，而我感到压力很大，常常为了和平而被迫让步。然后，我对一切都失去了控制，混乱随之而来"。

我们越能准确地描述自己的世界和感受，就越能更好地倾诉自己的内心，更好地沟通，然后感受到被理解、被接受和被爱。同时，我们也有能力用完全不同的方式来回应孩子，与孩子以及我们自己保持联系，并以母亲／父亲这个成熟的、负责人的角色做出反应。

即便我们不用这些显而易见的评价性词语来描述孩子，对于孩子的行为，我们也仍常常会有相当消极的、贬低性的、轻蔑的描述：孩子叛逆、淘气，他们顽固又懒惰。

这些词语毕竟不是建设性的描述，但是我却一次又一次地听到它们，甚至是从父母口中，他们如此谈论自己生命中最重要的人！作为家庭顾问，这些描述传递给我的信息更多的是关于父母如何看待自己的孩子，而不是孩子的真实情况。

所以在这里，我们需要好好检查一下日常生活中听到的词语，包括我们经常面对的，以及我们自己使用的。这个过程非常有帮助，因为语言是社会现实的镜子，是连接我们内心世界和外部世界的桥梁，是我们内心形象的表达。它创造了社会现实，在我们的谈话对象的脑海中制造了图像。

我们表达自己的方式，也表明了我们如何看待外部世界以及感知我们自己的（内心）世界。另一方面，用心的语言和有意识的表达方式必不可少，因为表述能够彰显出某种态度或思维方式。例如，通过消极的表述，我们只能将注意力放在糟糕的事情上，过于吹毛求疵的自我暗示只会抑制、阻碍我们的发展。我们可以自己决定，在自己的语言中给哪些词语留有空间。语言就像是一个宝库，我们要小心翼翼、仔仔细细地挑选使用。

从贬义的、负面的评价（"我的孩子吵吵闹闹、慢慢吞吞、懒懒散散"）到赞赏性的、建设性的描述（"我的孩子喜欢分享，有自己的节奏，对自己真正感兴趣的事情充满热情"），这条道路并不容易，因为这涉及全新的视角，我们可能做不到每次都成功转换，或者及时转换视角。但是请你尝试在谈论孩子的时候使用新的语言和表达方式。在一段充满爱的关系中，彼此之间用心的、清晰的、思虑周全的语言必不可少。下面的练习可以帮助你改变视角。

第 2 章
家长的期待和想法

练习：走向新的视角——用建设性、赞赏性的目光看待你的孩子和孩子的能力

新的视角：用不同的词语来描述同一件事。

在我们与孩子的日常相处中，会有一些时候感到压力格外大，甚至有些日子我们会觉得一大早就已经达到了自己负荷能力的极限。感受这样的一天。改变你的视角，把消极的评价放到一边，换一种建设性的、积极的眼光看待孩子和孩子的行为。让自己顺其自然，注意什么时候会出现阻力，但是不要向它屈服，暂且不去管它，看看会发生什么。

第1步：仔细想一想，你使用了哪些贬低性的词语来描述孩子，在我们疲惫不堪，处于自己承受范围的极限时，往往会想到这些词语。这样的词语可能是：慢吞吞的、厚脸皮的、幼稚可笑的、喜怒无常的、爱哭的、顽固的、烦人的。

第2步：现在，有意识地用心进入一种全新的、欣赏的视角。把负面的描述变成对孩子行为正面、建设性的描述。这个步骤没有"正确"或"错误"之分，但是会有多种可能性。

在这里，一个小的视角改变或许能帮到你：你想听到别人对你有怎样的评价？如果一个评价让你感觉不好，那就为自己找到一个和谐、友好、正面的描述，然后将这些描述转移到你的孩子身上。可能的词语有：认真仔细的、感情丰富的、坚持不懈的、诚实的、勇敢的。

也许这两个例子对你会有所帮助："厚脸皮的"可以变成"自信的"，"慢吞吞的"可以变成"认真仔细的"。花点时间有意识地采用新的视角。要经常、反复做这项练习。同时，在日常生

> 活中也要注意自己的措辞，仔细聆听周围的人如何谈论他人。你听得越仔细，越能激活自己的"触角"，越能有意识地表达自己，你就会变得越来越敏感，越来越容易快速转变视角，并在不同的视角之间做出选择。

在前面的练习中你一定意识到了，在措辞时不使用贬低性语言一点儿也不简单。通常我们会更容易滑向负面的评价，抓住一些消极的特质，而不会自然而然地关注对方的能力。不要去带着自己的期望盯住所谓的不足，而要将目光放在那些显而易见的优点上。

比起看到积极的一面，为什么我们更倾向于感知缺陷

从遗传学上讲，我们的神经系统被设计成了这样：更多地关注坏事而不是好事，并将消极性更深、更持久地固定在我们心中。究其原因，在于我们的进化。对于石器时代的第一批人类来说，注意危险和察觉威胁是性命攸关的能力。在危险情况下，一个人当下感受到的愉快情绪不得不迅速让位于恐惧，以便能够快速做出恰当的反应。这意味着，大脑必须立即从快乐切换到恐惧，这样，某些反应，比如逃跑或攻击，才有可能转化为身体运动，从而确保在危机中幸免于难。再比如，为了保证生存，记住有毒的植物也很重要，在很多情况下，失误和误判可能意味着死亡。正因如此，我们的大脑才被设计成了更加注意错误和不足这种模式。不幸的是，这常常导致我们完完全全地陷入到错误认知中无法自拔，尤其是当我们作为父母对孩子的进步和成功有强烈的责任感时。

第2章
家长的期待和想法

当你把评价的字眼从话语中拿出来,只是单纯描述你看到的东西时,真正的不同就会产生。当你正面、积极地谈论你的孩子时,关注一下自己的身体,看看有什么变化。你可以在下面的练习中尝试一下。

> **练习:走向新的视角——用建设性、赞赏性的目光看待你的孩子和孩子的能力**
>
> 都是观点问题:与其以缺点为导向评价,不如简单描述一种能力。
>
> 第1步:请你再次查看之前收集的负面词语,选择两到三个(也可以更多)和你的孩子有关的词语。你也可以使用没有作为例子列举出的词语。
>
> 第2步:将这些负面评价的词语首先转化为一个指向某种缺点的评价性语句,然后再将这句话直接转化成描述其对应能力和才干的建设性、赞赏性的句子。
>
> 比如,从"我的孩子总是吵吵闹闹、慢吞吞、懒洋洋的"可以变成"我的孩子乐于分享,有自己的节奏,对自己真正感兴趣的事情充满热情"。
>
> 同样,这里没有"正确"或"错误"之分,而存在无数种可能性。看着你的孩子,试着真正改变你的视角,尽可能多地描述你的孩子:他/她能做什么,你察觉到他/她的什么特质,他/她的什么能力很突出,他/她的行为表现出什么样的天赋。为自己手写下一个新的句子,反复阅读,并尝试在日常生活中一次又一次地以这种方式看待你的孩子。

> **亲密时刻**
>
> 请你今天挑战一整天都不批评你的孩子！（当然，这并不意味着你应该同意一切。请你注意，比如，自己是如何表达"不"的，或者当某件事情你认为不妥时，你究竟是如何表达的。）

☐ 对你来说，这里最大的挑战是什么？你注意到你的语言有什么突出的特点？你使用了什么样的表达来代替批评？你是如何做到的？具体使用了怎样的表达方式？

从匮乏感走入内心的充实

我们生活在物质资源极为丰富的世界上富有的国家之一（这里指德国）。食物充裕富足，甚至有些生产过剩，这就是为什么每天都会有食物被扔掉。尽管如此，我们的冰箱和衣柜依旧是满满当当的。我们不断追求优化自己的物质生活，却经常发现自己处于匮乏之中。这种匮乏是一种情感上的缺失。所以我们会有一种永不满足的感觉，我们总是觉得还不够，不够成功，不够漂亮，不够苗条，不够努力。生活中总是缺少什么东西。我们经常试图用物质的东西来弥补这种空虚。我们用无数的活动来分散自己的注意力，期望在外部世界寻找自己的幸福。然而我们四处找寻却总是落空，因为，我们只能在自己心中找到它。

在下文中，我想给你一点启发和鼓励，陪伴你以一种特殊的方式—

第2章
家长的期待和想法

步步走近自己的内心,与自己建立连结,看看在你自己身上以及你的生活中已经存在哪些事物。

不要比较,做好自己

在人们进行比较时,自然只会关注别人有些什么,自己没有什么。然后我们就开始下意识地自我批评,把自己想得糟糕至极、满是缺点。消极的想法会引起不好的感觉和糟糕的情绪。

我总是听家长说,与其他家庭比起来自己的家庭有多少不足,多么"不完美",他们觉得别的家长都是毫不费劲,非常"完美"的:

- 在邻居家,晚上从来没有人大喊大叫!
- 所有别人家的孩子都没有我们家孩子脾气大。我们都不好意思去拜访邻居了。
- 在我的朋友圈子里,我不知道还有谁家孩子像我们家孩子这样令人捉摸不透、难以相处。

你是不是也有过这些想法?是不是经常问自己,为什么其他人总做得那么好?首先我想告诉你,有这种想法是不对的。成为父母和为人父母是一个过程。我们与孩子一同成长,没有一个家庭在这个过程中不曾经历危机。所以,你不应该再继续用这种方式将自己(作为父母或者作为家庭)与别人进行比较。

从基本上说,与他人进行比较是我们在小时候就学会的一个心理过程。因为,作为孩子,比较是社会化的一部分:在儿童时期,我们通过观察和模仿周围环境来学习。这属于人格发展和依附的一部分(我就像妈妈/爸爸一样,会产生归属感和平等感)。在某个时候,自我发展会加入到这个过程中。（我想这样，我不想那样。还有，我被爱着，我归属于这个家庭，因为我就是我，而并不是因为我比别人好。）

这些比较是无意识发生的，甚至我们自己都常常没有意识到。但是，一旦你开始拿自己与别人比较，你的关注点就不再放在自己身上了，你的焦点就不再是你的能力、你的才干、你要走的道路，而是对方和他们的道路。这样，你与自己的连结就缺失了一块，然后可能会在不知不觉中产生一种无价值感。由此可能会导致"自怜自艾"，也就是一种自我贬低和自卑的情绪，同时伴随着对自己的爱渐渐丧失。这是一种不健康的循环。

所以，请你对自己的思维方式、坚定信仰、内心态度和行为模式好好调查分析一番，并采取一种新的视角：在我们的头脑中实际上非常清楚，以这种方式和别人进行比较是完全没有意义的。为了实现持久的转变，在认知上阐明和内化下面这几点是格外重要的：

1. 与他人进行真正的比较是完全不可能实现的。
2. 与他人进行比较于你而言没有任何帮助，反而会使你停滞不前。

这是因为，以这种方式进行比较根本就不正确。你带着自己独特的天赋、才能和特质来到这个世界，你有你自己的故事。比起其他所有人，你走过不同的道路，成长的方式也不一样，你拥有独一无二的可能性和可以支配的资源。你是一个独特的个体，因此最终是无法与别人进行比较的。每个人的背后都有一段独特的个人道路。

也就是说，与他人比较的这种方式是行不通的。反正通过这样的比较不会改变你处境的一丝一毫。所以，这样的比较不仅是不可行的，更是多余的。

□ 你自己能相信这种想法吗？你是独一无二的，是无与伦比的。请注意在你读到这句话时，会有怎样的感受。

如果你没有出于匮乏感而以这种方式进行比较，而能够从别的家庭中寻找联系、灵感和方向，那么——并且也只有这样——你才能敢于将目光转向他人，观察他们的方式，同时检查自己的想法，将他们视为有益的榜样并作为激励自己成长的元素。也就是说，在这种形式下，重点不在于对结果进行比较，而是要去了解成功的途径，比较策略，相互学习，确定方向，获得清晰的认识：

- 其他人具体地采取了什么样的行动才达成现在的状态？
- 他/她采取了什么样的策略、想法以及方式？
- 促使他/她采取这个方式的动机有哪些？
- 其他人是如何处理危机的？
- 他/她通过什么方式获得了怎样的观点、价值观和态度？

这些都是建设性的问题，可以在你的旅途中为你提供支持。

父母不仅比较自己，而且还比较自己的孩子

无论是父亲还是母亲，都喜欢比较他们的孩子。这种比较往往是在无意识的情况下发生的，比如，在操场边上闲聊时，或者在幼儿园、小学家委会上寒暄时。通常情况下，这种对孩子的比较会以年龄问题作为开端，最后进入到关于孩子能力问题的讨论：这个或者那个年龄段的孩子还没有掌握这种或那种技能，还没有

取得这种或那种进步，这是不是值得注意啊？一方面，这些对话通常很有趣，但是另一方面常常让父母感到非常不安。一位母亲说：

"我的第一个孩子在运动功能发育方面明显比较晚熟。作为新手妈妈，我一点经验也没有。我的儿子三个月大的时候几乎不能自己抬头，而朋友的女儿六周大的时候就可以在婴儿班课程上开开心心地四处环视世界地图了，那时我担心极了。现在我知道，月龄发育标志，也就是所谓的儿童发展里程碑，只是一个指南而已。但是当时，这样的比较让我非常烦躁，压力很大，最重要的是这种比较让我感到害怕，因为总是会问自己：我的孩子一切正常吗？"

由于这种标准化，我们今天对正常发育的概念已经变得越来越狭窄。所以现在，我们会拿着这种特别定制的"仪表盘"来寻找"标准模板儿童"。对孩子进行观察、测试、评估，比较他们的价值。这样一来，父母会丧失安全感，总是抱有怀疑地看着自己的孩子，参考着各个年龄段中应该实现的各种里程碑比较他们，心里变得越来越不踏实。

孩子成长的氛围是非常重要的。你可以去塑造和影响这种氛围。问问自己，你与孩子的关系是怎样的，你相信孩子的成长吗？不要让自己失去信心。你的孩子现在这样很好！你现在的样子就很好！此刻的你就是完美的。

第2章
家长的期待和想法

不要害怕错误

你是否有时候会质疑自己做的事情是否正确,或者你是不是犯了什么错误?你是否会在这种时刻对自己感到很不满意,并且在内心责备自己?这其实是没有必要的,因为严格来说,没有错误,只有弯路。并且,走弯路绕个道儿也不是什么坏事,特别是在旅途中。有的时候,你只是需要多花点时间,但是绕路可以让我们对这里的地形更加了解,并帮助我们走得更远。

也许你也可以在这里改变观点,尝试一下这样看待问题:会有一些原因导致你走上这样的道路(弯路)。但是弯路为你提供了重要的,而且常常是计划之外的经历,从某些角度来说这些经历甚至是必要的、有帮助的。通过反思在生活中走过的弯路,你可以让自己的视野变得清晰起来。

☐ 回想起来,你在生活中的哪些地方走过弯路?从今天的角度来看,它们有什么用处?

除此之外,我们还应该更加仔细地审视"弱点"这个词。这个词暗示着我们在某些地方很"弱",我们是有"缺陷"的。实际上,我们应该对这个词提出质疑。所谓的弱点首先是与某些期望联系在一起的,所以自然而然地首先存在于看客的眼中,难道不是这样吗?一个所谓的弱点,只有在某种特定的背景环境下才是"弱的""不足的",也就是说,来自他人的这种评价甚至可能只是一种贬低。之前谈到的有关如何描述你的孩子的内容,也同样适用于你自己。

归根结底,这都关系到我们所拥有的能力。为了让你认识到自己的能力——你内心中的宝藏,下面这个练习会对你有帮助。

> **练习：认识你内心的宝藏，整理你的资源背包**
>
> 第1步：收集信息并写下来：你最看重自己身上的什么特质？你有什么样的技能、性格特点、知识？
>
> 第2步：将你所有的技能和知识装入到你想象出的背包里面。把使你与众不同的一切都放到里面。这些就是你强大的资源，你可以用它们来克服挑战。

你越是了解自己的优势和成功策略，你就越容易向着目标付诸实际的行动，并且以更平静和轻松的心情面对生活。

感恩和它的意义

感恩是我们生活中的一种奇妙力量。我在这里所指的感恩，不是某些感恩的形式，例如孩子在一个正式的场合中收到礼物时被要求表达的感恩——这更像是一种适应社会习俗的做法。我们每个人都经历过这样的情况：觉得自己不得不说声"谢谢"。然而，这种感恩实际上与我想探讨的感恩的意义，以及感恩能给予我们生活的东西完全相反，因为说"谢谢"和感受"谢谢"，真的能够为我们的生活带来神奇的变化。当我们不仅说出"谢谢"，而且更重要的是感受到它时，我们会感到更加满足，更加快乐。

因此，感恩确实不是能够存在于任何形式的强迫之下的感情。感恩只能从我们自己的内心产生。我们有时甚至会察觉不到这种感觉，因为它并不总是与我们或者别人的期待一致。心怀感恩在我们的生活

第 2 章
家长的期待和想法

中非常有帮助，也带领我们前进：它可以带领我们从匮乏中走出来，看到自己生命中的充实。它可以让我们意识到我们生命中已经拥有的所有美好的事物，我们已经做得有多好，我们生活中一切不能被视为理所当然的礼物，以及生活实际上为我们准备了多少美景。心怀感恩能够长期地改变我们的视角——从紧盯生活的匮乏到放眼生命的充实。感恩让所有的财富一目了然，让我们把视角转向拥有的事物，放在眼前具体的事物上。它可以使我们生活中看似很小的东西看起来很有意义，很特别。所以，感恩与正念有很大联系。通过实实在在地了解自己拥有的东西，往往能够更好地接受自己没有的东西，并过上更加知足的生活。如果我们看不到自己已经拥有的幸福和美好，那么我们会永远追逐它。弗朗西斯·培根曾经说过："不是幸运的人感恩。感恩的人才会幸福。"

是的，谈论幸福这个话题并不容易，许多人在追寻幸福的路上不断地优化自己。追寻幸福，并不是说你要一直持有积极的想法，一直保持快乐，不允许自己有所谓的负面情绪。恰恰相反，负面情绪也是生活的一部分。认为幸福的状态是可以伸手"够到"然后紧紧把握的想法是一种误解。幸福，首先是一种短暂却往往很强烈的积极情绪状态。所以，幸福从本质上说就是转瞬即逝的。然而，知足，也就是心怀感恩，是一种积极的基本情绪，从中我们能够一次又一次地体验幸福。除此之外，知足还可以提高我们自身的安全感，使我们能更自信、更有力量地面对生活中发生的所有事情。

因此，心怀感恩会将我们带入生命的充实，给予我们力量和保护。它制造了快乐，让我们每天都有机会改变我们的视角。

练习：你每天都对什么心存感恩？

每天都回想一下在你生活中发生的小事，并赋予它意义，将它写入你的感恩笔记中：

- 在你生命中的哪些时刻，你感到格外感恩？
- 感恩对你来说是一种什么样的感觉？
- 你是否也能对自己心怀感恩呢？

我们可以学习将这种形式的感恩融入到我们的视角和态度中，并且将它有意识地带入到我们每天的日常生活中。通过这种方式，我们便可以将思想集中在我们已经拥有的和我们感激的事物上面。

这些事物既可以是我们日常生活中司空见惯的小事，也可以与我们的整体状态有关。我们可以感恩我们的家庭：为我们孩子的健康、伴侣的善解人意而心怀感恩，甚至，我们可以为了孩子今天没有吵架，花儿开了，或是小鸟此刻为我们歌唱而心怀感恩——我们能够体会到生命的充实，并且有力地、有意识地从中汲取养分。这样，我们就不会生活在匮乏之中，而是能够感知到自己内心的感恩、幸福和满足。试试吧，有意识地改变你的观点！

花点时间，用笔记录下你所感激的事物（可以是经历，也可以是某个人、某种环境、某个机会）。从不同的领域中进行选择，比方说你的工作、家庭、朋友、爱好、生活环境、自己的特质和性格。每天都想一想（至少）在你生活的每个领域中你所感激的一件事。今天（或者此时此刻）我对什么心怀感恩？我从身体的哪个部位觉察到了这种感觉？

第2章
家长的期待和想法

这个练习的目的是帮助我们积极地进入这个视角,获得新的能量,并意识到我们所感激的事物。每天都为此营造一种仪式感是非常有意义的。你会很快注意到自己一天的变化。买一个感恩日记本也是个很好的主意。

练习:体会对孩子的感恩之情——描述一张照片

第1步:从你的孩子的照片中选择一张你最喜欢的,把它放到面前。

第2步:想象一下,向别人描述这张照片。照片上有什么?孩子脸上的表情是怎样的?他/她穿了什么样的衣服?摆出了什么样的姿势?他/她多大了?照片中发生了什么事情?它是在什么地方和什么情况下拍摄的?

第3步:写下并描述你的孩子:他/她喜欢做什么?是什么让他/她变得特别?你最喜欢他/她的什么?

第4步:你的感觉如何?当你以这种方式思考和记录你的孩子时,你感受到什么情绪?

第 3 章

家长的情绪地图

第3章
家长的情绪地图

情绪是我们生活的一部分。是情绪，让我们的生活变得热烈动人、多姿多彩。它们就像汤里的盐，就像我们生活中的调料。情绪支配着我们的生活，无论我们是否希望如此。人们总是为了避免某些情绪或者为了尽可能多地体验某些情绪而投入很多心血。许多人把情绪当作一种随机、善变、非理性的东西来体验，因此无法在自己的情绪地图上很好地确定自己的方向，定位自己。事实上，分析、研究情绪是一件非常值得做的事情，因为每一种情绪都在履行一个重要的功能。正是因为我们要陪伴孩子的情感成长，并且在这个过程中我们自己也会体验到深刻的情感经历，所以在我看来，分析自己的情绪地图、更清晰地了解自己的感受和对情绪的想法是非常关键的。

在我的冰山模型中，情绪的层级直接位于水面之下。可以说，情绪就像马达，激励着我们的行为，也就是冰山模型中浮在水面以上的部分。为了锚定一个良好的亲密关系体验，在生活中更好地陪伴孩子，至关重要的是我们作为成年人需要明白，与孩子的互动和对孩子的反应不要仅仅浮于行为层面，而是要从情感层面出发，从而与孩子建立深层次的连结和联系。然而有的时候，我们自己对于如何处理情绪问题也没有什么经验，不知道自己的路在哪里、该往何处走。这或许是因为，在我们自己的成长过程中不得不压抑和否定自己的情绪，所以在情感层面进行定位可能有时对我们来说也是件新鲜事儿，甚至会有些笨拙迟钝。事实上，即使在我们当今的社会中，情感也一如既往地，依旧很少被考虑到，或者说没有被充分考虑到。这种状况到底从何而来呢？

直到上个世纪的七八十年代，情感在教育中几乎没有发挥过任何作用。情感不仅仅被忽略了，甚至可以说是处于一种被压制的状态。这种想法直到如今依然可以见到：我们的社会依旧认为强烈的情感以及所谓的负面情绪是应受谴责的，是不受欢迎的。然而，现在有许多科学研究成果都已经证明，否认和压抑自己的情感可能会生病。

从下面这本书中我们也许可以看出这种根深蒂固的想法的端倪。德国作家约翰娜·哈赫写于20世纪30年代的育儿手册《德国母亲和她的第一个孩子》，到1987年一共售出约120万册，影响了几代人的教育。在本书中，哈赫提出了一个养育子女的前提：减少情感上的亲近，否则你会培养出一个暴君。这意味着：对孩子的哭泣吵闹要置之不理，这时不要把孩子抱在怀里，不要给予他们过多关注，也不要让他们靠得太近。在这种养育方式下，孩子对保护、亲近、安全、关注和温暖的存在性需求总是得不到满足，他们的感受不断被忽视，所以孩子不得不压抑自己的情感需求。但同时对于母亲来说不得不否认自己对孩子的感情。这样一来，她们很快就会失去自己的母性直觉。

"让孩子静静地哭吧""哭能强健肺部"，甚至"孩子必须从小学习如何让自己平静下来"，我们在今天依旧能听到这些观点。但这根本就是无稽之谈，是完全错误的。儿童在婴儿时期不需要调节自己。首先，他们还根本不具有这样做的能力。恰恰相反，他们依赖与自己亲密的依恋对象和照顾者，需要关心他们的父母对他们的情感需求做出敏感的反应。

但是，为什么哈赫在20世纪30年代倡导的教育态度能够产生这么持久的影响？即使在战争[1]后长大的孩子不再接受纳粹[2]意义上的教育了，这个所谓的"黑色教育学"也依旧成为长久的传统。甚至在

---

1 这里指第二次世界大战。（译者注）
2 哈赫的教育主张在二战时期受到纳粹政府的推崇。（译者注）

第3章
家长的情绪地图

1945年后,父母对孩子疏远、感情冷漠的态度仍然是德国战后社会的教育共识。

许多心理学和心理治疗方面的研究结果都清楚表明,否定和压抑情感会给人们的生活带来长期的消极影响,甚至会造成长期伤害,因为在情感被忽视和压抑时,情绪的发展也会受阻,从而影响到各个层面上的健康成长。可能会造成的疾病和负面影响包括但不限于焦虑症、抑郁症以及依恋障碍和亲密关系障碍等。在这里我想说的,不单单是为了警告可能出现的心理疾病,更主要的是为了讲明白这其中的机制以及这种循环的后果意味着什么。

如果某种情感在成长过程中的某一段时期内必须被忽略和压抑,那么这种情感就会与神经系统长期脱节,直到被完全抑制。这个过程可以说是与自己情感层面的分离,因此也会产生与自己感受的脱节。因为这些似乎对维持孩子与成人之间的关系没有什么帮助,所以依赖成年人的孩子就必须下意识地在照顾他们自己的感受和维持与大人的关系之间做出抉择。虽然孩子在情感上依赖于自己与养育者之间的关系,但是因为成年人不期待这种情感,孩子会长时间不自觉地与自己的感受"告别",不去或者尽可能少地感知自己的情感领域。如此一来,孩子会越来越多地回避这些情感,在内心形成一套脱离情感领域的系统,从而不再去感知它。然而,孩子的神经系统不仅会将自己与情感层面划清界限,而且也会同需求层面割裂开。这样的后果是,一种欺骗性的自我意识和没有益处的直觉会发展起来——不要满足自己的内在需求,而试图满足别人的期待。专注于让自己的心理状态依赖于他人,这可能会导致无法发展或者不能感知自己的界限。举个例子,这可能会让我们很难说"不",在拒绝别人的时候总是感觉很糟糕。

□ 你的成长过程是怎样的呢？你被允许感知自己的感受吗？你的父母会关心你的感受吗？

从现在开始，我们应该关注孩子的需求和感受，重视他们成长过程中的情感发展，陪伴他们，并提供支持。这对父母来说并不总是一件容易的事情，之后我会更加详细地介绍关于儿童情感发展的内容。目前，我们需要了解到的是：由于儿童脑部发育的阶段性，他们最初更多的是以感受为锚，也就是说，比起认知，更多以情绪为基点。这就意味着，在日常的家庭生活中我们会常常面对孩子情感层面的需求和强烈的情绪感受，而这反过来也会触发我们自己的强烈情感。因为我们作为成年人，就像前面提到的那样，往往也不容易触碰到自己的真实情感，所以在这种时候我们常常觉得自己达到了极限。

为了能够应对孩子的强烈情绪，首先最重要的是，身为大人的我们要清楚地了解自己的感受，要能够识别、感知、调节好自己的情绪，甚至是所谓的负面感受。在下面的内容中，我们将更好地了解自己的"情绪地图"，从而更坚定更明确地为自己的情绪导航。

基本情绪

情感的意义是巨大的，因为它们通过激励我们的行动、控制我们的情绪表达、调节社会交流以及影响我们的思维等方式，在我们的一生中发挥着作用。在社会中，情感的地位总是备受质疑，如果一个人从情感维度上做出反应，往往会被贬低为"感情用事"，这个人会被认为是"敏感的""多愁善感的"或是"神经过敏的"。此外，人们常常会产生这样的印象：好像有大量不同的感受，但是它们被起了大同

第 3 章
家长的情绪地图

小昇的名字。

但其实,并没有那么多不同的情绪,它们只是几种少数的基本情绪在不同情绪状态中深浅不同、色调不同的表达。科学研究发现有七种基本的情绪:快乐、痛苦、悲伤、羞愧、厌恶、愤怒/生气和恐惧。

情绪为我们提供了关于内在状态的线索,这些状态是对外界事物的反应,情绪对于我们定位自己以及多方位地感知世界至关重要。所以,各种深浅、色调不同的快乐情绪(满足、热情、幸福、喜悦、享受、高兴、愉快)都在提示我们:现在感觉良好,我做得很好。而在各种层面上的痛苦情绪(抑郁或压抑的,悲伤或受折磨的)都会在我们身上产生压力,让我们知道某个地方正在受到伤害,让我们知道自己正在渴望什么。悲伤是一种沮丧的状态(遗憾、哀痛、忧虑),这种情绪表明,我们需要安慰。羞愧(尴尬、悔恨)让我们知道自己已经违反了某个准则或者超过了某个界限。厌恶(憎恶、反感、勉强)告诉我们,有什么超过了我们的舒适范围。愤怒/生气(恼火、愤慨、恼怒、不高兴、不情愿)暗示我们存在某种过界的行为。而恐惧(焦虑、害怕、惊慌)给了我们一个重要的危险提示。为了更好地理解这七种基本情绪,你可以仔细查看下一页的情绪地图。

这种内心状态是由发生在外界的经历或是内在的体验引发的。我把我们的情绪系统想象成一个靠琴弦振动发声的共鸣乐器:我们的情绪拨动了琴弦,然后又在我们身上产生了所谓的情绪"音调"。所以最终,我们的整个身体就像是一个共鸣室,我们通过这种共鸣来感知生活和环境,特别是我们的孩子。由于这个过程主要是通过我们自己的感受发生的,所以这再次表明了情感对我们来说是多么重要。

情绪地图

快乐
给我们提示：感觉良好，做得很好。

痛苦
产生压力，让我们知道自己受到了伤害，让我们知道自己在渴望什么。

恐惧
提示我们有危险。

第 3 章
家长的情绪地图

让我们知道自己已经违反了某个准则或者超过了某个界限。

提示我们现在很伤心,失去了什么东西,需要安慰。

羞愧

悲伤

愤怒

厌恶

生气

提示我们,有什么东西超过了我们的舒适范围。

暗示我们有某种过界行为的存在。

71

在情感层面上的联系需要共鸣、共情以及转换视角

移情，也就是同理心，无非是一种你在自己身体中感知到的对他人的共鸣而已。比如，如果你的身体中承载着太多未处理的悲伤，那么这种情绪会在你和孩子的接触、共鸣中变得越发强烈和"响亮"，如此一来，你的系统可能很难再继续承受孩子的悲伤或是哭泣。你没有能力去感受孩子的感受，而是越来越多地陷入到自己的情绪之中。甚至，你的悲伤会和孩子的悲伤混合交织在一起，直到这种情绪将你淹没，让你无法承受。因此，你会不自觉地寻找策略来防止孩子的悲伤情绪变得过于强烈，甚至可能尽量避免让孩子产生这种情绪。也许你会回避某些特定的场景，也许你会贬低孩子的悲伤，甚至谴责他们的负面情绪。作为家长，通常我们会试图分散孩子对悲伤的注意力，或者通过不停地说话挤压孩子感受悲伤的空间。其实，这种做法存在的问题是显而易见的：此刻我们不是在陪伴孩子并觉察他们的情绪，而是沉浸在我们自己的故事中。

因此，更清晰地认识和了解自己的共鸣空间，也就是你"内心中的吉他"，是一件非常重要的事情：你要知道在与别人的情绪接触时，自己心中的哪根琴弦会振动起来。只有这样，你才能和自己的情绪乐器产生良好的共鸣，对自己的情绪有更好的体会，并与孩子产生共鸣。在你心中产生的这种共鸣和回响，这种情绪的共振，可以为你了解孩子提供线索——孩子在情感层面上到底经历了什么，你的孩子有什么样的感受。

□ 上一次你有意识地觉察自己的"情绪乐器"是什么时候？寻找一个你可以轻松地理解、体谅孩子，对他们的情绪感同身受的情景。现在，激活你的内在共鸣空间，在这之后的几天里与其他人的交往中

第 3 章
家长的情绪地图

特别关注自己的"情绪乐器",看看哪几根"琴弦"开始在你心中响起。

设身处地地感受他人的感受到底意味着什么呢?感受首先是一种经过主观解释的身体感觉的产物,这些身体感觉则是在外界刺激下产生的反应。从某种程度上说,对这种身体反应的阐释是任意的,所以同样或者类似的感觉——在不同的情况下可能会有不同的解释方式——相应地,可能会完全改变感知的情况。

因此,花些时间和精力关注自己的身体和感受是件值得做的事情。感受就是我们内心的测震仪,给我们提供了关于周围环境的重要线索。有些时候这个测震仪会出现"校准错误",比如,在外界环境从客观角度来说并没有发生什么可怕事情的情况下,向内部发出警报。在我们接下来研究情绪地图的过程中,对自己的身体感觉做出新的解释,可能会对解决这种情况有帮助。那么,感受是如何产生的呢?

具体来说,感受有以下几个方面:

- 主观感知的感觉
- 触发它的诱因
- 对经历的自我评价
- 身体的反应(调节策略)

为了学会如何与感受打交道,下面五个步骤在情感发展中是至关重要的:

1. 感知感受(我感知到了一种情感冲动)
2. 识别感受(我认识到了这种感受)
3. 命名感受(我为我的感知和认识找到了描述性的词语)
4. 调节和控制感受(我可以控制这种感受,它不会将我淹没)
5. 影响自己的感受(我自己决定如何评判一种身体感觉)

影响感受,可能你一开始听起来会觉得很奇怪,但这是有可能的,也是我们的一个小目标。设想一下,你有一个演讲需要做。你可以在这个演讲中说自己最喜欢的话题,你对这个领域很了解,很擅长,并且你也一直想要谈论这个话题,向大家讲述打动你的东西。现在,任务就在眼前,你正充满能量和活力,为此做着准备。然而,在你演讲的那一天,你却觉得浑身上下都不舒服。你的肠胃功能仿佛紊乱了,你感到非常紧张。你的所有思绪都围绕着演讲那天晚上可能出现的状况盘旋。你感到恐惧,开始希望自己从未接受过做这个演讲的请求。究竟发生了什么,让期待已久的任务倏忽间变成了一个恐怖事件?你的身体对外部情况(在这个例子中是即将到来的演讲)做出了反应,这种反应表现为身体感觉:心跳加速,血压上升。你已经对这种身体感觉做出了解释:恐惧。现在,这种恐惧的后果很可能是取消演讲,至少可以说,你一直期待和渴望实现的场景目前变成了一种恐怖场景。

　　如果你现在回到步骤5(影响自己的感受),意识到你有机会重新评估自己的身体感觉,从而创造出不同的感受,那么你就有机会享受这场演讲,而不是糟蹋了它。只有当你能从烦躁不安的状态(在大脑中交感神经系统异常活跃)转到平静和放松的状态时(激活负责镇定的副交感神经系统),你才能有意识地对此做出新的评估。恐惧这种情绪,不仅会在面临真实危险时产生,即使是想象中的危险,也会引发恐惧。这就意味着,我们的想法在评估一种感受时发挥着重要作用。对演讲的恐惧首先出现在你的想象中。你的机体进入到一种警戒状态,交感神经系统也被激活。通过有意识地减缓这个本身无意识快速运行的过程,你就有可能影响自己的感受。

　　如果你能够在思维上撤回自己原本的情绪解释,将身体感觉重新解释为喜悦之情,你就能意识到,今天实际上是你这么长时间一直在为

第3章
家长的情绪地图

之努力、期待和准备的日子。你可以用这种方式重新解读自己的状态。

这种情感发展与其他领域的内在成长紧密交织,并与儿童的认知、社交和语言发展密切挂钩。因此我们作为家长应该做到,从孩子出生的那一刻起就关注他们的情感发展,并在这些发展步骤中仔细观察,用心帮助、支持他们。多年的发展研究和治疗的实践经验表明,对我们人类来说,能够开发出一条通往我们自己情感的路径是多么重要。我们对情感的体验越多样,就越有可能找到健康的策略来应对它们。这不仅是为了寻找积极的感受,比如,培养觉察快乐、热情和幸福的能力,也是为了体验和感知所有波段的感受,认识五彩纷呈的情感调色板。我们也需要经历所谓的负面情绪:悲伤、失望、痛苦、愤怒、挑衅。它们是成长和生活的一部分,所以我们能够了解、体验并表达这些情绪也是很重要的。

改变视角

常见的视角:孩子们需要从小开始面对尽可能多的挫折,以便长大后能够更好地处理失望和打击。

新的视角:孩子需要的并不是尽可能多的挫折,而是在童年时期遇到挫折时从家长那里获得尽可能多的安全感和关爱。挫折潜伏在各个角落,不需要额外创造。

归根结底,我们会在成长过程中遇到并认识所有情绪,收集与各种情绪相处的经验,然后能够安全地处理、接纳它们。这一过程至少需要 16 至 17 年,也就是会持续到青春期(有时甚至更长),这属于儿童正常心理情感发展过程的一部分。

为了能够自己调节情感，并逐渐掌握影响自己感受的能力，孩子需要具备一种技能，也就是可以在不同的层面上（比如，他们自己的身体感觉、评估和诱因）建立起自己的感受（愤怒、狂暴、喜悦等）和背后隐藏的潜在需求之间的联系。从这个角度你可以看出，情感在用各种各样的方式影响着我们的行为。那么，情感究竟在多大程度上与我们的需求相联系呢？你已经熟知的冰山模型可以很好地回答这个问题。

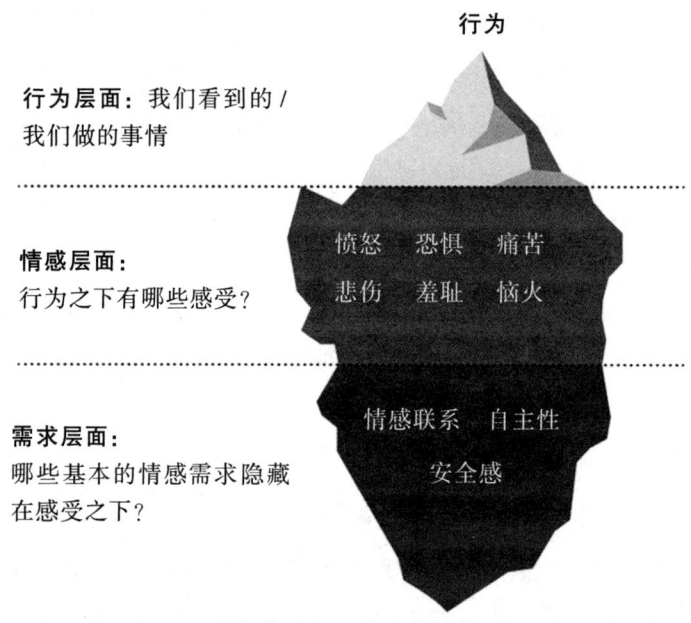

行为

行为层面：我们看到的 /
我们做的事情

情感层面：
行为之下有哪些感受？

愤怒　恐惧　痛苦
悲伤　羞耻　恼火

需求层面：
哪些基本的情感需求隐藏
在感受之下？

情感联系　自主性
安全感

更好地理解孩子（卡特琳娜·萨尔弗兰克的三阶段模型）

回忆一下：通过感受，我们基本上接收到了指向我们内部某种状态的提示，而这种状态则是由外部世界触发的，或者说，我们在外部世界寻求一种满足感，这种满足感对我们的幸福来说很重要，能让我们感觉良好。我们需要在各种深浅明暗、色调不同的情绪中找到一种恰当的满足感，这样才能长久地保证心理和身体的健康。为了能够一次次不断制造出这些积极的情绪，比如喜悦、热情、放松，你可以使用

第3章
家长的情绪地图

前文已经介绍过的帮助自己变积极的工具,例如心怀感恩、善用肯定的力量等。在遇到困难,处理棘手的情况时,保持积极的情绪是至关重要的。这样可以帮助我们在面对压力时保持稳定,因为积极的情绪给予我们力量和能量,也让我们更快地释放出内心的紧张。这就是为什么我们要在日常生活中有意识地为积极情绪提供空间,承认它们的重要性。也就是说,在面对生活的各种压力时,为了能够重新回到幸福喜乐这种积极的基本情绪中,我们需要轻松、愉快、好奇心、希望、快乐、灵感等这类积极情绪。

作为成年人,我们必须要更好地了解自己的感受,更熟悉自己的情绪地图,这样才能更好地陪伴孩子的成长。

练习:感受情绪,重新建立内心的联系

再仔细观察一下情绪地图和每个情绪大陆。尝试为每种情绪想象一个对应的场景,在想象时让这种情绪在心中酝酿起来。感受自己的内心,当你让这种情绪存在,而不去觉察与这种情绪相伴而来的感受时,你的身体会出现哪些感觉?你的内心会发生什么?不要评价,只是观察这个过程。如果你愿意,可以尽可能详细地写下你所经历的身体感觉(例如,欢喜时感到胃部酥酥麻麻的,胸腔有暖流涌动,等等)。要对自己有耐心,给自己足够的时间慢慢体会。有时会需要一段时间,直到我们能够察觉到这些感觉,并找到描述它们的语言。

当你允许所有的感受在你体内与相应的身体感觉产生共鸣时,有没有一种对你来说特别熟悉的情绪(即使感觉不是很好),甚至你可以将它任命为你的基本情绪?是哪种情绪呢?

将你的发现带入日常生活中,在接下来的时间里有意识地关注哪些身体感觉伴随着哪些情绪。

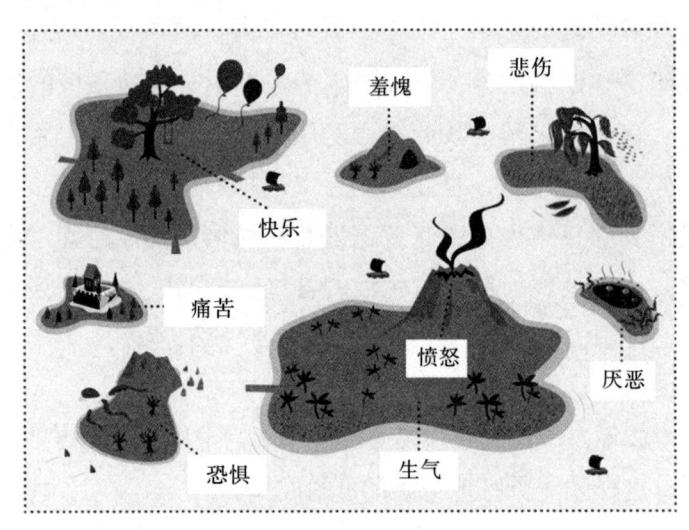

情绪提供了重要的线索（卡特琳娜·萨尔弗兰克的情绪地图）

在下文中，我想主要来探索愤怒这种情绪。到目前为止，你一定会认为愤怒是一种不愉快的体验。然而，愤怒和别的情绪作为一个整体，首先是一种信号，为我们指明某种情况，如果没有它们的提示，我们会简单掠过，根本不会察觉到。

我们自己的愤怒

在与孩子相处的过程中，总有一些时刻，愤怒会扮演着主要角色。而作为父母如何应对自己的愤怒情绪，也是家庭辅导课程中反复出现的主题。没错，身为父母的我们也会发火，在某些情况下会被愤怒冲昏头脑，甚至对自己的愤怒感到害怕。在我的在线课程"暑期学院：更好地理解孩子"中，许多参与者都在脸书的小组里匿名交流讨论了

第3章
家长的情绪地图

关于愤怒的想法。这是一个令人羞愧的话题。我也收到了一些关于这个问题的匿名留言:

"我的困难在于,当我与五岁的儿子发生争执时,比如说当他变得怒气冲冲的时候,我自己的怒火就像被点着了一般,也会迅速爆发,大发雷霆。在这种情况下,我很难控制自己的愤怒,甚至可以说完全失去了控制力。然后我的声音会不自觉地大起来,不加考虑地说出一些我并不想说的话。我会不顾一切地大声咆哮,发泄着心中的不满。有时我觉得自己就像一台蒸汽压路机,在怒火中可以将一切碾平。在这种时候,我陷入一种极度愤怒的状态,以至于我都不认识我自己了。虽然,我并没有打我的孩子(对此我非常高兴),在我就快要忍不住动手的时候,我会把孩子送走。但事后我感觉非常糟糕,而且非常羞愧。我感到无助地被自己的愤怒操控摆布,别无他法。但是,我不想这样对我的儿子大吼大叫,我也不想把他送走。我内心这团熊熊的怒火到底从何而来?我又该如何控制它呢?"

基本上来说,愤怒是一种有意义的重要情绪,因为它对人类作为社会群体生物的生存是必要的。愤怒不是病态的,所以并不需要克服或压制它。恰恰相反,我们需要愤怒为改变提供可能,我们需要愤怒以及与之相关联的能量,因为愤怒是对威胁的一种自然(适应性)反应,会引发强烈而有力的情感和行动冲动。愤怒是我们在怀疑时保护我们生命的力量,因为当我们的个人界限被僭越时,它会帮助我们意识到这一点。我们确定自己的界限,保护自己的完整性,这对于维护和发展我们的身份认同（自我认同）是绝对有必要的。

　　利用愤怒来划分界限有其价值所在，也能够有效保护边界，即使在过程中耗费了相当多的能量。这句话一开始听起来可能有些矛盾。但是愤怒并不总是具有破坏性倾向的。亚里士多德说过："愤怒很容易，每个人都会愤怒。但在适当的时候，为了适当的目的，以适当的方式和尺度，对适当的人愤怒，却不是一件易事。"

　　然而，简单地与另一个人保持距离，与被愤怒所淹没、占领，以至于被愤怒蒙蔽双眼，失去理智，无法再控制自己，两者之间有很大区别。后一种状态的愤怒暗示着，成年人很难适当地调节自己的愤怒，以及用适当的语言表达自己的愤怒。这类人往往为觉察到自己体内出现了一种无法遏制的，且往往是破坏性的能量感到羞愧。这就是为什么我们会对愤怒这种状态心生恐惧，并将它视为一种威胁。

　　但是，作为成年人，我们究竟为何难以适度调节自己的愤怒呢？

在童年时不被允许感受情绪

　　常常有父母提到，他们在自己的童年时期不被允许生气。他们的情绪没有释放的空间，也没有办法练习自己的"情绪乐器"。在这些父母的童年中，要不然是没人在意他们的想法和感受，要不然是被大人教导，要压抑和克制自己强烈的负面情绪，比如愤怒和悲伤。这种人生经历，反过来又首先导致了他们无法对自己的情绪表达做出回应。这样的后果是，他们没有办法（或者没有办法再）很好地与自己的情感建立联系，特别是愤怒这种情绪，然后慢慢失去对这种情绪的感觉。

　　在与孩子的交往中我们必须首先理解，虽然孩子激起了我们的愤

第3章
家长的情绪地图

怒，但他们并不是我们大发雷霆的原因，意识到这一点是很关键的。你可以试着自己来验证一下：是什么样的情绪让我们有采取某种激烈行为的冲动，而这种情绪的强度和冲击力是否与外界实际发生的事情完全不相称？

"一切都很好，直到他去洗手和刷牙的时候。他（4岁）说他不想洗手，然后僵在了洗手间里。我慢条斯理地向他解释着道理，还试图用游戏的方式引导他。然后他开始哭闹，把我推开，双手紧紧握成拳头，让我没有办法给他洗手。接着，他哭得越来越厉害，叫得越来越大声，失控的样子仿佛魂儿都没有了。我也没法再保持冷静，开始冲他咆哮起来，用最恶劣的方式侮辱责骂他，并告诉他"我受够了"，我对他和他的行为厌恶至极。我也不是我自己了，非常粗暴地用力按住他，强制性地给他洗了手。当然，他也彻底爆发了，声嘶力竭地哭闹起来。但我非常冷漠，冷冰冰地看着他，不为所动。几分钟之后，我对刚才发生的一切感到无比的遗憾。"

在这里，我并不想要对此做出评判或者谴责。恰恰相反，通过这个案例我们可以认识内在机制并且了解自己的模式。如果一个小孩不想刷牙或是洗手，接着完全拒绝与洗漱有关的一切，作为父母，我们需要意识到这并不是一个威胁到生存的危险情况。然而，对父母来说经常会有这种感觉：在这种时刻，从愤怒中迸发出的能量伴随着强烈的情感和行为冲动，就仿佛是在遇到生命威胁时产生的强烈反应一样。

在童年时期不得不压抑和克制自己愤怒的成年人，实际上也是被迫开发出了一套避免愤怒的策略，却为此付出了高昂的代价。逃避的一个后果是，被压抑和克制的愤怒感阻碍着人们为自己的感受和需要找到描述性的语言，为自己的内心想法找到表达的方式。因此，他们几乎没有在别人面前表达过自己的经验，也没有办法清楚、明确地说出自己的想法和感受。然而，在我们有了孩子之后，以前我们那些避免愤怒的策略就不起作用了（或者说不再起作用了），所以回避愤怒变得越来越困难。这是因为，愤怒和生气本就是我们人类本性中不可缺少的一部分，孩子会在成长过程中无拘无束地尽情展现这种情绪，而父母则不可避免地要面对孩子，以及他们的情绪。对父母而言，他们自己习惯性压抑的情感，并不会随着时间的推移简单消散，而是会在神经系统中逐渐积累。就像上面提到的那样，这种情绪作为"冻结的愤怒"蛰伏在我们体内，等待着某个被重新激活的机会，比如，当我们的孩子情绪强烈爆发时，我们被重新点燃的愤怒之火往往会不成比例地爆发出来。

我收到的这位母亲的匿名留言反映的似乎就是这种情况。首先，她的儿子表达出了强烈的愤怒情绪，这种情绪爆发触碰到了她的情感痛点，击中了压抑已久的愤怒，并引发了一系列的连锁反应。这位母亲需要面对自己多年以来忍耐和压抑的强烈情绪，这种她不被允许感受，因此也无法用语言表述的情绪。她被这种情绪吞没了，束手无措地任由自我"丧失"——失去了与自己的连接。她的呼吸变得很浅，不自觉地做出行为。导致她这种强烈情绪的原因，并不在于她与孩子相处的这个情景，而需要追溯到很久以前她自己的故事中。

第3章
家长的情绪地图

我们从神经生物学中知道，转移性攻击[1]是可能的。攻击性的冲动不仅可以从一个攻击对象转移到另一个对象，而且还可以从当前时刻转移到一个未来的时间点。这意味着，从痛苦经历中产生的能量（例如，在父母的童年时期）并没有在那个时候被发泄出来，而是存储在大脑的攻击性记忆之中，在之后的某个时间，并且常常是在成年之后，当我们感到无助或者受他人支配摆布时才会被再次唤醒。

以上所有证据都表明，这里爆发的强烈情感绝大部分关系到我们自己长久以来压抑的愤怒情绪，根据我的经验，在（几乎）所有情况下，这些愤怒都根源于我们自己的生活经历，通常与孩子和他们在发脾气时的行为没有什么关系。这也解释了，在这种情况下父母喷发出的怒火与外部世界发生的事情往往不成比例。从我的经验来看，父母之所以在与孩子相处时难以控制自己的愤怒，追根溯源不仅仅与自己的愤怒在儿时没有得到宣泄的空间有关，还有一个方面值得我们关注。

早期的灵魂伤害

有些人在自己的成长过程中，特别是在婴儿或者幼年时期的早期人际关系中几乎没有得到过温情和温暖，没有感受过关怀和照顾，也很少获得过对自己情感需求的认可，相反，他们经历了大量的拒绝与贬低，这些人在自己的内心深处积存着大量的愤怒，而这些愤怒往往会在他

---

[1] 转移性攻击指的是，一个人在愤怒或受挫折等情况下，将攻击的矛头不是指向引起他消极情绪反应的对象，而是指向无关的人、生物、物件和事物。（译者注）

们成年后的承压情况下不加过滤地爆发出来。这种早期的依恋－关系经历也被称为发展性创伤。在这样的关系状况下产生愤怒是非常可以理解的,因为心理的创伤令人不知所措。有些东西对我们来说变得难以承受,而我们必须对抗它。

还未发育成熟的神经系统由于强烈情绪的泛滥,过早独自承受了太多的压力。一个婴儿或学步时期的孩子,是弱小的,他们无助、无力,任由一切摆布。想要抵抗的冲动虽然存在,却无法实施。因此,身体为自己的生存预备好的能量,就这样被储存在我们的神经系统之中。根据当今以身体为导向的心理治疗(也叫身体心理治疗)方式,以及其他形式的治疗方式推测,这些经历往往会引起身体和精神症状,被压抑而积存的能量会寻求一个出口。身体为了能够以某种自己的方式维持或恢复内在(实际上是不健康的)平衡,不断寻找着方法。这种努力在大多数情况下都能成功。然而,如果压力过大,残留在系统中的这种能量就会猛烈爆发,通过愤怒的攻击行为表现出来。

这些早期的伤害通常会被驱散或遗忘,因为从长远来看它们太痛苦了,我们的心灵似乎在这里进化出了一种保护机制。如果你觉得自己受到这方面的影响,那么在面对这些话题时你可能需要一些指导,比如通过寻求咨询或是治疗性帮助。解决这些问题永远不会太晚。我的经验是,为了能够在当下走出一条崭新的道路,再回头看一看过去是有帮助的。通常,一些具体的变化很快就会在日常生活中显现出来。

第3章
家长的情绪地图

认识自己的愤怒，更好地了解自己

在下面的内容中，我想和你一起探讨愤怒情绪。首先，我想要鼓励你更加仔细地观察这种情绪，并且找到触发自己愤怒的刺激信号。如果你认识这些信号，那么就可以获得一些线索，知道在这些情况下什么对你来说是真正重要的，你到底需要什么。这样，你就可以有意识地换一种完全不同的方式应对自己的愤怒，并通过这种方式认识自己的愤怒，找出到底是什么激活了你的愤怒，你就能更好地了解自己。虽然这个方法本身并不能为你和孩子的冲突带来任何解决方案，但是，它确实可以为你指明方向并且创造安全感，也为在压力状态下以新的方式与孩子相处提供了可能。

父母爆发愤怒的情况是多种多样的。在下面的内容中，我会从以下这几个方面切入——不同的驱动力、下意识的期待、过去的观念以及更深层次的信仰，逐一揭露它们与愤怒的关系。为此，我收集整理了一些为家长所熟知的典型的状况、场景和时刻，这些也是我在工作时与父母的接触中一再遇到的。哪些场景你感到熟悉？哪些会让你生气？我们将下面的内容分为两个步骤进行，首先将焦点放在自己身上，然后再将目光转向孩子。

> **练习：日常生活中的愤怒会在何时让你失去内心的平衡？**
>
> 对于以下陈述，请在1—10的范围内给出一个评分（1=完全没有/10=非常多）。请在一张纸或笔记本上记录以下的问题和你的分数：
>
> 我会生气，当……
>
> - 我累了
> - 我感到压力过大
> - 我饿了或者渴了
> - 我感到无助
> - 我被骂了
> - 周围太嘈杂了
> - 我的思绪混乱
> - 我感觉不舒服
> - 我的付出没有被看到
> - 我得不到帮助
> - 我不被重视
> - 我留给自己的时间太少
>
> - 我必须更改我的计划
> - 我不停地说话却没有人回应
> - 我必须要与让我感到疲惫的人相处
> - 我的丈夫/妻子不认真对待我
> - 我的话被曲解了
> - 别人评价我
> - 没人听我说话
> - 有人替我做决定
> - 我需要满足别人的期待
>
> 现在改变你的观点，将目光转向你的孩子。

第 3 章
家长的情绪地图

> **愤怒在我心中升起，当……**
> - 我和孩子说话，他却没有反应
> - 我的孩子打我或者咬我以示回应
> - 我的孩子无法平静下来
> - 我的孩子破坏或者乱扔东西
> - 我的孩子们相互争吵，并且在言语或身体上互相伤害
> - 我的孩子嘲笑我
> - 两个孩子同时向我提出要求
> - 年纪大的那个孩子拿了年纪小的孩子的东西
> - 我的孩子在没有被要求的情况下根本不会主动帮忙
> - 我的孩子要求我帮助他/她本可以自己独自完成的事情
> - 我的孩子在玩食物
> - 我的孩子不停地要求我注意他/她
> - 我的孩子对我反复提出的问题沉默不语
> - 我的孩子不听话
> - 我的孩子不愿意睡觉
> - 我的孩子无缘无故地生气
> - 我的孩子太吵了
> - 我的孩子一点儿也不友善

现在你已经得到了有关哪些具体的状况、场景和时刻会让你生气的第一手线索。接下来，对照着需求玻璃杯，从上到下地检查你记录的这些条目。

按照你的理解，为你列出的每个条目找到一个或者多个与其匹配的需求。比如：

我会生气，当我的丈夫/妻子不认真对待我时。

（因为我觉得我关心的事情没有被看到和理解。然后我会很快感觉到自己没有价值，并且变得没有安全感。）

或者：

我会生气，当我的孩子乱扔东西的时候。

（因为孩子在这样做的时候，我会感觉不到作为母亲的自我效能感。我竭尽全力让孩子平静下来。但似乎我做得并不好，因为我的行动无济于事，所以我感到作为一个母亲没有什么价值。除此之外，我希望我的孩子过得好，在此刻我也意识到自己有一种与孩子建立联系的渴望。相反，他无法让自己平静下来。）

再观察一下你的需求玻璃杯，安静地思考一下这个问题。

被理解	自己关心的事情被理解的感觉
被看到	自己关心的事情被看到的感觉
价值感	有价值的感受
自主性	自我效能 / 自主决定
联系	对建立联系的渴望
安全感	感到安全

需求玻璃杯（卡特琳娜·萨尔弗兰克的必要基本需求模型）

为了能够更好地应对自己的愤怒，一些能够产生长期影响的个人（成长）过程是必要的，这会需要一些时间，当然也请给予自己充足的时间和耐心。你可以反复做这项练习，同时在日常生活中关注那些可以把你的感受和你未满足的情感需求联系起来的场景。尝试抓住事件的脉络，粗略地勾勒出要点，以便为你的感受和需求找到描述性的语言。重要的是你要了解，在你的感受以及与之相关的行动背后发挥

第3章
家长的情绪地图

作用的机制和推动力是什么,特别是自己的需求是什么,这样你才能越来越好地将两者关联起来。

这就是第一步。不仅要能够在自己和孩子之间自如地转换视角,还要能够改变思维方式,以及最重要的:能够有不同的感受。

父母愤怒的冰山一角

攻击性

愤怒会以不同类型的攻击行为表现出来:所谓的热攻击性(即敌意性攻击)是我们人类的一部分,表现为愤怒的爆发、逐步升级、喊叫嘶吼以及愤怒的身体语言。处在热攻击状态中的人,看起来就像快要爆炸一样。他们的肌肉紧绷,整个身体仿佛处于巨大的压强之下。目光紧紧盯住"对手"或是所谓的威胁。呼吸也发生了变化,变得更浅更快。

玛拉无法再保持冷静。10分钟之前她想和女儿一起出发去看医生。但是米娅还想继续玩耍,不愿意拉上鞋子拉链,最后甚至拒绝穿上外套。玛拉开始冲着女儿大声责备起来,抓住她的胳膊,粗暴地拉扯了几下,然后愤怒地把米娅的两条胳膊逐一从袖子里拽了出来,把尖叫着的孩子塞进外套里。她气冲冲地喘着粗气,带着孩子出了家门。直到来到诊所门前她才再次平静下来,并感到深深的内疚:我是个坏妈妈吗?我怎样才能控制住自己的攻击行为?

这种感觉,就像是身体被按下一个按钮或是被调整了一个档位,在短短几秒钟内，系统就从零开始高速运转，一路飙升到一百。因此，身体中的许多反应飞速发生，让我们无法（再）有意识地去控制。平静下来可能需要更长的时间，因为身体在高强度地参与每个环节，除了心跳加速以外，大脑也在忙于处理各种不同的过程——整个身体系统处于一种战斗或逃跑模式中。脑干（也被称为爬虫类脑，因为它是大脑中最先发育成熟的部分，是大脑的起点）以闪电般的速度变得活跃起来，身体需要一定的时间"关机"并重新平静下来。

当我们感到受到威胁时，这种类型的攻击性就会表现出来，它深深扎根于我们的进化过程之中。当然，如今我们在日常生活中经历到的环境性威胁比较少，生命也不会总处于紧急的危险之中。因此，我们所经历的威胁更多可以从情感方面加以解释，而这种情感上的威胁是一种主观感受到的对我们自我价值的侵犯，来自我们感到没有被看到，没有被听到，我们关心的事情没有人在意或是被批评。之后我们会更深入地研究这种形式的攻击性。

在被动攻击模式中人们往往不会公开地在冲突中争个胜负，拒绝和攻击都是比较微妙的。通常情况下，表面上看起来风平浪静、一切安好，然而一些听起来好似中立无害的语言实际上是讽刺挖苦，或是隐晦的贬低。一位父亲描述道：

"我们总是处于一种紧张的氛围中。我经常和我七岁的儿子发生冲突。蒂莫总是不停地想和我过过招，戳戳我或是碰碰我，跳到我身上，不给我片刻安宁。通常，我不喜欢他这样烦我。我的妻子感到很不理解。她读了很多与育儿相关的书籍，希望儿子不要在惩罚和后果的威胁下成长。她也参加了卡特琳娜举办的"暑期学院：更好地理解孩子"这个课程，并向我讲述了很多育儿理念。她认为我依旧停留在旧的育儿模式中，说我也应该加入她，一同践行新式的育儿法。到目前为止，我一直在拒绝。她还说，作为父亲，我必须要抽出时间陪儿子做游戏，玩耍。我总是尝试加入进来，但实际上我并不想。这一切对我来说是种负担，但不知道为什么，我不能将自己的真实想法说出来，也不能表现出不耐烦的样子，然而实际上，我的内心非常恼火。所以，我会说一些难听别扭的话，对蒂莫说的话也变得有侮辱性。这一切都让我很不舒服。我知道这样不好，我也感到很抱歉。在和儿子相处的时候，我会在某个时间点变得非常安静，然后从互动中默默地退出。"

可以说，被动攻击是一种内心始终处于沸腾的状态。一些常常觉得自己受到了不公平对待的人，会表现出这种攻击形式。究其根源，可能是在童年时期，因为自身经验模式产生的根深蒂固的负面思维模式和信念。由这种模式主导行为的人，没有学习过如何公开地谈论冲突，或者在他们想表明自己立场的时候，会受到惩罚。这样的后果往往是，这一类人会尽量逃避冲突，试图避免冲突，从而阻断冲突的过程。

所谓的冷攻击性（即工具性攻击）是在传统育儿模式中典型的攻击方式。一位母亲说道：

"莱奥（5岁）今天异常亢奋、任性和浮躁。我们把他从托儿所接出来，然后去简单地采买了些东西。莱奥当时就觉得不开心，在回到家时已经很累了。他本应该像往常一样坐下来把鞋子脱了，如果需要帮忙的话，通常我们也会帮助他。但是，他一反常态，从楼梯上滑了下来，躺在地板上，然后用脚疯狂地踢着暖气片。他就这样赖着不起来。我们到底该如何教育孩子这样做是不可以的？家有家规，如果他不遵守，是需要承担后果的。所以我们惩罚了他，并告诫他：'莱奥，你应该清楚得很，踢暖气片是一件不对的事情，作为惩罚，今天晚上没有睡前故事听了。'于是莱奥更加狂躁了。他声嘶力竭地咆哮，大吵大闹，不愿意脱外套，不愿意换睡衣，不想刷牙，也不想上床睡觉。他发了整整一个小时的脾气，然后终于精疲力竭，累得睡着了。我现在其实很内疚，回想起来我也觉得很对不起他。"

时至今日，幼儿园或者学校等教育系统依然会制定严格的准则、清晰的框架和明确的后果，并且强有力地执行它，这种教育思路顽固地坚守着它的地位。所以家长们也总是得到这种建议：在孩子不遵守这些准则时要强硬地告诫他们，并且让他们承担相应的后果。从中不难清晰看出整整几代人的"优育"思路。

这也反映出这样一个事实：当今的成年人，其内部世界在童年时期没有成长发育起来，他们的基本需求也没能得到很好的满足。如此一来，他们无法建立连接情感领域的内在通道，也没有能力发展自己的内在策略来处理强烈情绪的问题。恰恰相反，在成长中，孩子会经历永久性的精神痛苦，他们必须首先压抑非常重要的内在联系（通过情绪表达出的需求），然后长此以往，适应了放弃这些联系，并将其分裂开来。这会带来相当严重的后果：

在羞辱、侮辱、贬低、无视、失望、孤立以及类似令人感到不愉快的状况发生时，大脑中的一个区域就会被激活，这个区域刚好就是身

第3章
家长的情绪地图

体感到疼痛时大脑被激活的位置。由于这对我们的心灵来说是难以忍受的永久性痛苦,而且持续承受和处理这种痛苦需要消耗我们大量的能量,所以随着时间的推移,大脑会对一部分主管痛苦的情绪中心进行重新调整。也就是说,从长远来看,它不再把蒙羞或者屈辱登记为痛苦的情感。

然而,这种痛感降级是需要付出高昂代价的:人们因此同时失去了发展重要情感(比如,悲伤、痛苦和同情)的部分能力,无法(再)识别、感知和感受自己以及他人的痛苦。可以说,通往大脑中主要负责这些情绪区域的道路,其建设和扩容改造都很差,因此路网密集程度也比较低。情绪轮盘中的一个重要部分,就这样被直截了当地"断电"、脱钩了。对自己和他人的同情和怜悯只能在有限度的范围内发展。

长此以往,人们会失去情感联系,失去与自己内心深处的连接。从这个角度观察,当事人可能无法完全感知,甚至是看见这些情感领域,可以说,他们会成长为一种"情感失明"的样子。这就是为什么成年人经常说:"这并没有伤害到我。"但是事实上,伤害是存在的,总是这样。这句话也提供了证明:对他们来说,伤害不(再)那么容易察觉了。然而如此一来,情感上的温暖、同理心以及共情和换位思考的能力也不复存在了。取而代之的是某种程度上的冷漠,视角转换也会变得困难。

□ 如果你不加评判地审视自己的攻击性程度,哪种攻击性模式可能与你最相符?从你的角度看,这可能与什么有关?

还记得我在一开始提到的交通信号灯系统吗?这看似只是一个小小的"手段",但它传达了许多成年人自己经历过的,并且现在依旧觉得是正确的事情。这种想法也带来了深远的影响:在与孩子的相处中，成年人之所以能够将行为教育学和以症状为导向的干预措施投入使用，就是因为，执行这些措施的成年人自己显然已经失去了一些同理心，他们的共情能力已经被大大削弱、受到限制。这是多么致命的一件事啊！

因为，如果我们有同情心，有同理心，能够转换视角，我们就能感受到孩子在那一刻的痛苦。同时我也知道，父母在对孩子施加惩罚，或是宣布他们即将承担的后果时，心里一点儿也不舒服（顺便说一下，教师和教育工作者对这些措施的抵制也在增加）。他们都感觉到，尽管一开始问题似乎有所缓解，但从长远来看，与孩子之间的关系会变得越来越紧张。

你越是能够熟练地在自己的外在行为和潜在情感、需求之间建立联系，并且能够觉察到这几个层次之间的联系，同时用语言表述出来，你就越能学会如何更好地了解自己。在下面的练习中，你首先要让自己清楚这些层面之间的相互联系。然后在第二步中，为自己制定一个替代性的行动方案。

练习：使用冰山模型了解自己的行为

回忆一下冰山模型，并把你自己的笔记放在手边。现在，你可以将自己的行为在情感关系链（行为—情绪—需求）中进行分类。寻找一个你曾经表现出攻击性的场景，细心揣摩自己的感受，以及在这种感受之下存在何种具体的需求。

按照下面几个步骤进行练习：

1. 首先，详细地描述你的行为，也就是冰山露出海面的部分（例如，我的声音变大了，我责骂孩子了，我大喊大叫了，我拖拽孩子了，等等）。

2.让这个场景像电影画面一样在你眼前播放一遍，慢慢体会，伴随着这个场景，什么样的感受会在你的心中产生（比如，我变得气愤、恼怒，也就是愤怒的情绪；我开始担心起来了，也就是恐惧的情绪）。给自己时间，慢慢感受。

3.现在，更深入地感受自己的内心。这个场景究竟是关于什么的？在这种感受之下，你能觉察到什么需求？在这里，复查一下自己的想法是有帮助的：你到底是怎么想的呢？是不想迟到吗？就像上面提到的例子中的母亲玛拉那样。或者，你是不是在担心什么？那么，你有可能是在寻找安全感。再或者，你是否觉得自己没有被认真对待？觉得自己的要求没有被看到？也许这两个原因都有？

在最后一步中，你可以将一个完整的关系链条添加到你的冰山模型中，例如：

大喊大叫（我的行为表现）

愤怒（我的感受）

安全感（我的需求）

不要简单地用"好"与"坏"或者"对"与"错"来评判这个场景，请把所有评价性的想法放在一边，只是尝试把你内心深处的需求、触发的情绪和最终在你的行为中显现出来的东西联系起来。

> **亲密时刻**
>
> 今天，在日常生活中的各种不同场景下，有意识地尝试将你孩子的行为追溯到他/她的基本需求，并找到回应这些需求的可能性。就这样与你的孩子相处一天。

☐ 从你的角度看，孩子的哪些基本需求出现得特别频繁？在哪些情况下，你能很好地应对？你发现了哪些新的机会呢？

与你的感受相连接

然而，在与孩子的相处过程中，我们也得到了重新认识自己的情感层面的机会。有的父母在改弦易辙、探索与孩子相处的新方式时，可能会出现迷失方向或是误解的情况。这是因为，我们自己也不确定，而且处于压力之中。

但是，我们的情感不会简单地消散。它们一直在那儿，"冰封"在我们的神经系统中，被断开了联系。往往，这些感受在几十年之后才会再次浮现出来，而且通常是由（生活）危机，或是我们自己的孩子唤醒。最终，它们会在我们身上再次苏醒，提醒我们，击垮我们，也给予我们机会，重新感受它们。我们需要情感，因为它们可以为我们改变视角以及感知他人的内心活动提供有用的情报，我们需要情感，来变得富有同情心和怜悯心。

第3章
家长的情绪地图

改变视角：移情和换位思考的能力

为了能够更好地适应孩子，体会他们的感受，我们需要有能力通过他们的眼睛来观察，通过他们的心来感受。简而言之：我们需要拥有改变视角的能力，从而做到独立于我们自己的视角，完全感知对方的世界。谈到这个方面，所谓的"思维理论"经常被提及。这个术语来自心理学，指的是对他人的意识过程进行假设，并在自己身上识别出这些过程的能力，也就是说，能够推测他人的感觉、需求、想法、意图、期望和意见。预测他人的感受、需求和想法，并推断他们的意图、计划和意向，是一项重要的社会和情感能力，其中也包括了移情能力的发展。

移情，是指与他人产生共鸣的情感能力，能够认识、理解和同情他人的感觉、情绪、思想、动机和人格特征。移情能力对于每一种形式的成功人际关系，以及社会互动来说，都是绝对必要的。

在成年人的世界中，改变视角本身似乎就已经是一种挑战。通过孩子的眼睛看世界、感受世界，对许多人来说简直是难上加难。孩子作为有感觉的生物来到这个世界上，他们在情感层面寻求联系，进行接触，想要（和需要）建立连接，想要知道我们的立场、我们的感觉和想法。孩子在情感上依赖我们。他们敞开心扉，不带任何成见地迎接我们，爱我们本来的样子。被无条件地爱的体验，是许多父母在自己的童年时期往往无法拥有的，因此这是一种全新的经历。这意味着，孩子可以成为我们最好的老师，甚至成为我们的"成长助推剂"——只要我们同意。

在我看来至关重要的是，我们不应该再继续压抑和拒绝情感，而是要学会感知、调节和整合它们。情感是我们的一部分，也造就了我们。我们也绝对需要情感这条通道，以便与孩子建立良好的联系。有了情感，我们就能再次以纷繁多彩的方式感知生活，更为豁达大度地感知生命的流动。我们的行为选择因此变得更加多样，生活也会变得更有活力。我们的目标是，（重新）意识到情绪和感受也是我们重要的伙伴，它们与我们自己的需求相联系，要允许它们的存在，以爱的方式接受它们，并感受它们作为导向的路标和内心的指南针给我们带来的巨大帮助。

与移情同样重要的能力还有自我同情和自爱。有些时候，这是一个全新的大陆，我们需要一些时间来探索它。

培养自我同情心

到目前为止我们讨论的都是情感与需求的重要性：我们要打开通往自己情感的入口，良好地处理情绪问题，并且能够（重新）感知并满足自己的基本情感需求。因此，这是一个需要在各个层面上配合的过程，也是一个需要时间和耐心的过程。拥有耐心不是一件容易的事情。我们经常对孩子感到不耐烦，那么我们又怎么能对自己有耐心呢？而且，我们自己的父母通常对我们也没有什么耐心。所以说，学习对自己更有耐心是一门重要的功课，也就是说，我们要对自己更柔软、更温柔、更温暖、更迁就，总的来说就是对自己更加友善，因为在同情他人之前，先要对自己心怀怜悯。作为父母，只要我们能够对自己产生一种怜悯之心和自我同情，回忆起自己小时候的境遇和经历，便能

第3章
家长的情绪地图

够与自己,以及在此之前被切断联系的情感领域(重新)建立联系。

然后会发生下面的情况:

- 我们开始感受到那些之前几乎被大脑"切断"了的(早期被压抑了很久的)痛苦。
- 通过这种方式,我们可以更深入地(重新)感知情感,不仅会对自己和自己所经历的事情产生共鸣,而且也能够充满同情心地在情感层面上向孩子敞开心扉,从而为自己发现全新的替代行动方案。

上面发生的情况,实际上是我们自我中能够产生同情和共鸣的那部分区域,与多年来一直被"切断"并与我们失联的那部分区域,重新整合并且建立连接的过程。通过这种方式,我们(重新)建成了通向长期分离的情感的道路,从自己的故事中,认识到画面、事件和过程之间的联系,开始感受到自己童年时遭受过的痛苦。从长远看,不仅仅我们与自己的关系可以得到改善,并且与他人,特别是与自己的孩子的连结,也可以变得更加紧密。

这是一个有价值、有意义的自我反省过程。然而,它也伴随着一些令人心痛的体验,因为许多人在回想童年遭遇时,仍会感到悲伤和痛苦。为了能够跨过这道坎,我们应该重新认识一下我们的身体。

身体:你的家

你已经从前面的旅途中获知,每一种感觉都是通过对身体感觉的主观解释产生的:我们在身体中感知这些感受。而我们的身体是大自然的一个奇迹,是我们今生得到的最贵重的礼物之一。它没有自己的意志,却是我们完美和忠诚的仆人。它容纳着我们，就像我们的房子。更重要的是，它也是你最好、最忠诚的朋友。而且你只拥有它一个，没有第二个版本。我们往往意识不到它的珍贵，恰恰相反，我们甚至常常对它感到不满，否定它，并不断批判性地审视镜子中的自己。在社交媒体中，身体比以往任何时候都更受关注。社交媒体对身体的关注重点是"纠正"它所谓的"错误"。在我们的社会中，身体往往被简化为一个没有内容的躯壳。它应该能够"运转正常"，应该看起来完美漂亮：这就是当下理想的美。所以人们都去植发、隆鼻、美胸、瘦脸、丰唇。但这是为了什么呢？

我认为，这样做的目的主要与情感需求有关——为了获得一种满足感。通常，是为了寻求更多的认可。但这种改变是致命的，因为所有这些行为都是我们正与自己的身体分裂开来的症状。更不幸的是，我们觉察不到平衡被破坏的迹象，而是成功地学会了忽视它们。我经常遇到一些人，虽然他们还在用自己的躯体生活着，但是感觉已经与它没有什么联系了，也就是说，他们"生活"在里面，却没有真正在其中"安家"。我们对自己身体的感觉越好，把它当作一个家安顿下来，与它建立亲密的联系，在其中确定自己的方位，熟悉它的反应，我们就能在当下越有存在感，体验感也会越强烈。

把感受带回身体感觉层面

就像之前描述的那样，我们的整个身体就是一个共振室，我们通过它来感知生命、振动以及我们周围的整体氛围。这主要是通过我们自己的感觉来发生的。同理心，无非就是你在自己身体中感知到的与

第3章
家长的情绪地图

他人的共鸣。我们只能通过自己的身体来感受到情绪。如果一个人在经历过长时间没有感觉的状态后（重新）接触到感觉，那么很有可能，他的处理系统很快就会被长时间压抑和贮存在深处的感情的重量和强度淹没。为了不让自己遭受这种打击，在身体感觉的层面上了解和探索自己的情绪地图是很有意义的。

情绪可能会在瞬间迅速膨胀，具有毁灭性的危险，让人难以承受。这往往会（再次）导致内心世界的分裂，而不是情感的重新整合。然而，身体上的感觉总是可以承受的。正如我们之前提到过的，对同一种身体感觉做出不同的解释是有可能的，从而也有可能对其进行不同的评判。反过来，这又为我们提供了让情绪变得更容易承受的可能性。如果我们把一种情绪首先理解为一种纯粹的身体感觉，再加以体会，我们就可以减轻这种情绪的重量。这样一来，处理器系统便可以平静下来，我们也能够用语言表达出发生在我们身上的事情。通过这种方式，我们可以与已经产生的情绪保持一点距离，更好地看待它，用不同的方式处理它。

练习：感知身体的感觉

抽出一点时间，找一个椅子或者沙发，舒服地坐下。放松并平静下来，把双手放在大腿上面，不再做其他的事情。现在观察一下，你的身体出现了哪些感觉。

注意观察：你觉察到了什么？你可能会感觉到自己心脏的跳动，或是当你吸气、呼气时，胸膛在随之上下起伏。继续感受自己的身体，并观察：你的身体有哪些变化？哪里是紧绷的，哪里是柔软且放松的？只是去感受，不要做任何评判。

可以感受到的感觉包括：不安、轻松、沉重、局促、辽阔、压力、紧张、空虚、炙热、活力、寒冷、恶心、温暖、柔软、晕眩、僵硬、沸腾。这些感觉可能是流动的、有力的、刺痛的，这只是一些例子，可以用这些词语描述我们能感知到的感觉。用语言描述自己的感觉并不是一件易事。所以，你可以参考之前做过的练习。这些工具能够帮助你找到描述的词语。持续观察，不要评判，并不断地问自己：还有哪些感觉呢？

第一步只是观察，注意身体的哪个部位发生了什么，不要做任何评判。这并不容易做到。定期抽出十分钟时间做这个训练，如果你觉得十分钟太长，可以缩短到五分钟。向自己详细地描述观察结果，更加有意识地感知自己身体的感觉：胸部感觉如何？颈部和肩部区域呢？你在头脑中感知到什么，在背部和腹部又感知到什么？你的臀部感觉如何，你的腿部呢？你的脚有什么感觉？

尽量不要评判或解释这些感觉，只是简简单单地觉察身体的感觉。一开始你可能会发现，与身体短短几分钟的相处时间，就会让自己变得非常疲倦。你可能会感到烦躁不安，不断冒出站起来做其他事情的念头。感知这种感觉，不去管它。学习重新感知身体的感觉很简单，却也不那么容易。你会注意到，只要稍加练习，就会更容易忍受躁动的情绪，单纯地感受它，而不必立刻做些什么。

在强烈情感的边缘观察

一旦你稍微掌握这个方法，在有强烈的、淹没你的情感出现时，你就可以进入自己的身体，将自己的感受卸下来（就像在之前的练习中训练的那样），这样它就不会变得太激烈，变得过于戏剧化。如果你不认同这种感受，也是很有帮助的。这个感受并不是你的感受，只是你感觉到了这种感受。关键就在于，去感知它，允许它的存在；同时，为了防止情绪的内在泛滥，我们要注意那些积蓄着的情感，拦截住来自它们的重量和能量冲击。在脑海中设想这个画面：你停留在某种情感的边缘，只是为了去感知它，仅此而已。你并没有完全潜入其中，所以不用担心内心会被它淹没。能够停留在强烈情感的边缘是一项非常重要的技能，因为戏剧化的情感就像一个漩涡，将人卷入其中，无法自拔。你可以做到，就让这些强烈的情感穿过你的身体，再如云烟般消散。做一些身体运动也能帮助你避免被强烈的情感淹没。试试下面这个练习：

练习：与过于强烈和泛滥的情感保持距离

将双手放在胸前，手掌朝外，然后慢慢地将手臂向前推，直到手臂完全伸展开来。就仿佛你在把一个离你太近的物体或者无形的东西从自己身边推开，让它远离你的身体。这样重复做几次，在推出手臂之前吸气，在手臂向前推开时有意识地把气深深地呼出。你可以在脑海中想象，正在把一个无形的阻力沿水平方向推出你的地盘。

重要的是，在做这个运动的过程中你需要保持专注。让自己的目光跟随着手部的运动，这样，你也能够从视觉上觉察到身体运动以及由此产生的距离，并将其作为一种经验来感知。通过这种方式，你便可以有意识地给自己创造更多的内在空间，并在内心深处与自己的感受保持距离。

不要对你的想法置之不理

如果你再比对一下冰山模型，就会发现，我们一直都在情感层面上来研究情绪和感受的问题。冰山模型表明，我们的行为是由情感触发的，而需求又给情感供给了能量。当然，对孩子来说也是如此，他们的行为也是由某种情感驱动的。只不过还有一个原因，那就是孩子的认知领域尚未完全发育成熟。但对于成年人而言，在行为和情感之间我们恰恰多了这个层面——认知、思考的层面。因此，你的思想也会产生感受。实际上，我们的思维在很大程度上影响着我们的感受。在童年时获得的信念、养成的思维模式、对事物的某种特定的态度以及信仰，都构成了我们生活的一部分。

因此，通过思想，我们接收到来自潜意识的信号（也被称为躯体标记[1]），这些信号与我们过去的重要生活经历密切相关。这里指的是，我们会将情绪与身体感觉联系在一起，将它们以这种组合的方式"储存"起来。根据我们的经历，它们会在之后以类似的方式反复出现。

我们的情感体验记忆建立起了这种关联，并将其与过去的情境进行比较，以身体感觉（之后发展为情绪）的形式储存这种经验知识。而这些身体感觉向我们发出信号，表明我们应该把一种情境评价为积极的还是消极的。

针对这个问题，研究发现，大脑储存了我们对某一特定经历的身体感觉和感受。例如，当我们小时候在数学课上感到无聊、尴尬或被取

---

[1] 躯体标记假说认为，有机体用情绪来标记特定情景或特定行为的可能结果。其作用原理同巴普洛夫式的条件反射类似。相关文献可参考《笛卡尔的错误：情绪、推理和大脑》。（译者注）

笑时，我们会感到不舒服，并体验到相应的身体感觉，比方说胃部痉挛、胸闷气喘等，同时我们会把这种情况评价为不愉快的。这样一来，某种特定的感觉就变成了不愉快的感受（如羞愧、悲伤），并与"数学"这个对象联系起来。

由于潜意识不受时间的影响，这种"不好的感觉"（例如羞耻感）即使在一个人长大成年后也可能出现，就算他实际上已经不需要面对真正的压力、嘲笑或类似的情况了。比如成年的你意识到自己"不喜欢数学"，并把它和糟糕的感受联系起来。为了更好地理解这些潜意识中的连锁反应，我们可以从潜在的感觉入手。

你可以将下面这个针对性练习融入到日常生活中：

练习：你的身体是告密者

试着追溯你的想法、感受和评价。当某种想法或感受出现时，比如，当你感到非常生气或非常高兴，发觉自己特别喜欢某样东西，或是你对某人反感以及对某人特别有好感时，你都可以问自己这个问题：我的身体究竟是如何告诉我以及显示这些的呢？

因此，问题在于：你的身体究竟是如何让你知道的？

答案可能是：胸口发闷，胃部刺痛，腿不自觉地抖动，等等。

这些问题听起来似乎乏味庸常，但是，我们通过这种方式获得的关于身体的答案和认识，能够带给我们饶有趣味又发人深思的启发。这样，你就可以减缓原本在无意识状态下快速进行的过程，让它们放慢速度，从而对其更有意识，学会更好地了解自己，对自己的认识再多一点点，因为在很多时候，我们对自己为什么会以某种方式对某人

某事做出评价，或者为什么自己会产生这种感觉，根本无迹可寻，找不到答案。我们的系统自动遵循着自己的计划，通常在这些非常快速，而且是无意识的评判和评价过程的背后，隐藏着过往的经历，这些经历以愉快或不愉快的身体感觉表现出来。通过大脑无意识的主观解释，我们把这些感受投射到其他的情况、人物、活动和时刻上。所以这个练习的目的，就是重新有意识地去感知支撑我们感受的身体感觉，以便我们能够从这种自动投射中脱离出来，从而能够做出新的评判和评价。

不愉快的感受

现在，我相信你已经在自己新的"身体星球"上有了许多身体层面上未曾有过的体验。或许你也已经注意到了，在身体中存在很多紧张、不安的感受。这些感受令人不舒服，你也不想长时间在它们身旁徘徊。然而，去感知这些状态，也是值得一试的。注意到它们，并有意识地面对它们。

练习：整合不愉快的感受

第1步：要做到这一点，首先花上一小会儿时间深深地吸气和呼气，只是让气体在鼻腔中深深地、轻轻地流动，这样持续两到三分钟。然后，把你的注意力从思绪中抽离出来，远离纷繁的想法，将它集中到你的身体上来。留意身体各个部位的感觉：身体的什么部位在躁动？什么部位感觉到不舒服？

第3章
家长的情绪地图

第2步：感受压力，例如觉察颈部、头部、胸膛或是其他部位的压力。只是去感知这些压力。在感受这些部位时，有意识地呼吸，向内打开自己，接受这种感觉。允许自己让这些感觉存在，并感受它们。然后，专注于那一刻对你来说最强烈、最紧张的感觉。

第3步：现在，通过联想为你的感受绘制出一个内在画面："我肩膀上的沉重感就像是……"

这样，一种感受的内在画面会立刻在你的心中出现。不要在脑海里主动搜索，而是静静等待，看看哪个画面会浮现在你的脑海中，并采用你想到的第一个画面。吸气，把压力和与之对应的画面（例如一块石头）搁置在一旁，并意识到，是你自己创造出了这些想法（比如，因为压力产生的想法，像是"我必须，我应该……"）。在这种意识中，温柔地拥抱这种感受，注意，这种压力是从你的身体内部产生的（作为对你的想法的回应），来为你的内心平衡发送重要的信号。也许，我们应该为自己的身体是如此清醒又热心表示一下感谢？所以，你可以先让这种感受存在，然后再接受它。

不要拒绝一种感受，不要试图让某种感受"消失"或是推开它，而是通过改变你内在的观察方向，进入一种新的状态，也就是用肯定的方式感知这种感觉。通过这种根本性的视角变化，你体内的某些东西又会重新开始运动，变化起来。被压抑久了的强烈情感在日常生活中会耗费大量的精力，使人疲惫不堪。压抑情感意味着，你与此相连的一部分生命力也被束缚在这个压抑的过程中。你会通过这个练习有所改变，假以时日，你将拥有并可以支配越来越多的生命力。对未来新的冒险保持好奇和兴奋吧！

为了更好地了解你的孩子，坚持与自己对话并保持良好的内在自我联系是必不可少的。通过这种内在训练，我们可以更好地了解自己，了解是什么原因导致我们会迅速与自己失联，以及如何重新获得这种联系。另一方面，这个训练也与视角改变有关，你在转向自己的孩子，接受他们视角的同时，也不失去与自己的联系。

> **关键的是**
>
> 同时感知到几种视角（你的和孩子的）对于建设性的关系发展和陪伴至关重要。

这意味着，你的注意力如同一个钟摆，悬挂在你和孩子两人之间，可以来回移动。我把这称为"父母摆动的注意力"。如果我们还想要学习去发展更多的同理心，并变得对我们的孩子更加富有同情心，特别是面对强烈和激烈的情绪时（比如愤怒），那么重要的是，我们对自己也能做到这一点。因此，通往我们孩子的道路要首先通向我们自己。这是指，把迄今为止无意识（或非常迅速）进行的过程有意识化；我们对自己以及对我们所做的事情保持关注。我们能够做的，就是将这个过程放慢，从而更好地理解它，更有意识地感知它，以便我们可以有意识地影响它。

用你的方式处理愤怒

现在，我想在不同层面上给你一些具体的线索和指导，帮助你更好

第3章
家长的情绪地图

地处理强烈的愤怒情绪。下面的这些练习和建议都是在多个维度上的。也就是说，它们涉及你心中所有的基本层面，在此基础上，我们有可能改变或有意识地放缓原本过快进行的冲动、本能的过程。我也为你总结了一些技巧，包括我们该如何处理强烈情绪这个问题的基本认知。除此以外，还有一些其他的练习，供你在不同层次的情景中具体实践、训练。所有这些内容，都可以让你在短期内、长期内，最重要的是持续性地为你处理愤怒的方式带来重大的改变。对自己要有耐心，不要指望从现在开始就会一切顺利。你要相信，你有足够的知识储备和能力来做出改变。

我认为，不应该将情绪、认知和身体这三个领域区分开来，孤立地看待，尤其是当我们谈论强烈的情绪，比如愤怒时，而是应该将它们紧密地联系在一起。在纯粹的行为方法论中，行为模式往往只被认识渗透和中断。所以新的行动是实践出来的。但我认为重要的是，必须要考虑到，我们的行为模式和行动本身，首先是一条内在反应链的终点。同时也要强调，我们不是在治疗某种症状，而是在探究其原因和联系，从而能够以可持续的方式做出改变。所以在我看来，情感发展以及身体层面也是至关重要的。只有当所有层面都被相应考虑到时，才能真正地（再次）实现自我连结，才能达成长期的变化。因此，在下面的内容中，我们来更加仔细地从不同层面上观察、探究愤怒这种强烈情绪，以及由此产生的行动模式。

"触发式愤怒爆发"是由外部刺激信号立刻触发的强烈情绪释放。外界的某种因素导致我们突然间被"触发"了，甚至刚刚我们还在自己的舒适区中安然自在，情绪系统的指数就突然从零飙升到一百，我们变得不再是我们自己，失去了理智，并立刻处于激烈的情绪涌动的漩涡之中，愤怒如同火山喷发般表现出来。父母在这时会有这样的感觉：自己不再是自己了。

此外，也有一些情绪模式，在这些模式中愤怒会有一段较长的酝酿时间，一种强烈的情绪正持续地积蓄并缓慢地显现出来。例如，一整天都在被压力和愤怒所困扰，然后只需最后一滴水，就会导致"桶"里的水溢出来。这两种模式都可能导致暴怒，在这种情况下，愤怒往往不加过滤地爆发出来，似乎要把一切都压倒辗过。

让我们把愤怒爆发的过程放缓，并放到显微镜下面更加仔细地观察：愤怒的时候究竟会发生什么？我们是如何陷入情绪漩涡的？我们的身体中发生了哪些过程？

从零到一百

普遍认为，人们在被强烈的情绪，尤其是愤怒情绪支配时，不再能够选择自己的反应。严格来说这并不是事实，即使有时我们觉得自己好像处于自动导航模式中。在我工作的过程中，我一次又一次地意识到，找到一个适当的时机中断这个局面，并好好利用暂停的这段时间，是非常重要的。然而，我们时常会有这样的感觉：这种情绪的连锁反应仿佛势不可挡，无法阻止。我可以理解这种感觉，但从经验中我知道，这是有可能实现的。通常情况下，这种内在的刺激 - 反应链在我们体内运行得非常快，而且是无意识的。那么问题就是：我们如何才能找到正确的时机来减缓这个过程，将自己牢牢地锚定在当下，以便接下来能够有意识地中断情绪的连锁反应，从而做出与我们情绪中编好的"愤怒程序"不同的反应？

第3章
家长的情绪地图

这可以通过有意识地立即中断情绪过程来实现，也就是说，中断愤怒触发点（来自外部的刺激）和感受的评判（反应）之间自动、无意识的连锁反应链。这样会造成一种延迟，也为进一步影响事态发展创造了可能。我们要学会将自动、无意识进行的过程放缓并意识到它，从而获得对下一步反应的选择机会。

神奇空间和金色桥梁——刺激和反应之间的世界

神经学、精神病学家维克多·弗兰克尔说："在刺激和反应之间存在一个空间。在这个空间里，我们有能力选择自己的反应。在选择反应中，我们获得成长和自由。"是的，这个神奇空间是存在的。比如，在我们经历像愤怒这样的强烈情绪时，它大约为我们开放90秒。这个"时空"是如何产生的呢？

我们从情绪研究中得知，在生物化学上，每一种情绪能量都有一个最多为90秒的生命周期。大脑科学家吉尔·泰勒发现，一种情绪会在我们体内停留90秒，这是可以证实的。之后，身体反应就会消失。随着情绪的消散，我们体内的情绪能量也会消退。因此，当我们被愤怒攫住时，大脑中的生理反应被触发，并释放出一种混合的化学物质渗透入我们的机体中。由此，产生了一种强大的内部压力。在这段时间里，我们的大脑在各个层面上忙于应对所有这些过程，也就是说，被这些操作"占据"了，此刻通往大脑中其他区域的通道也被切断了，身体处于一种高度兴奋的状态。所以在这一刻，我们很难动用到认知区域，以及那里的所有知识储备。同样，我们也没有更多的情绪容量来适当地与孩子接触，进行有建设性的沟通，无法在自己情绪强烈的时候陪伴孩子，或是对孩子提出的沟通需求给出恰当的回应。在这段时间里，我们体内的高压造成了一种几乎令人无法忍受的强烈紧绷感，这种压力常常把我们推向冲动的行为。如果我们不能承受、调和这些内在的压力，就很容易被这股力量席卷走，脱离我们的中心、我们的当下、我们的身体。虽然内心的压力会随着时间消退，但是这种不受控制的状态往往会在外部世界造成我们不想看到的结果：尖叫、咆哮、狂怒，也许甚至我们可能已经从身体上释放了自己的压力（暴力行为）。

就我个人而言，象征性的画面总是对我有很大帮助。也许，一个"救生艇"的画面可以帮助你度过那 90 秒的时间；或者你可以在脑海中想象一个冲浪板，你"驾驭"着它在生物化学物质的"浪潮"上乘风破浪，竭尽全力不被巨浪打翻。或许多加练习，你就可以更有意识地感知这些过程。无论使用哪种方法，你都可以利用这个空间，在波涛汹涌的情绪之河上架起一座"金色的桥梁"。无论如何，只存在两种可能性：要么，你继续停留在之前的自动导航模式中，像往常一样做出反应，陷入情绪的浪潮，向愤怒的漩涡投降；要么，你在刺激和反应的时间差里为自己搭建一座桥梁，从而不被大浪卷走。在这座桥上，你知道自己该做些什么，你照顾好自己，在愤怒（从生理上说）从桥下湍急流过之时，你可以站在桥上岿然不动。许多家长发现，仅仅是了解到"压力在 90 秒后就会减弱，身体中最强烈的愤怒便会消退"这个事实，就已经大有帮助了。为了在这种紧急情况下能够有一个计划，真正地摆脱在你体内运行的愤怒程序，我想向你介绍一个新的工具——情绪 U 盘，它里面储存着一个相应的新程序，你可以在刺激和反应之间找个机会利用它"覆盖"以前的"愤怒程序"，并最终永久地改变它。

第3章
家长的情绪地图

你的应急U盘：当情绪变得强烈，愤怒来临之时

设想一个你的情绪系统会从零飙升到一百的情况。比如，你的孩子在墙上乱涂乱画了，或是在洗手间洒了一地的水。再比如，你明明禁止孩子在客厅里踢足球，这时突然一个球朝你的头飞过来，打得你生疼。就是现在，"90秒程序"在你的头脑中启动了。正是这个时候，你需要一些东西来帮助你度过这段高度兴奋的时间，让你明智且合理地利用这个刺激和反应之间的空间，最重要的是，能够为你提供一个替代之前行为的全新方案。这正是这个象征性U盘的作用：在它里面，储存的是你的90秒安全程序。这个程序包括三个阶段，通过运行这个程序，你可以一步步地把指数从最高（一百）降到最低（零）。这个程序会首先将你原先的行为模式中断，然后把你的情绪重新锚定在你的身体里。

最重要的是你内心的决定：想要走出这个循环，积极为此做出相应的准备，并愿意好好利用刺激与反应之间的神奇空间。接下来，你只需要牢牢记住三个阶段，以便可以在承压情况下回顾参考，并加以利用。这三个阶段分别是："U"表示中断（Unterbrechen），"S"表示自我连结（Selbstanbindung），"B"表示运动（Bewegung），也就是所谓的USB。在下文中，我想逐一解释每个阶段，但不是乏味的指令性说明，而是为了让你能够理解和领会每个阶段背后有哪些情绪和生理过程。

中断（阶段一）

停下！中断！不要动。就是现在。这就是阶段一的任务。如果可以的话，请你立刻踩下身体的"刹车踏板"。这种"急刹车"也在身体

上向你发出信号：你正在停下来，你不是简简单单地继续在这个我们已经意识到的自动驾驶模式中运行，而是立刻停下来了，从你的内心电影和自动化行为中脱离出来了。你处于行动层面上，并且有意识地中断了它。我知道这么做并不是一件容易的事，但这是你到达阶段二的必经之路。

现在，向你的内心再走近一步。呼吸。这在生理上是必不可少的。有意识地深呼吸一下就可以了，将它作为你进入阶段二的入口。

自我连结（阶段二）

你已经成功暂停了原来的旧程序，来到了第二个阶段。现在我们要做的是，重新建立与自己的连接。因此，在这个阶段中你要有意识地将注意力集中在呼吸上，进入到身体的层面，让呼吸深入到你身体的中心。有意识地感知呼吸。是快速轻浅的呼吸吗？能够顺畅呼吸吗？你可以将一只手或是双手放到你的腹部，作为支持自己深呼吸的信号。伴随着吸气，你的腹部会自动往手放置的位置走；呼气时，再一次次往反方向缩回去。你也可以想象，自己的腰间有一个游泳圈，在一呼一吸之间感受腹部与它的距离，体会这种感觉。用鼻子深吸一口气，将这股新的能量送到你的腹部。有意识地慢慢呼吸，感受你的小腹在收紧和扩张。

现在，你可以进入感觉的层面了。去感觉你的脚。它们是暖和的还是冰凉的？它们是稳稳地站在地面上的吗？你能感觉到地板吗？也许在脑海中想象一个画面能帮助到你，你可以非常具体地想象，比如，如何把漂浮在天花板上的灵魂重新拉回自己体内。将自己一点一点地找回来。就仿佛是要把自己的灵魂绑在身体上，想象灵魂是如何飘下来的，又是如何最终落到地面上重回自己躯体中的。

第3章
家长的情绪地图

运动（阶段三）

现在，你更接近你自己了。接着，在房间中确定自己的方位。你现在在哪儿？你坐在什么地方？房间里还有何人何物？你能看到窗户、沙发或桌子吗？有意识地观察四周。通过头部的运动，你不仅可以全面地重新确定你在房间里的位置，扩大自己的感知范围，而且还可以激活自己的迷走神经。迷走神经是专门负责镇定、平静和休整的区域，并控制着身体中有助于再生的功能。

这样，你就可以与自己、与自己的内心重新建立起联系，也为自己争取到了更多回旋的空间。你可以问问自己下面这些问题：现在什么事情是当务之急？哪些决定你可以推迟到之后做？哪些问题和方面你可以暂时不去考虑？哪些担子你可以从自己肩膀上卸下来交给别人？现在，你又有能力更加冷静地带着发自内心的理解采取行动了，因为你的同理心以及转换视角的能力也回归了。所以，现在你可以继续活动，并进行下一步的行动了。

如何在短期内恢复内心的存在感

长期来看，你将能够越来越好地应对和调节强烈的情绪。随着时间的推移，它们将不再会突然"攻击"或"淹没"你。我们的目标就是，感受你的情绪，不要被它支配，接受它，然后有意识地把它宣泄出去。然而此刻，我们首先要做的其实是，在具体情境下走出，从紧张的情绪状态中走出来，重新置身于当下内心的镇静中。也就是说，一方面你要能够中断自己的情绪，另一方面也要可以保持自制的状态，以便在挨过第一轮情绪的冲击后能够进入到下一个阶段。下面，我为你收集整理了各种可能的战略，它们能够帮助你在短时间内从紧张的状态中走出来，更有力地重新回到你的存在：

● 你可以做 5-4-3-2-1 这个练习。这个练习是一个有效的稳定技能，最初是由伊冯娜·多兰提出的。它可以将你带回此地，把握此刻。这个练习是外部指向的，也就是说，你要强迫你的大脑将感知向外部引导。为了达到这个目的，我们要将注意力集中在描述此时此地的具体感知上。这个练习包括以下几个步骤：

首先，列出你现在看到的五件事。如果你愿意，可以大声地将它们说出来，当然也可以在脑海中将它们罗列出来。比如，如果你现在正在厨房里面，你可以说："我看到了咖啡机、厨房的桌子，我看到了水槽、一个装着水果的碗、一个垃圾桶和一盏灯。"在你列举完五样东西后，现在，把全部的注意力都集中在你可以听到的五种声音上。所以在厨房里可以是："我可以听到冰箱的嗡嗡声，我听到有人从窗户下走过，我听到走廊上有一扇门在嘎吱作响，我听到汽车开过的声音，我听到后院传来的笑声。"

在列举出五种声音之后，现在把注意力转向你能感觉到的五种东西上："我感觉到我的双脚站在地板上，我感觉到我的脚趾在鞋子里面，我感觉到我放在大腿上的手温暖有力，我感觉到我的背靠在椅子上，我感觉到我的臀部在坐垫上支撑着我。"

现在，我们来重复这三个步骤，但是只列举出四样你看到、听到、感觉到的东西，然后再减少到列举出三样、两样东西，直到最后，只需说出一种感知。

做这个练习并没有正确、错误之分。我们的目标，仅仅是将你的注意力引导向外部，让你的大脑集中在此时此地的感知上。凡是能达到

第3章
家长的情绪地图

这个目标、使之发挥作用的方法都是可以的。例如，如果你一遍又一遍地重复说出同样的东西，那这正是你目前的感知。如果你在中断自己的情绪时，总是有双脚脱离地面的失重感，那么这个练习对你来说就格外适用，因为它可以帮助你暂时摆脱内心的体验。

● 你可以在手腕上戴一根橡皮筋，或者在触手可及的地方放一个刺猬按摩球。通过用橡皮筋弹自己或是揉捏刺猬按摩球的方式，可以将你带回此地此刻，因为生理上的刺激会覆盖心理上的刺激。

● 你也可以利用其他感官，例如吃一颗辣味的糖果，或者拿薄荷油提神醒脑。

● 和自己说话。你可以对自己大声说停。"停下来！一切都很好。"大声地对自己说，不要进行内心对话。重要的是，你要听清自己，听清自己的声音。

● 活动身体。你可以找一些在短时间内需要耗费大量体力以及占据你所有注意力的运动。比如，你可以非常缓慢地做 10 次俯卧撑。

● 你也可以用拳头（不需要紧握）或是手掌轻轻拍打自己。从左边的肩膀开始，用右手顺着左臂的内侧向下拍打，然后再从手臂外侧向上拍打，多做几次。换另一边手臂做同样的动作。然后拍打大腿，从外侧向下，再从内侧向上。你可以来回摇动或是蹦蹦跳跳，重要的是，让你的身体变得更有存在感。

● 当然，你也可以做我们之前练习过的帮助我们与强烈情绪保持距离的动作：将双手放在胸前，手掌朝外，然后慢慢地把手臂向前推出。这样重复做几次，注意首先深吸一口气，在手臂向前运动的过程中有意识地慢慢呼气。这样你可以把无形的阻力水平地推出你的地盘，或者斜着向下推也可以。用目光追随着手部的运动，这样你也可以从视觉上感知到这种身体运动的体验。通过这种方式，你可以有意识地创造出自己的空间。

● 喝水。虽然听起来无关紧要，但喝一杯水可以激活你的自主神经系统，并且能够起到镇静的作用。我们之前提到过负责平静的迷走神经也控制着咽喉的区域，也就是说，通过喝水或是漱口、吞咽等动作，我们可以刺激到迷走神经。

● 你还可以唱歌。虽然听起来很奇怪，但是唱出"Ooommmm"的声音（"噢姆"发音法）真的可以让你平静下来，因为它会刺激到迷走神经。斯蒂芬·波尔格斯在他的《多层迷走神经理论》一书中提到，在中频范围内有力度地发声，伴随着长呼吸同样会刺激到迷走神经。这就是著名的"噢姆"发音法的运作原理。

也许在你看来这些方法微不足道，也许并不是所有方法都对你适用。你可以去尝试和检验，看看哪些是适合你的，是对你有帮助的。

长期来看，你可以为自己做什么

为了能够长期有效地让自己不再因为愤怒陷入情绪上四面楚歌的境地，在日常生活中，你可以更多地关注和体会发生在自己的内心世界和外部世界的过程，特别是那些在潜意识中迅速进行的过程，通过练习，你会变得更能掌控自己的存在。感知在身体中仍未被觉察的紧张状态，如果你不是有意识地、仔细地、专注地寻找，可能它会一直隐匿起来。比如，关注一下你的舌头：通常，它都是处于活动和紧绷的状态。当你在咀嚼、吞咽或咳嗽时，舌头和周围的肌肉都会参与其中。甚至，当你在思考问题时，舌头也不会静静地躺在舌根上，而总是以

第3章
家长的情绪地图

某种方式紧绷着。关注你的小腿和骨盆，感受你的颈部和肩膀——它们都能放松地垂下来吗？在日常生活中，有意识地从这个层面关注自己的身体，它们能为我们的内在状态提供丰富的信息。不要评判你的感受，有意识地放松、深呼吸，只是去感觉身体表现出的变化。

仁慈的观察者，将一切尽收眼底：在你身上装配一个仁慈友好的内在观察者吧。这个观察者可以为我们指出各个层面的状况（你现在感觉如何？啊哈，我生气了。生什么气呢？），并在精神上陪伴我们应对所有情境。他给我们提示，却从不评判我们。为了能够更清楚地实现和感受这种自我观察的形式，我们还需要一些时间和练习。内部观察的首要目标，就是实现一种对自己的"摆动的注意力"，把握外部的行动过程以及背后隐藏的内在过程，从而为自己培养更多的意识。除此之外，在保持一定距离的情况下，人们可以更好地感知、审视和观察内在以及外在的过程，而不是反射性地对它们做出评价，这样才能更有意识地、清晰地做出反应。

内在压力晴雨表：在我看来，内在压力晴雨表是在咨询实践中经过检验的行之有效的工具。情景性或持久性的压力，会使我们处于更强烈的超负荷状态，从而让我们更容易不自觉地、不加控制地陷入到愤怒等情绪中。所以除了内在观察者，我们还可以再安装一个内在压力晴雨表，帮助我们更清楚地了解身体的信号。

内在压力通常不知不觉、悄无声息地增加。如果我们不去注意晴雨表显示的身体信号，那就很容易快速进入到极限范围而不自知。你可以想象自己站在一个小山坡上，眺望山谷。森林就在你的脚下，天空是蓝色的，万里无云。然后突然间，天边出现了白色的小云彩。但你根本没有重视它们。你忽略了它们，没有注意到小云朵倏忽之间变成了一大片灰色的、厚厚的雷雨云。只有当大雨倾盆而下，雷雨轰鸣之时你才注意到它。你对雷雨的倏然而至感到惊讶，但是它已经到访了。刚才，你的注意力没有放在正在酝酿暴雨的云层和天空上。

你的压力系统也是如此。你的身体是可以透露你处于平静状态还是兴奋状态的宝贵线索，而这个晴雨表，可以帮助你把注意力集中到这些变化上。我们的目标是，在倾盆大雨来袭之前，你就能够觉察到"情绪天空"中漂浮的"小云彩"，从而可以更早、更容易地调节自己的情绪；你能够在各种不同的情况下感受到自己内心的压力，并且可以立刻对此做出反应，而不会再在"暴风雨"中措手不及，陷入情绪的紧急状态中。

不受监管的状态，失去控制，没有调节的可能。	无法调控，我们会说些不该说的话或者做些我们不愿发生的事情。
不安全感，剧烈的躁动，出现的强烈情绪可能将我们淹没。	呼吸急促，心跳变快。明显地觉察到压力。
失去平静和安全感。与自己的连接减少了。产生一种烦躁不安的情绪。	呼吸变浅。心跳加速。压力激素的释放更加频繁。
有安全感，与自己相连。平安喜乐。放松。	呼吸平静。放松。感知身处的此时此地。

达到平衡（内在压力晴雨表）

通过这种方式你可以意识到，你的身体会为你的某种内在状态给出具体的暗示，然后你可以做出相应的反应。压力晴雨表大致被分为三个区域（深蓝、中蓝和浅蓝），为你的压力水平提供一个参考。你可以参照着这张表感知一下你的身体，比如，当自己的压力值从浅蓝色区域过渡到深蓝色区域时，你的身体产生了什么变化。

你可以借助压力晴雨表来不断感知自己的压力状态，然后相应地调节自己。也就是说，反复感知自己的感觉，向自己报告自己的状态以及压力晴雨表此刻显示的情况。当你感到自己的压力区间进入深蓝色范围内时，请做一做之前提过的呼吸练习：

练习：平静地呼吸

- 吸气，在脑海中从1数到4。
- 屏住呼吸一会儿，数1和2。
- 然后呼气，比你吸气的时间长一点（从1一直数到6）。

这个练习可以帮助你"呼吸"回浅蓝色的区域。

亲密时刻

挑战一整天都不对你的孩子大声说话。

☐ 在哪些情况下你的内心压力会增加得格外多？你内心的压力晴雨表是否为你提供了什么线索？这些暗示是什么样的？

此外，经常复查一下自己的想法：当你生气时，会对自己有什么看法？我们知道，我们的想法也会影响我们的感受。因此，尝试有意识地过滤你自己的想法，避免不断妄自菲薄。不要贬低自己的感受，而是进入自己内在的心理过程之中，借助这些练习，以新的风格、方式与自己的感受建立连接。试着坚持一周的时间，不对自己有任何负面的想法。不要批评自己，不要挑自己的刺儿。相反，试着每天记录下你喜欢今天怎样的自己，欣赏自己什么样的表现。善待自己，与自己友好相处。观察一下，对自己的新态度会带来哪些影响和改变。这个方法可以帮助你达到预期：我们首先尝试，以完全不带评判的目光观察自己。当愤怒感出现，我们不认同它，不接受它，不受它的摆布，不落入"情绪的滑坡"，而"只是"旁观它，视它如过眼云烟时，你又会产生什么样的感受？

作为一个附加方案，通过定期进行一些体育运动来释放积存在体内的能量，也是很有效的方法。所以，一种可以融入进日常生活中的，可以长期坚持的体育运动（例如，跑步、健身或者其他可以释放体内能量的运动类型）能够帮助我们创造一个良好的平衡状态。这种释放能量的方式纯粹只是对其他建议的一个补充，因为单纯的身体活动并不能帮助我们释放更深层次的能量、解决根本性的模式问题。

拥有改变的勇气

我知道，改变处理愤怒的方式、研究各种不同的层面以及根深蒂固的模式，并且要制定出一套替代性的行动方案，这并不容易。是的，而且有些时候，没有外界的支持来配合这个过程也是做不到的。因此，取决于某些模式在你心中扎根的程度，也许寻求咨询或心理治疗也是

第3章
家长的情绪地图

有必要的,这样你才能更好地理解自己的依恋类型和关系模式,通过咨询师或者心理治疗师提供的建设性、专业性的意见和经验来解决这些问题。如果你有困难,请不要害怕向合适的专业人士寻求帮助。在这里,我想明确地鼓励大家,因为寻求心理咨询并不是承认所谓的弱点,而是一种力量和特别的能力,也就是在我们需要时寻求帮助以及接受支持的能力。如果你们自己在童年时代,有过创伤性的经历(成长或是其他方面的),那更可以充满信心了。因为,恰恰是人类大脑在开发潜力方面,使早期的拒绝、羞辱和贬低变得如此具有破坏性的这个设计,同时提供了可以用于克服固有模式的好机会。在这里,孩子的愤怒可以发挥重要的作用,因为它往往把作为父母的我们引向已经被自己"冰封"的那部分攻击性上。否则,我们可能永远不会再触碰到自己的这块禁地,或者干脆选择避开它。比如,如果我们与伴侣反复发生冲突,那么我们可以选择分开,但我们无法与孩子分开。所以,孩子可以成为我们踏上这场旅途的契机。我们可以把孩子和他们的愤怒看作是我们自己个人发展的一个机会,以及为自己疗愈的可能性。

这个来自神经生物学的重要信息应该能够给你鼓励和勇气。大脑研究人员杰拉尔德·胡特尔说:"比起之前的假设,人脑更加具有可塑性,其内部结构更容易改变。在我们的一生中,早期创建的神经元网络和突触连接模式可以被新的使用模式重新塑造和替代。"

第4章

孩子的情绪地图

第4章
孩子的情绪地图

在下文中,我想和你一起探索孩子的情绪地图。陪伴孩子,帮助孩子了解自己的情绪地图,对于他们的情感发展来说是至关重要的。也就是说,通过这种方式,他们能够与自己、与自己的感受建立起联系;在未来,他们也就可以越来越有信心,越来越游刃有余地在情绪地图上确定自己的位置。在这个过程中,尝试和试验,以及能够说出自己的感受,这两个部分是必不可少的;这样他们才能在每个新的情景中获得良好的体验、汲取不同的经验,他们的情感发展才能取得进步。为了更好地理解这张地图,我想首先将孩子的情感发展做一个整体性的概述,因为情感不是单独、孤立地发展的,而是作为一个整体,渐进性地逐步发展着。

☐ **当你和孩子在一起时,什么事让你最有压力?此时此刻,你的孩子首先有怎样的感受?**

情感发展

借助直接观察、视频观察,以及在自然环境中对新生儿进行的有趣实验,婴儿期发展研究在最近几十年获得了令人难以置信的成果,彻底颠覆了我们对于婴儿的传统认知。从这些研究中产生了"有能力的新生儿"这个概念。不同于人们以往的认知,婴儿在感知上并不是麻木的、混乱的;事实上,婴儿来到这个世界上时,就是一个有能力的小人儿。这里的"有能力"意味着,从一开始我们就面对着一个有社交能力的、主动的、独特的、敏感的存在,他已经具备了不同的感觉与感受,并主动选择在接触联系和互动沟通中塑造自己的发展。

在出生后不久,新生儿就已经可以将自己妈妈的声音与其他声音区分开了；并且，在很小的时候就能够协调不同的感官印象。也就是说，婴儿可以将妈妈的声音与她的外貌联系起来，获得一个统一的妈妈形象。不仅仅是感官，婴儿的情感世界也很复杂。甚至，这几个世界是紧密联系在一起的。婴儿已经可以通过面部表情向父母传递自己的基本情绪，从而起到交流的作用。所谓的基本情绪，也就是在世界所有文化中统一作为先天性，也就是与生俱来的，而不是后天习得的情绪。这些基本情绪我们都听说过：兴趣、惊讶、厌恶、快乐、愤怒、悲伤和恐惧。这也是母亲可以从孩子脸上识别出来的情绪，这样她便可以敏锐地对孩子的喜恶、界限做出及时的回应。这里的敏锐指的是，父母能够觉察到孩子发出的信号，从孩子的角度做出恰当的解读并给予适当的反馈。父母和孩子之间的相互交流、双向沟通是至关重要的，因为这有助于孩子调节自己的情绪。

在孩子能够站起来，迈出自己的第一步并学会说话，或者最晚在快满一岁的时候，他们对自主和独立的需求以及对自我效能感的渴望就会变得越来越强烈。这是三种重要的根本－基础情感需求之一（自主性），相应地位于我们的冰山模型底部的位置。因此，一旦孩子的身体活动能力增强，能够行走，他们的行动就会变得更加独立于父母，一个新的生命阶段就此开始。这是对孩子来说意义重大、影响深远的情感发展阶段的开始：自主阶段。

一位母亲描述了一个典型的情景：

"我的女儿格雷塔已经一岁半了。她就像一缕暖阳，到目前为止我们一直都觉得她非常沉稳、知足。然而，最近她总是爆发出强烈的情绪，这让我感到非常害怕，也让我束手无策。一些很小的事情，往往会导致一场撕心裂肺的号啕大哭。比如说昨天，我们像往常一样给

第 4 章
孩子的情绪地图

了她两颗小熊软糖。她很喜欢吃小熊糖，我们会时不时地给她两颗，她会每只小手握住一颗糖，兴高采烈地展示着，然后吃得津津有味。通常情况下，在吃完两颗糖后她会感到心满意足。但这次不是：她刚一吃完，就想要吃更多的甜食。在我拒绝时，她开始嘟囔着抱怨，气得跺脚，挥舞着手臂，然后气呼呼地躺在地板上又哭又闹、手舞足蹈。我本想对她的这种行为进行冷处理，但她却不依不饶地停不下来。一开始，我试图冷静友好地和她解释，为什么我不想再给她小熊糖了，但她的声音却越来越大。她因为愤怒变得如此激动，这真的让我感到非常害怕。我仍然试图保持冷静，尽量安慰她，把她抱在怀里，但是她完全听不进去，像是被"传送"到了另外一个星球一样。我感到非常无助，觉得自己无能为力，因为做什么都不起作用。很长很长时间之后，她才停止了胡闹，平静下来。"

孩子气（幼稚）的愤怒

实际上，这就是所谓的孩子气的愤怒。如果你的孩子已经满了一周岁，那么你应该也会对这种情景颇有感触。在往日一点问题都不会出现的、相当平凡的日常生活情景，现在可能会完全失去控制，无论是杯子的颜色拿错了，还是没有穿对鞋子。在这段时间，好像房间的每个角落里都埋伏着怒火的攻击，我们如履薄冰，像是在孵蛋时小心翼翼的母鸡一样。一件小事，只要不是按照孩子的设想发展，那就全完了。为了更好地理解你的孩子，了解为什么孩子气的愤怒会以这种形式在"冰山的尖顶"上表现出来，搞清楚为什么这种愤怒会如此持续且激烈，我想在这里从发展心理学的角度解释一下情绪发展以及大脑发育过程。

在这个阶段，以下三个方面具有决定性的意义：

1. 孩子的情感在高强度地迅速成长。对孩子来说这意味着，他不断接触到内心剧烈涌动着的情绪，并被这些情绪所淹没，因为其冲击力和强度是以前从未感知过的。在这段时间里，孩子集中精力地应对自己的情绪发展，也就是说，忙于处理那些突然出现的强烈情绪波动。这是相当耗费精力的，而且也带来了一些不利影响。

2. 在这个阶段里，孩子对三个基本需求之一的自主性的需求也在增加。这种需求变得愈加强烈，并且在许多方面都清楚地展现出来：孩子在不同层面上（运动、语言、情感）越来越多地努力争取自主权，他们希望自己变得有用并发展出一种自我意志。从发展心理学的角度来看，孩子的这种表现说明了其想要进一步挣脱父母（尤其是母亲）的束缚与牵绊。被允许分离对孩子来说，是激动人心的一步。如果大脑发育的状况不理想，这一切都会变得格外费劲。

3. 孩子还不具有预测（预见情况）、联想（建立联系）或抽象概括（进行推导）的能力，这些属于认知能力。正是认知能力，不仅使我们人类更容易制定计划以及重新安排时间，也赋予了我们这样做的可能。然而，孩子的认知发育还处于初始阶段。这意味着，他们还不能够临时自发地调整计划，重新定位自己，并参与到他们现在为自己制定的计划之外的事情中去。因此，孩子在这种冲突性情景中，只能极为固执地聚焦在某个特定的目标上，无法立刻摆脱既有目标，所以说他们根本不具有采取其他行动的能力。孩子往往在其发育后期，才能够接受父母提供的行为策略，因为一开始对自我效能感和自主性的追求会阻碍他们接受建议，也就是"我想要做决定"这个声音。

第4章
孩子的情绪地图

在这一时期，孩子一方面（想要）更勇敢、更急切、更自主地走向这个世界；但在另一方面，他们在行动中被迫面对各种自然限制（比如，小饼干碎了）。他们感觉到自己正经历越来越多的失望和难以承受的挫折，以及由此产生的愤怒、狂暴、悲伤、痛苦和强烈的不安全感的折磨。这种体验的组合带来了一种持续性的挫败感，导致了他们在日常生活中爱使性子、易发脾气。这时如果家长也介入其中，中断、干扰他们的某种意图（比如说："不，不能再给你小熊糖了！"），或者重新拟定他们的目标（明天再给你），在这一刻，孩子会像点着的鞭炮，茫然不知所措。他们会被情绪完全淹没（比如案例中的格雷塔抱怨、气得跺脚、挥舞着手臂），无法靠自己的力量摆脱这种状态。在这个阶段，他们不再具有通观全局和掌控局面的能力，完全陷入混乱之中（格雷塔躺在地板上又哭又闹）。他们完全被怒火和气愤所笼罩，被前所未有的强烈情绪淹没，无力抵抗。情感的狂风暴雨吞噬了他们，让他们陷入痛苦的困境之中。由于这种情绪过载，他们接着又会进入到一种内心僵硬麻木的奇怪状态：丧失了行动能力，发生了"情绪短路"，也就是一种"内在的系统崩溃"，什么都不起作用了。在某种程度上，人们完全可以将这种状态比作一种"神经衰弱"。

☐ 感受一下，你是否也经历过类似的情况。是在什么时候发生的呢？在事情没有成功或者（突然）出现与你想象不同的结果时，你能体会到孩子的那种挫败感吗？

由于这个年龄段的孩子还没有能力把各种细节一一关联起来，也不太了解自己的感受和需要，因此他们既无法想象，也找不到词语描述自己的内在情感过程，更不用说用语言来有区别地表达自己的感受。所以，我们常常只能看到"冰山的尖顶"，也就是他们表现出的绝望行为，而这些行为往往在长时间剧烈的身体感受后爆发出来。由于对孩子来说，无法达到目标是一种巨大的挫败以及情绪上的超载，所以会接着导致他们情绪上的不安全感。一开始，他们只能用哭泣、尖叫和躺在地上这些方式来对抗这种情绪状态。因此，我们可以这样来解读冰山上的反应链：

需求层面（冰山的下层）：争取自主权以及丧失安全感。

情绪层面（冰山的中层）：首先是突如其来的强烈愤怒，之后是悲伤、痛苦。

行为层面（冰山的上层）：抱怨、哭闹、尖叫，躺在地上。

☐ 当你对一件事情有自己的计划却被干扰时，你感觉如何？在这种时刻，你会有什么样的情绪？然后你会做些什么来缓解自己的不满，或者改善这种状况？

孩子（还）无法以其他任何方式来表达自己的愤怒。他们受到成长发育的限制，被框在内心僵硬麻木的状态里，同时又被愤怒和怨恨等强烈的情绪压垮。他们从未有过这种感觉和体验，完全被情绪淹没了。孩子陷入到一种内心深处的困境中，无法自己解脱。他们向外界传递出下面这些信息：

● 帮帮我，刚刚有什么事情在我身上发生了。但是我不知道到底是什么。我描述不出来。

● 我怎么了？我已经迷失了方向，感到无能为力。

● 请看看我。我需要依靠和安全感。

☐ 当你读到这些信息时，会有什么样的感觉？你能与之产生共鸣吗？你能对什么感觉感同身受呢？此时此刻，你对你的孩子有什么感受呢？

第4章
孩子的情绪地图

在孩子发脾气的时候，父母很快便会无计可施、无能为力，然后通常开始使用制裁和惩罚的手段解决问题。

哪些惩罚措施有用

所有形式的暴力都有一个共同点，那就是它们侵犯了孩子的边界，孩子也会因此对自己的边界产生模糊的认知。这样一来，他们可能根本无法体会边界感到底是什么。在之后的人生里，他们可能会反复遇到自己的边界被践踏的情况，因为他们没有学习过如何对这种行为说不。

练习：惩罚和后果

在童年时光里，你经历过的最糟糕的惩罚是什么？回忆一个情景，你感到真的受到了惩罚。

或许，你可以用笔记录下这个经历。

你是如何面对这个惩罚的？你感觉如何？你感受到了什么？

你希望当时用什么方式来代替惩罚？

在你们家，如果孩子没有遵守规则，他们要承担什么样的后果？

一个以欣赏和尊重为特征的，充满爱且非暴力的环境，是健康的自我价值观念的基础。从未了解到自己值得被善待和保护的孩子，在成年后可能无法确立自己的边界，无法照顾好自己，甚至无法意识到自己的需求。他们在成长过程中没有掌控权，所以在之后的人生里，他

们往往成为控制欲非常强的人，为了不必再面对自己无力、无助、受制于人的过去。当然，也有可能发生截然相反的情况：他们继续允许自己的边界被践踏，允许自己被别人贬低和羞辱。

有时，遭遇过这种经历的人会压抑他们所遭受的羞辱，并坚信自己的童年是美好的。然而，恰恰是这些被压抑的经历，后来导致他们用自己经历过的暴力作为一种教育的手段。早在1980年，爱丽丝·米勒就从精神分析学的角度发表过令人印象深刻的见解，即便是看起来没有恶意的"轻轻拍打"，也会出于多种多样的原因在不同层面上伤害、破坏孩子的成长：

● 它们教会孩子使用暴力，且父母充当了一种榜样的角色。

● 它们摧毁了被爱着的安全感，基本的信任被破坏了。

● 它们制造了恐惧：对下一次惩罚的预期始终存在。所以，父母与孩子之间的关系不再是爱与信任，而是恐惧。

● 它们摧毁了孩子对他人和自己的同情心和敏锐性。脱敏是其后果。孩子无法培养自己的同理心，发展自己感同身受的能力。内心无法得到成长，孩子的发展也会受到负面影响。

● 它们会激起孩子的愤怒、狂暴和暂时被压抑的"复仇"欲望。然后，这些感受可能会转嫁到兄弟姐妹身上，或是针对其他人。通常，这些被压抑的愤怒情绪只有在成年后才能找到其破坏性的表达方式，但在那时，这种表达是暴力的。

● 它们假装这是种教育，来维持这个谎言。

● 它们像给孩子"编程"一样，让孩子接受不合逻辑的论点："我伤害你是为了你好。"通过这种方式，孩子的系统程序被设定为将被羞辱的痛苦输入为非痛苦（脱敏）。

第4章
孩子的情绪地图

为了形成良好和健康的关系,孩子需要正确的榜样,以及代表着一段安全关系的信号。倘若这个爱着你的人,同时也是打你、侮辱你或者虐待你的人,那么,要不然你会质疑自己的感知,要不然你会将爱与暴力等同。在经历暴力后,建立信任和完全敞开心扉,是一个真正的挑战。比如,在通常情况下,经历过性暴力的受害者无法再进入一段爱情关系。或者,他们会走入到一段同样不健康的关系结构,就像他们童年时经历过的那样。

遭受过暴力对待的孩子经历过的最糟糕的两种感觉,是无力感和孤独感。在这种情况下,他们感到自己的存在受到威胁,而往往事实的确如此。这个世界,不是一个可以发展基本信任的安全场所。而且在日后的生活中,每当出现一些状况,无论是多么小的事(比如,输了一场足球比赛,或者在学校里成绩不好),这种无力感或孤独感都会再次出现,大脑中同样的神经元网络就会变得活跃起来,那种自己的存在受到威胁的感觉又会变得非常明显。对此,我们的反应是逃跑或者战斗。

任何形式的暴力都是一种强烈的情感体验,而暴力的后果是巨大且持久的,甚至,由暴力导致精神疾病的情况也并不少见。如果我们想保护我们的孩子以及孙辈,让他们不要遭受这种生命质量的巨大损失,那么在相处时不使用暴力行为,是绝对有必要的:不要惩罚、贬低、排斥以及羞辱孩子,而是用尊重、赞赏、细心和爱来呵护他们的成长。

精神上的惩罚

言辞和非语言的行为也会造成伤害。除了身体上的惩罚之外,还有精神上的惩罚。这其中包括:让孩子感到内疚;在心理上伤害或者冒犯他们；嘲笑、指责、讽刺、贬低、威胁、唾弃他们；得意扬扬地挑衅他们；谴责、斥骂他们；不给他们好脸色看，孤立、无视他们并保持沉默，撤回对他们的爱，忽视他们；侮辱他们，或者说一些贬低性的话，如"你一文不值！""你什么都做不好！""不要把自己看得那么重要！""你太笨了，根本不适合学习！""你永远不会有什么成就！"，或所谓的"双重束缚"。

双重束缚，指的是自相矛盾的信息。也就是一个人所说的内容与其面部表情、身体姿势或声调传递出的信息不一致。这会导致孩子不知道该相信哪一部分信息——是说话的内容，还是通过面部表情、手势、声音和身体语言传达给他们的信号。因此，孩子的感知力受到了考验；他们变得不再信任自己，以及自己的感知。精神惩罚往往是十分微妙的，可以在一段关系的氛围中被感受到，并在情感-心理层面产生强烈的影响。这种影响比我们想象的要强烈得多，甚至可能会对依恋模式产生长期影响。

通常，施加精神惩罚的父母不仅会责备和威胁孩子的"不当行为"，而且还会在孩子受到批评哭泣时，继续斥责、批评他们。这构成了对孩子的进一步侮辱。孩子会接收到这样的信息：不仅我的行为是错误的，冒犯了爸爸或妈妈；而且我的感受、我的难过和悲伤也是错误的，并得到了负面的评价。如果父母在事情发生之后，对孩子置之不理或者沉默不语，那么孩子与父母之间的联系就会出现中断。孩子独自面对着自己的情绪，陷入深深的孤独之中。他们除了要经历强烈的情绪外，还要忍受与对自己最重要的依恋对象的分离。痛苦、恐惧和愤怒都被储存起来。这些内在的心理过程虽然是不可见的，但可以被感受到。孩子们因此认为：在最需要陪伴的时候，我是孤独的，是无依无靠的。

我孤立无援，所以必须独自面对自己的感受。往往在父母的沉默和无视之外，还会伴随着他们冰冷、轻蔑的眼神。

由精神暴力造成的破坏与伤害，会在日后显示在与伴侣和孩子的相处之中，影响到依恋和关系模式。在咨询中，我经常遇到这样的父母：他们自己在童年时受到过深深的伤害；现在，在与孩子的相处中，他们利用这个机会来了解自己早年留下的伤口，也在努力治愈这些伤害。因为，他们不想把自己心灵受到过的伤害传递给孩子。

我们并不是无助地任由自己被这段过往经历摆布。如果我们能获得对内在过程的自我认识，有意愿突破我们习得的机制，那么我们就有机会中断这个模式。

> **作为父母，我们可以在生活中……**
>
> 与孩子相处时经常问自己：我是否关注到孩子的需求和界限？我们是否充分考虑并细腻敏感地陪伴孩子的情绪发展？如果孩子拒绝合作，我们可以问自己：为什么孩子现在不愿意配合我？我应该怎么做才能在日常生活中以尊重、欣赏的方式引导孩子，不越过他的界限？

总而言之，我们应该注意到：由于童年时期制裁性的交往形式，成年后的人们会将一部分强烈的情感储存在自己内心深处；而这些情感又会因为外部的刺激——比如，由于自己孩子的某些行为表现——以井喷的方式不经过滤地释放出来。除此之外，这些经历也会造成感受共情的能力受到限制，必须重新获得同理心。如果我们能够意识到这样一个事实——羞辱会激活大脑中与身体疼痛相同的区域，有机体必须长期下调档位以减少神经元之间的相互连接，就会明白这种机制可能造成怎样的灾难性的后果。因为，这些区域也负责感受、共情和同理心，包括对自己的以及对他人的。此区域中神经细胞的互联不会再那么积极、活跃了，长期来看，会出现脱敏的现象。对自己和对别人的同理心会慢慢变弱，或者完全消失。受到的羞辱不会再被记住，与自我的重要联系受到严重限制。视角的转变不再可能，或者至少变得非常困难。

有趣的是……

当孩子的依恋对象和照顾者怀着同理心，善解人意地与他们相处时，即便是出现冲突矛盾时也能够如此对待他们，孩子就能学会共情，具有同理心。因此，同理心和设身处地为他人着想的能力实际上只能是经验性的，而不是传统意义上"学会的"。

羞愧与丢脸

在孩子处于追求自主性的阶段时，发脾气是必然发生的。但是，如果他们在公共场合发脾气，对于父母而言可能成为双重挑战。当某件事情不尽如人意时，我们常常会羞愧难当，恨不得把自己的头埋到土里，而我们的孩子会一步步将我们逼到极限，这种情况并不少见。

一个经常被低估的触发羞耻感的因素（而且常常会有愤怒的情绪掺杂在这种如同调和鸡尾酒般的情绪中）是压力。并且，往往是我们自

第 4 章
孩子的情绪地图

己的羞耻心,导致我们在压力大的情况下羞辱孩子。因此,我想请你接下来做一个小小的自我评估。

练习:对压力的自我评估

对于以下问题,请在1—10分的范围内进行评分(1=完全没有/10=非常多)。

请在纸或笔记本上记录下这些问题和相应的评分。

在你生气的时候,你感到来自外界的压力有多大?

你给自己施加了多大的压力?

你常常会有自己做错了许多事情的感觉吗?

你是否经常感到被他人评判?

你有多在乎别人对你作为母亲/父亲的看法或意见?

你是否常常告诉自己是一个很糟糕的妈妈/爸爸,并为此感到自责?

当你认为自己没能很好地回应孩子时,你是否经常感到内疚?

□ 这是你自己的生活,不是别人的!你想给别人多少支配你生活的权力?当你觉得别人对你有不好的看法时,你会感到多大的压力?请有意识地关注自己内心的压力晴雨表。

□ 当你试图给予自己理解和关爱时,感觉如何?很多事情你都完成得非常出色,现在可以在别的方面进行一些新的体验,然后将其融入到自己的行为中。请记住:没有错误,只有弯路。而正是这些弯路能够让你对这片领域更加了解。

羞耻感是一种痛苦的感觉，关于这点自然不必多说。它与人类身体的植物神经[1]（自主神经）反应密切相关，比如，回避视线或者脸红。羞耻感对人们如何看待世界、看待自己以及他人产生巨大的影响。这种感受既包含建设性的方面，又会带来破坏性，因此也具有两种截然不同的作用方式。

首先，羞耻感有一个非常健康的功能：它在一定程度上保护我们的个人界限，并在我们的人际交往中调节我们的自我价值感。我们社会行为的许多领域都受到羞耻感的制约。

在情绪发展方面，羞耻感与自主性同时产生，最迟出现在生命第二年的开端。此时，孩子在身体上变得更加自主，可以在地上爬来爬去，甚至已经开始走路了。羞耻感，基本上是在孩子与依恋对象和照顾者之间的互动中发展起来的，这种互动是非语言的交流，主要通过眼神接触、说话语气和动作手势来进行。在这一时期，父母往往会使用这种类型的沟通方式（例如，严厉的眼神，竖起食指拖长音调说"不"）作为一种关系"调节器"，来阻止孩子做他们不应该做的事情。与此同时，孩子拥有了自主性，找到了自我效能感。他们开始走上一段充满好奇的发现之旅，想要去触碰一切东西。比如，把手指伸到插座里，操作灯的开关，研究家里花盆里的泥土，拽着落地灯把自己拉起来，把所有东西都倒出来，并且拥有一种令人难以置信的探索精神，享受他们新赢得的自我效能感。

但如果此时，父母用某种特定的语气说"停下来！""不要这样

---

[1] 植物神经，因其功能主要是控制和调节动、植物均有的新陈代谢活动，并不支配动物所特有的骨骼肌运动而得名，因其主要支配内脏的非随意活动，又称自主神经。（译者注）

第4章
孩子的情绪地图

做！"，大多数孩子都会立刻停下他们的活动。从生物学的角度来看，这种关系调节器具有必要的基本（生存）功能，例如当父母警告孩子有危险时。为此，大自然似乎以"崩溃"的形式将这种内在的反射在我们身上打下了深深的烙印。从这种内在反射，这种"崩溃"中产生了羞耻感。比方说，孩子刚刚发现了电源插座这个东西，正饶有兴致地打算好好探索一番，此刻他内心深处期待的是来自父母欣赏、支持的目光，作为对他们这个"伟大发现"的认可。但是，妈妈的眉毛皱了起来，额头上出现了皱纹，语气也变得非常强硬。这种期待与现实之间的落差造成了一种困惑，并刺激到了孩子，导致他们的内心陷入一场小型的崩溃。这种崩溃实际上在保护他们，不去做一些对自己不利的事情。在羞耻感发酵时，来自最亲近的依恋对象的目光起到决定性的作用，因为这个小人儿会内化这种关系氛围的质量。

如果父母长期忽视在孩子的羞耻感发酵之时帮助其重新恢复内心的平衡，也就是用满怀爱意的目光（再次）看向孩子，满足孩子对安全和归属感的情感需求，那么可以说，孩子会一直保持在这种内心崩溃的状态。可能发生的情况是，孩子从此不再敢于带着快乐和好奇心去探索周围的世界。因此，父母要注意这些相应的信号，作为应对方式，可以尽量创造出一种适当的平衡。

然而，如果孩子在他们的早期发展需求中经历了来自照顾者的拒绝，如果感到自己的界限被践踏，或是听到羞辱性的、让人丢脸的话，那么就会产生另一种不再具有建设性的作用方式：不健康的羞耻感主要与痛苦和恐惧绑定在一起，而且危害到整个自我价值感的发展。不健康的羞耻感传递给我们这种感受：我们无法做对任何事情，无法弥补或纠正任何事情。剩下的唯一可能，就是撤退成为一个隐形人。

这样一来，健康的自我价值感就不会发展，也形成不了积极的自我形象。人们变得没有安全感，总是依赖来自外界的反馈。我在咨询中经常遇到这种情况，特别是在与许多母亲的接触中。当我在谈话中对她们提出，是否经历过来自原生家庭的拒绝、无视、贬低这个问题时，她们往往可以建立起联系。

因此，起决定性作用的不是来自外部的压力，关键问题在于我们到底应该如何面对与处理压力。在这个问题上，我们越是自信和清晰，就越能在压力状态下更好地与我们的孩子打交道，陪伴他们。然而，如果我们自己感到羞耻，感到自己内心的压力，想要无论如何都得把每件事做"对"、做"好"，因为害怕不这样做就被拒绝或反驳，那么这会妨碍我们。清楚这种作用方式，找到能够给我们力量并鼓励我们的人，从长远看可以减缓我们陷入压力的速度，在以后遇到这种情况时也能够越来越有（自我）意识地采取行动。

基本原则

不要让孩子感到羞耻！孩子常常在为某件事情感到喜悦时，受到来自父母的羞辱。你也许有过这样的经历：你在责骂你的孩子，但他却对你"一笑"以示回应？这并不是开心，即使看起来像是开心的样子。这往往是被羞辱后的反应，因为笑往往比哭更容易。

☐ 你是怎样注意到孩子感到了羞愧或丢脸呢？那么你的反应是什么？在阅读完本节内容之后，你想在与孩子的关系中做出哪些改变？

第4章
孩子的情绪地图

你想在哪些事情上做出变化呢?

我们怎样才能陪伴好孩子

作为家长,我们常常把孩子在愤怒中的行为理解成针对我们个人的,并且感到非常介怀。但事实上,孩子所做的一切,尤其是在这个成长阶段里,都不是针对成年人的。如果我们被这种谬见驱使,那么一场父母与孩子之间的(权力)斗争就开始了,而这种斗争的结果并不是孩子真正需要的。对于孩子来说,他们需要在这个阶段有效地体验自己的感受,学习如何应对失望与挫折,并且为自己的内心体验寻求语言表达的方式。所以,自主性阶段与孩子的语言发展密切相关。在这个阶段里,父母可能需要同等地考虑到两个方面(自主性和情绪发展),并合理应对孩子的过度要求。

1. 事先为孩子提供自己做决定的空间(而不要等孩子对此提出具体要求),并有意识地在日常生活中提供这些契机(比如,考虑到孩子对自我效能感的追求,和他们一起做决定)。

2. 与孩子的强烈情绪真正地实现共情,并且能够在孩子的自主阶段开始时,识别出他们的情绪,保持忍耐并"沉默地见证"这些强烈情绪;在孩子产生强烈情绪的情境下安慰并拥抱孩子。这样,孩子就能够学会以一种越来越有差异的方式来表达自己的感受,为自己的内心体验找到合适的语言和文字。孩子调节自己内部感受的能力越强,被我们视作对抗的过度紧张状况就会越少。

孩子一岁到五六岁之间的生命历程,是他们不断追求新的自主性的高峰阶段。在这段时间里,他们想要自己尝试很多东西,需要有机会自己做出决定。这也是自主性发展的一部分。这些知识可以帮助父母简化很多事情。

丽萨（4岁）总是在早上穿衣服的时候和妈妈发生争执。妈妈已经选好了要穿的衣服，但是丽萨想要自己做决定，接着目标明确、不由分说地从衣柜里拿出一件衣服。"不行，你不能穿这件，"妈妈说道，"外面太冷了，穿这件上衣不合适。""噢，但是我想要穿这件！"丽萨喊道，坚定地将双臂交叉放在胸前。妈妈说："别闹了，就穿我给你选的这件衣服！"丽萨愤怒地大声尖叫起来，瘫坐在打开的衣柜前。

所谓自己做决定，并不是说孩子要对每件事情独立做出决定，或者要自己做出重要决定。也不是说，父母不管孩子了，任由他们自己决定。恰恰相反，这意味着，我们作为父母不要用说教、管束，或者压制、强迫等方式主导孩子的日常生活，因为那样就会不可避免地导致一种被他人控制的强烈感觉。我们应该为他们留有空间，提供机会，让他们为自己做主。

改变视角

设想一下，你的伴侣突然开始为你决定所有事情：你什么时候起床，什么时候刷牙以及如何刷牙，你要穿什么衣服，什么时候出门，什么时候回家，什么时候睡觉……你会做何感想，会如何应对？同时感受你的身体，在你思考这个问题的时候，身体有什么样的感觉？

第4章
孩子的情绪地图

孩子一路走来都依赖我们。在自主阶段,他们在某种程度上将自己的一部分从这种状态下解放出来。在他们心中,越来越想自己决定走哪条道路。也许这条道路也是你会为孩子做出的选择,但唯一的区别在于:这是孩子自己的决定。

一个解决方案是,作为父母,我们为了达到一个目的至少要想出两种替代方案,并能够在具体场景中提供这些方案。比如,上面这个案例,丽萨的妈妈现在尝试了不同的方法:在前一天晚上,她和丽莎一起选择了合适的衣服,并把两种搭配方案放在床边的小椅子上。

"不,"丽莎喊道,"我不想穿这件!""可是我们选出了两件上衣呀,你更喜欢哪一件呢?"丽萨犹豫不决、极其认真地看着两件可供选择的衣服。"你自己选一件吧,如果需要我帮你穿上,随时喊我。"妈妈说道,然后离开了房间。"妈妈,我想穿上面有小木马的那件。"几分钟后,丽萨冲着走廊大声说道。"真好看,"丽萨的妈妈说,然后立刻给了丽萨自己做下一个决定的空间,"你想让我几分钟后来叫你吃早饭,还是你准备好后自己过来吃早饭呢?""我马上自己过去,"丽莎高兴地喊道,"你会等我吗?""是的,"妈妈说,"我会等你的。"

这场简短的对话,特别是在结尾之处,包含了许多有益的信息和宝贵的情绪养料,这些都满足了孩子的根本-基础需求:父母为孩子进行自主决定提供了空间,他们对自我效能感的追求以及对共同决策的愿望都得到了极大的满足。除此之外,妈妈通过询问女儿要不要来接她吃早餐的方式,建立了一种联系。同时,丽萨对于自主性和独立的渴望也变得更加强烈。这一点从她的回答"我马上自己过去"可以清晰地看出来。通过上述方式，丽萨的妈妈不仅在行动层面创造了一个可供共同决策的空间，还为丽萨的自主决定开辟了一个情感空间："你想要和我建立联系吗？我的大门会为你敞开；还是，你想要独立自主？"在对话最后，丽萨需要从母亲那里获得片刻的安抚："妈妈，你会等我吗？""是的，我会等你。"在这里，情感安全也得到了强烈的滋养："你对我来说是宝贵的，是重要的。"你看，孩子对自主和情感的需求，并不总是得在特殊的情况下通过专属且密集的关注才能被满足，而是首先在日常生活中我们彼此之间的沟通与联系中得到满足。在孩子成长发育的这个阶段中，许多微小却细腻的关系连结和亲密时刻，以及在上述意义上尽可能多地关爱孩子的抚养人和照顾者，都可以为孩子提供大量获得满足的体验，以及被接纳、被无条件地爱着的那种美妙富足的感觉。

认识感受

即便我们想把日常生活朝着联系紧密和建设性关系的方向塑造，家庭生活与交通规则也不具有可比性，因为家庭生活无法通过制定规章制度，或者惩罚违规行为的办法来调节控制。在家庭中，家人之间的关系是密切温暖的，大家交流想法，一起大声欢笑，一起解决冲突。

你的孩子需要在一段互相尊重的关系中，在你的陪伴下认识自己的感受，因为你是他最重要的依恋对象。重要的是，孩子要学会不排斥自己的感受，比如，在认识愤怒的过程中，要感知它，然后调节它——

第 4 章
孩子的情绪地图

这样情绪过载和泛滥的情况就会减少，孩子在日后就能用差异化的语言表达出自己的内心过程、想法以及感受。这样做的一个目的，就是体验感受，能够表达感受，也就是找到恰当的表达方式用语言传递自己的感受。另外一个目的，就是认识和理解他人的感受，并且学习允许自己的感受发生。为了让认识感受成为可能，重要的是在这段时间里，父母首先对孩子的感受产生共鸣，识别出这种感受的名字，并为这种感受留出空间。同时，父母应该帮助孩子共同调节感受，也就是不要让孩子强烈的情绪继续扩大，同时传递出一种安全感：孩子不是在独自面对这些强烈情绪，而是拥有坚强的后盾。以下几个方面具有根本的决定性意义：

● 首先，转换视角是一切的基础。你可以从行为层面深入到情感层面，在那里与感受交谈，不一定非要用到语言。如果别人理解我们（情感层面的理解，冰山的中层），我们不仅能够通过语言了解到，也能通过伴随着话语的表情和手势领悟到。

● 在与自己的联系与共鸣之中培养对一种感受的理解。

● 情绪上的共振。在与自己的共鸣中保持真实，在与孩子的沟通／联系中保持同理心（将注意力分成两部分）。

● 提醒自己，这涉及安全感和自主性的基本需求。你可以在孩子可能出现的反应中有意识地关注这个方面（需求层面，冰山的底层）。

● 你要对你自己和你的孩子有耐心。

让我们在脑海中设想这样一个场景：你和你的孩子（4 岁左右）路过一家冰激凌店：孩子坚持要买一个冰激凌，但是你不愿意。你的孩子还无法平稳地调整自己的计划和预期。他／她躺在地上大吵大闹，或至少表现出"失态"的行为，很显然，他／她被强烈的感受（愤怒、不快、无法理解、无助）压垮了。现在，你可以读懂他 / 她的感受了。那我们来具体看看该如何应对吧。

☐ 请有意识地提醒自己去感知内心的"压力晴雨表"：你对此感觉如何？自我观察对你来说有帮助吗？你现在能够识别出压力，并且自己减轻压力吗？如果是，你是怎么做的呢？

首先至关重要的是，你不要被位于冰山上层的行为（无论这种行为让你感到多疲惫）分散注意力，而应该敞开心扉，关注究竟是什么原因促使这种行为发生。尝试有意识地改变自己的视角，从行为层面深入到情感层面。在这个层面（情感层面，冰山中层）上，你可以与感受交谈，对孩子说：

● 我看得出来，你很生气。
● 我可以理解，你现在很伤心。
● 这也让我感到愤怒。我很抱歉。

或者，如果你的孩子对主动情绪共鸣的反应是越来越愤怒，那么在他 / 她身边慈爱地、同情地保持陪伴就可以了。

换句话说，向孩子发出信号：我愿意沟通以及建立互相尊重的关系。我在这里，我听到了，我看到了，我理解你的要求。但这不意味着，我改变了我的态度，只是，我可以理解你的感受。

这样一来，孩子的感受得到了回应！他们获得了信息，知道自己内心中正在经历什么。在与父母 / 抚养人的沟通中，孩子学会了该如何为一种感受命名，以及如何表达这种感受。我们的目标是，让孩子学会在自己的情感世界中找到方向，并在以后能够为自己的情绪命名，例如：

● 我很失望。

第4章
孩子的情绪地图

- 我很生气。
- 我很绝望。
- 我很难过。

一旦我们能够说出自己内心的活动，并且能够表达出自己的感受，无力感和情绪过载就会减少，我们就可以更好地对内心过程进行整理分类。这被称为共同调节，在本章的末尾我会更加详细地介绍这一过程。

☐ 如何判断你的共同调节是有效的？你期待什么？观察一下在这种情景中的自己：你会说很多话吗？你会通过解释来劝说孩子吗？

我们的目标，不是让孩子立刻安静下来不再哭闹，也不是让他不再发脾气或者立刻减少发脾气的次数——这些是共同调节的长期目标。强烈的情绪伴随着孩子的整个童年时期，与其和谐共处的努力一直要持续到他成年后。只有在良好的体验和细心的陪伴下，孩子情绪过载的问题才会逐渐减少，才能情绪平稳地融入生活。你能够察觉到共同调节的效果，特别是从长期来看，比如，孩子说话的能力提高了，能够告诉你自己的感受了；他们甚至可以和你讨论自己内心的想法，用更多样化的表达描述自己的内心活动。

为什么解释对孩子没有帮助？

我们的大脑由许多不同的部分和区域组成。当人们来到这个世界时，大脑已经完全发育，但是尚未成熟。大脑的成熟是通过神经网络的稳定和扩展来实现的。而这又是一个由经验刺激的过程。

如果我们假设，大脑有一个区域负责情感（边缘系统[1]），一个区域负责认知（新皮质部分[2]），那么下面这些内容就不难理解了：大脑中负责生存所需的简单情绪反应（愤怒、快乐、悲伤、痛苦）的区域，成熟得更早，并且明显早于认知区域。这意味着在婴幼儿时期，情绪化的大脑仍然非常占据优势。对处理认知内容（认知理解、推理）起决定性作用的大脑区域，成熟的时间要晚很多。尽管认知区域的神经元也在进行高速连接，但是，儿童最初会把更多精力放在情绪发展上，并且强烈地依附于他们的感受。因此，从原则上说，我们也会更容易通过感受来接触他们，而不是通过理性。

我认为，意识到这一点非常重要。因为事实上，我们从理性的认知层面出发做出的与孩子沟通的努力，往往都是徒劳的。孩子的大脑还无法满足这个要求，还不能对这些信息进行相应的处理。

因此，我们大可以安心地放弃我们的期待：认为孩子有能力洞察和理解我们的立场。从脑部发育的角度来看，对孩子能够完成这些复杂认知过程的期望过于夸张了，例如，期待孩子拥有洞察力并采取具有前瞻性的灵活行为。因为，只有当相应的大脑区域发育成熟到一定程度时，这些期待才能实现。

向作为母亲的你发出邀请：在接下来的情境中，格外注意自己的行为表现和流露出的情绪，你是如何镜像反应的，以及在这个过程中说

---

1 边缘系统，指包含海马体以及杏仁体在内，支持多种功能，例如情绪、行为以及长期记忆的大脑结构。（译者注）
2 新皮质，哺乳动物大脑的一部分，位于大脑半球的顶层，与一些高等功能，比如，知觉、空间推理、意识，以及人类语言有关。（译者注）

第4章
孩子的情绪地图

了多少话。

重要的是，不要把"镜像机制"[1]当作一种"技巧"，而要真正的感同身受，转换视角，尝试进入真正的共鸣。比如，在你的孩子因为小饼干碎了号啕大哭的时候，你在他/她身上感受到了什么？是愤怒还是悲伤？在你不得不接受某件无法挽回、不可逆转的事情时，你能感受到痛苦吗？转换视角：想象一下，你已经安排好了一个假期，却在登机口错过了飞机，你的内心有怎样的感受？是失望、悲伤还是痛苦？

重要的是，我们要允许感受的存在，不要试图掩盖它，不要对孩子发表长篇大论，更不要让孩子自己去"照照镜子"。否则，很有可能会弄巧成拙，变得不真实、做作。可能出现的情况是，你在情感上给孩子施加的压力太大了，没掌握好分寸，离他们太近了，从而夺走了他们自己的感受空间。感受是非常个人化且高度情绪化的，如果你替孩子说出了这种感受，他们可能会有一种被"打击"了的感觉，因为"这是我的感受，不应该由你说出来"，他们会排斥，表现出不屑一顾的样子，甚至可能会感到愤怒或羞愧。在你意识到自己已经"一针见血"地抓住了孩子的感受时，减少和孩子的言语接触，也就是说，不要再"一语道破"了。默默地陪伴在孩子身边，不要再主动出击。这时，少即是多。这种形式的连结并不一定需要太多言语。事实上，无声胜有声。联系的建立也来自简单了解对方的感受，并与他们产生共鸣。记住：

---

[1] 镜像机制，即镜像神经元的作用方式。镜像神经元对理解他人的行为十分重要，能使高级哺乳动物像照镜子一样在头脑里通过模仿而即刻辨认出所观察对象的动作行为的潜在意义，并且做出相应的情感反应。（译者注）

我们要做的不是让孩子停止哭泣，而是不要让他们独自哭泣，独自面对自己的感受。

向作为父亲的你发出邀请：在接下来的情境中要特别注意，有意识地切换到情感层面（冰山的中层），为情绪创造空间。

重要的是，我们要能够从情感层面出发做出回应，而不是简简单单地在事实逻辑层面上"解决"某种行为表现。比如，你的孩子跺着脚哭喊着："爸爸，我今天不想去幼儿园。我想和你一起待在家里。"

方案1（行为层面/认知）："但是你必须去幼儿园。爸爸没有时间陪你。爸爸必须要去工作，否则怎么赚钱养你？"

方案2（情感层面）："你很爱爸爸，所以不想离开对不对？我也很爱你。"

在我们陷入内在压力时，会比较不容易从情感层面出发做出反应。请记住，随着压力值在身体系统中的上升，我们有意识地调动行为的能力也会受到限制。尽量有意识地保持冷静和自制，"与自己同在"，不要陷入内心的焦灼。所以，向本就已经感到恼火的孩子生硬地做出解释，并不是一个有建设性的方法。你的说辞——因为你必须要赚钱，没有时间陪伴他，所以他必须去幼儿园，更加突出了你的态度，也就是无论如何你都想让孩子去幼儿园。而这种压力情绪也会无一例外地传递给孩子，对他们造成影响。有时候，再接着采取什么策略都没有效果了。此外，不要忘记了，在这种情景中认知性的解释对孩子没有帮助。解释对他们来说毫无用处，因为孩子负责处理认知内容的大脑区域还没有完全发育。这时，你的孩子忙于应对情绪的发展，并正处于强烈的感受之中。通过感情，而不是理性，你可以更容易与孩子沟通。

因此，作为父母我们需要格外注意，有意识地转换层面——从你的头脑到你的心灵。想一想，当你不得不做一些自己没有决定要做的事情时，你能理解那种愤怒吗？还有，在你不情愿与某人分离，却又不得不分开时，是怎样一种感觉？

改变视角

想象一下：你的老板决定，你必须放弃一天假期，因为你得替另一个同事代班。你的感觉如何？

想象一下：你们刚刚相爱，却不得不分居两地，不知道什么时候才能再见到对方。你有什么感觉？

还有一件事：你能在孩子的反抗和拒绝背后读出他们爱的宣言吗？你的孩子对你充满爱意，虽然是以拒绝的形式。孩子不想离开你，因为你对孩子来说是如此珍贵。

这并不是说，你必须要重新安排自己的时间，陪孩子待在家里而不是送孩子去幼儿园。关键是，你不要害怕给孩子的悲伤和愤怒留有相应的空间。也许你们只需要喝一杯茶的时间："我们一起喝点东西吧，然后我再送你去幼儿园。下午我会去接你的，要不了多久我们就能再见面啦。"或者，你可以在沙发上抱抱你的孩子。其他一切，都会顺其自然，水到渠成。

良好的情感信息创造联系

从这个意义上说，你传递的信息滋养了孩子基本的情感需求，即感到有价值，感到被听到、被看到、被理解（冰山模型的最下层）。你的孩子感受到与你在情感层面上的连结，他们接收到的信息是：
- 我看到了你的情绪，并感知到了你的感受。
- 你受到了重视，你的感受得到了认可。
- 我接受你的感受、你的无能为力以及你的无可奈何。
- 你可以依靠我，你并不孤单！
- 我们可以有不同的想法和意见。你的想法同我的想法一样重要。

与之相对的是：
- 现在停下来！
- 别这么做！
- 我们讨论过这个问题！
- 你为什么要这样做？
- 你在做什么？
- 控制好自己的情绪！
- 我已经和你说过，我们……

上面这些信息只涉及孩子的行为层面（冰山模型的最上层）。孩子获取的信息是：他们的行为是不对的，被评判为"糟糕的"。由于情绪大脑的线路被接通，孩子们也会在这个层面上接收处理信息：
- 我拒绝你和你的感受（例如，你的愤怒）。
- 你的感受和这样的你是不受欢迎的。
- 我会让你独自面对你的感受。

从长远来看,孩子将不得不在某种程度上与自己的部分感情分离,他们会尝试在行为层面上与父母合作。随着孩子语言和行为能力的提高,那些被周围的人视为难以相处或抵抗性的行为会逐渐变得柔和。他们的情感能力得到了成长,可以逐渐内化自己的情绪,并且意识到可以将自己的感受说出来。

愤怒的后果——儿童的攻击性行为

在孩子感到愤怒时,他们的行为也会反映出攻击性。他们会跺脚、咆哮、踢打,甚至抓人、咬人,并且常常很难平静下来。对于孩子的这种行为表现,父母往往感到非常惊恐,无能为力,想要"控制"住这种攻击性。这是因为,成年人会从孩子的攻击性联想到成年人世界中的画面。然而,暴力、战争和恐怖行为与我们在孩子身上看到的这种攻击性毫无关系。

☐ 你如何看待攻击性行为?当你的孩子表现出攻击性时,你有什么感觉?你有怎样的心理活动?你会如何应对?

在我们的社会中,攻击性行为是不可取的。然而于我们自身而言,攻击性却非常重要。"但是人们不可以不加过滤地表现出自己的攻击性。孩子从小就要学会这一点!否则将来会出问题的!"有人可能会反对攻击性。那么,让我们来仔细看看,攻击性究竟是什么,以及它意味着什么。

"攻击性"的概念来自拉丁语,意味着"逼近,攻击"。就其本身来说,攻击性是很重要的。它使我们向前迈进,达到最佳的表现和绩效,比如在体育方面。如果你在电视上仔细观察奥运会的运动员,你就可以清楚地看到攻击性是如何反映在他们的面孔上的，这种攻击性转化为令人难以置信的能量，推动着运动员向前。攻击性是生命的能量，我们都需要攻击性来行动，来学习，来反击，来达到自己的目的，来获得进一步提高。我们也需要借助这种能量获得说"不"的勇气，走自己的路，结束破坏性的关系，照顾好自己，管理自己的生活，为自己做出决定，明确自己的立场。

儿童的攻击性行为是符合其发育水平的行为

这个观点似乎也没有在日常教育的实践中得到推广。下面这个例子来自我最近的咨询实践：

"我们与四岁的儿子米卡之间有一个问题。他已经在我们当地的幼儿园上了两年学了。昨天，老师找我谈话，告诉我米卡不能参加小组活动，因为他具有攻击性，无法控制自己的行为。他会攻击别的小朋友，扰乱集体活动的秩序。我们知道，米卡有时候会很烦躁恼火。几个月前，他和他最好的朋友发生了争吵。在随后的混战中，米卡摔倒了，并撞到了自己的鼻子，这一定让他非常愤怒。因为，接着他又和另一个男孩发生了矛盾，他们争执不休，甚至在地板上扭打。两个男孩的母亲自然认为这种行为很不好。我也是这么认为的。然而，现在引起一片哗然的是小组中的其他母亲。我不想把米卡夸到天上去，但他是一个心地善良、有趣的小孩，连幼儿园的老师都是如此评价的。这一切是如此矛盾。但是，如何才能将孩子好的一面展现出来呢？老师说，我们必须带米卡去看医生，因为他需要接受心理治疗帮助他缓解攻击性。

第 4 章
孩子的情绪地图

我们应该把他的攻击性激发出来,否则他将来上小学一定会出现问题。而且,学校很快就要开学了。您可不可以给我们提供些建议,我们现在可以做些什么?我现在一点主意都没有,非常担心。这一切都让人感到心烦意乱。"

这个故事就是一个典型的例子,说明老师没有正确认识到,这种攻击性行为实际上是与这个阶段儿童的成长发育水平相符的,所以也无法针对这种行为给出建设性的建议。很明显,在这个故事中大人对待孩子的攻击性行为只有一种态度,那就是:孩子不可以有这么强烈的情绪;如果有,也不要在幼儿园和学校里!

一个常见的误解是,攻击性会不可避免地导致暴力。这就是为什么人们普遍认为孩子应该从小学会仅使用语言来解决冲突。对攻击性行为缺乏了解,并由此引发的不知所措、无计可施不仅仅发生在幼儿园和学校里。即便是在我们的医疗系统中,对攻击性的看法也是矛盾的。虽然,儿童的攻击性行为被赋予了符合其成长发育水平的部分合理性,但他们还是很快会遭到谴责,被诊断为严重的行为异常,其与成长阶段相称的行为被错误评估并归为病态。在这里,我们谈论的不是成年人,而是儿童。他们当下还没有发展出一套安全处理强烈情绪问题的策略,这套策略只有在与父母(以及其他照顾者)多年的接触中,随着时间的推移才能慢慢发展起来。

为什么要慎重考虑测试和治疗

想象一下,你的孩子是水中的一条小鱼。他/她正茁壮成长,健康且快乐。对鱼来说，只有当水（也就是环境）处于生态平衡的状态时，它才能健康成长：水的温度要适当，光照条件要合适，水中要含有鱼生长、保持健康和良好发育所需的所有必要营养物质。周遭的环境对鱼的发育和成长都有影响。

现在，让我们把这一具体形象转移到你的孩子身上：就像鱼从水中获取养分，需要水质达到一定标准才能茁壮成长一样，你的孩子也需要从周围的环境中获得一些特定的情绪养料。然而，在我们的社会中，经常出现的情况是：我们往往忽视鱼的生长环境，而是更多关注鱼本身，也就是该如何"治疗"鱼（孩子）。最终，不安的父母向儿科医生、精神病学家和心理学家寻求帮助的情况并不少见；孩子必须接受各种测试，医生为他们诊断病情，然后他们会接受治疗，而且往往是药物性的治疗。是的，孩子的症状被治疗了，但他们也被归类为与众不同的、困难型的孩子。这种方式只对其所谓的缺陷进行评估，却没有看到他们在情绪上所受的困扰并理解他们关心的事情。通常针对儿童的治疗和支持措施在非常早期的阶段就开始了，被治疗的儿童的年纪也越来越小。而大多数家长在寻求医生帮助时却往往没有考虑到，问题可能只是出在与孩子的关系中可能有一些情感养料不够充足，比如，安全感、温暖、认可以及生活环境的安全性。当父母受到来自幼儿园或学校的压力，自己变得没有安全感，并将这种压力传递给孩子时，就可能发生这种情况。然后，孩子接收到这样的信息：只有我"正常运转"，我才会好起来。

因此，我们应该考虑，是否应该首先仔细研究一下孩子生活环境中的情感关系氛围（幼儿园、学校），以及家庭中的关系质量。如果孩子在其生活环境中没有体验过认可、欣赏和关注，那么将孩子所谓的

第4章
孩子的情绪地图

缺陷孤立出来，拿到放大镜下研究的测试和治疗方法又有什么用处呢？这就是与孩子关系的质量以及塑造关系的形式如此重要的原因。因此，如果你的孩子表现出什么不寻常的行为，不要忐忑不安。你可以问问自己，孩子在幼儿园或者学校里是否感到自在舒适，想一想你的孩子目前可能缺乏哪种情感养料，然后在你们的相处中重新塑造关系氛围。

☐ "情感养料"是指爱、温暖、亲近、自己做决定的空间、保护、安全感、关注、了解、引导、活泼、热情、支持、亲密、帮助、欣赏等。此刻，你的孩子似乎最需要什么情感养料？

这种根深蒂固的对儿童进行缺陷性判断的观点，特别是在儿童的攻击性这个问题上，使父母处于压力之下，引发了父母的焦虑和不安全感，最终导致了情感安全的丧失。父母对他们的孩子是否正常失去了信心。在不安的压力之中，他们产生了忧虑和恐惧。他们会向儿科医生寻求建议，而儿科医生又会将他们转给儿童和青少年精神病学家。于是，一个痛苦的循环开始了。因为，真正的问题仍未被触及。

陪伴孩子的攻击性行为

对于孩子来说，完全用语言和认知的形式来解决冲突往往意味着绝对的苛求。为了以这样的形式解决冲突，他们必须得在很小的时候就取得智慧上的成就，这对我们成年人来说往往也是困难的。

然而，我们会这样思考和行动都只是出于一种荒谬的恐惧，担心一个好斗的四岁小孩有朝一日会变成一个暴力的少年。以这种方式进行联系的因果链条是建立在一个谬误之上的。毕竟，儿童时期的攻击性行为并不是青少年时期采取暴力行为的原因。相反，许多研究结果表明，有暴力倾向的年轻人几乎无一例外地在家庭中经历过心理或身体暴力，而且自己就是受害者。

改变视角

反思一下，你自己的行为模式和孩子的攻击性行为之间有什么潜在的关系。第一步，想一想你是如何应对孩子的攻击性行为的。第二步，将你的回应方式放置到冰山模型的行为层面，比如，责骂孩子或者避免冲突。接着，深入到情感层面，感受一下自己的内心，是什么样的感觉导致你采取这种行为的。继续深入，来到需求层面。在你自己的内心深处努力追求的是什么？是什么需求激发了你的感受？你是否因为害怕而寻找安全感？借助冰山模型仔细观察自己的行为模式，更好地了解你自己。

好好探究自己，了解自己的行为模式，是非常重要的一环，因为孩子在将自己具有攻击性的能量转化为建设性的策略的过程中，需要我们的支持和帮助。如果你被困在自己的模式中，那么就很难在孩子具有攻击性时支持、陪伴他们了。

根据我的经验，在我们更好地了解自己时，陪伴会更有效。这样，我们就能越来越好地定位自己，为自己赢得安全感并制定更好的应对策略，陪伴孩子，了解他们的感受。

在游乐场里：玛雅（2岁半）刚进入游乐场，就发现滑梯被另一个小孩占了。她挣脱爸爸牵着的手，果断地冲向那个陌生女孩。玛雅一

第4章
孩子的情绪地图

把扯住小女孩的头发,愤怒地把她推开了。所有的旁观者都惊呆了,同时也感到害怕。另外一个小女孩明明什么都没有做!她只是站在滑梯旁边。玛雅的心里到底在想什么,让她如此怒气冲冲地跑向这个孩子?

汤姆(2岁)正在沙坑里平静地玩着他的挖土机,这时,另外一个小孩向他走过来,目光炯炯地看着他,然后用铲子狠狠地打了几下汤姆的头。汤姆哭了,他对这个世界感到陌生。

这究竟是怎么一回事?当这个年龄段的孩子表现出攻击性时,要么是因为他们想要/必须划定自己的界限(提醒自己:离可能会造成伤害的东西远一点),要么是因为他们在寻求联系(提醒自己需要什么)。

因此,对于孩子的攻击性行为,我们总是可以首先将其解释为划定界限,或者理解为建立联系。

1. 划定界限:等同于"不""站住""停下"。到此为止了,不要再靠近了。停住!停止!有些东西对我来说变得太过沉重了。有些东西来得太快,靠得太近了。我感到我的界限受到威胁,我的自我价值处于危险之中。这涉及对安全感的基本需求。一个人越是觉得自己受到了威胁,界限感就越强。

2. 寻找接触和联系:等同于"你好"。我在这儿,看看我,接受我。

改变视角

想一想,你最近一次经历过的人身攻击——在朋友间,在夫妻关系中,或者是在工作中。你是怎样应对的?你如何向他人传达你想停下的想法?你为此制定了哪些策略?

所以我们可以猜测，把用铲子敲打汤姆的头作为问候的这个孩子，可能是在寻求联系。虽然他们之间的确建立了一种联系，但这显然是不成功的，因为这样可能无法实现真正的连接关系。在这个年龄段的孩子身上，这种失败的关系建立并不少见。他们还没有发展出一套相应的策略来接近其他人。以下几点在这种局面中非常重要：

1. 我们必须永远记住，他们都还是小孩子。这并不是一场血腥暴力、充满敌意的对峙。你的孩子并不会成为一个"恶霸"。他/她正在为自己划定界限，或者寻求联系，但是还不知道该如何做。

2. 两种解释的可能性为你指出了第一个方向。你只需要朝着这个大致的方向来调整自己的帮助方式就可以了。

3. 利用这些知识，对你的孩子进行相应的指导。想一想，你的孩子可能有哪些内心活动，以及你认为你的孩子在想什么，为什么他/她会情不自禁地用这种方式表达出来。

4. 为此，你需要自己的共鸣空间：什么让你产生了共鸣？什么可以打动你的孩子？他/她是想与对方一起玩耍，还是觉得受到威胁？注意孩子的姿势和面部表情。这可以为你提供更多关于孩子意图的线索。

因此，针对玛雅和汤姆的表现，你可以这样说来引导他们：

对玛雅："哦，你不认识这个女孩，不是吗？她只是站在滑梯边上呀。你为什么恼火呢？是不是因为你不想让她站在你的滑梯旁？哎呀，你怎么发了这么大的火！"

对汤姆："哦，不。这可真是让人生气。那个小男孩打了你。很疼吗？我帮你吹吹，把疼痛赶走。我觉得，可能是他认为你的挖掘机很有意思。也许他是想和你一起玩。"

第4章
孩子的情绪地图

我知道，大量的教育工作者和专业人士都建议，要指出并设法解决孩子的"不良行为"。当然，在这里我刻意放弃对这种行为进行告诫，避免发出"打人是不对的"的信息。我的经验是，在日常生活中家长已经非常频繁地（甚至过于频繁地）告诫孩子这一点，而孩子也非常清楚。他们没有接收到任何新的信息。相反，这种训斥会导致情感联系的减弱，使孩子感到更加无助。因为，如果孩子能够以不同的方式行事，他就会这样去做。孩子并不是有意识地选择这种"划定界限"和"建立联系"的形式，只是他还没有任何其他的策略可供使用。

因此，不要因为外人对你的孩子的行为进行评判、定性，甚至可能是谴责而感到不安。当有人建议你做某事或不做某事时，不要心神不宁。想一想冰山模型，我们首先要做的事情是更好地了解孩子。

你已经知道，攻击性是强烈情绪的结果，并且是由情感层面的动机引起的。你也知道，随着孩子年龄的增长，感情的体验会更加强烈和深入，也会变得更加分化和多样。也就是说，你可以将孩子的行为（踢人、打人等）写入冰山模型的上层，并在因果链条中进行差异化的诠释、分析。

你可以再次提醒自己，攻击性是对恐惧、愤怒、悲伤和痛苦的反应。并且，我们人类的内心首先对三种根本–基础需求（安全感、联系和自主性）具有渴望。如果我们成功地跟自己建立了联系，我们就能够体验到自己的自我效能，这也同时对满足最重要的基本需求产生了积极影响，也就是我们的（自我）安全感。联系和自主性滋养着安全感，反之亦然。当我们在这个世界上感到安全时，我们可以很好地跟自己建立联系，并敢于尝试自我超越。

你的孩子（还）没有得到这个机会。他/她一直在寻找这个问题的答案：我对你来说有多大价值，爸爸？我对你来说有多大价值，妈妈？如果在日常生活中，你的孩子失去了安全感，那么——对我们成年人来说也是如此——他/她就难以与自己建立起良好的联系。也就是说，如果这几项基本需求没有得到满足，或者只是被部分满足，那么孩子就很容易产生恐惧、痛苦或者愤怒的情绪。而对于这些情绪，孩子还没有处理、消化的能力，因此他们又会启动一种"紧急程序"，即产生未经过滤的攻击行为，因为除此之外别无他法，他们还没有一套可以主动选择的应对策略。

改变视角

设想一下，现在你对老板是否满意你的工作产生了怀疑。这种不确定性不断加深。其结果是：你（在与老板的联系中）被阻碍了，无法再完成好自己的工作（自主性/自我效能感受到限制）。作为一个成年人，你已经拥有预测、联想和抽象概括等纯认知性的能力。你可以用语言进行表达，并且已经在生活中尝试了各种策略，帮助你渡过这种情绪危机。通过与老板的交谈，你可以重新获得安全感。只要解决了分歧，你们之间的联系就会重新好起来，你就可以继续没有顾虑地专注于你的工作。

存在于兄弟姐妹冲突中的攻击性

这种冲突是造成家庭气氛长期激烈紧张的最常见原因之一，也为我们上面所描述的动态过程提供了一个很好的例子。当一个家庭中有多

第4章
孩子的情绪地图

个孩子时，家庭生活的整个局面都会被改变，所有家庭成员都必须重新整合排序。特别是，当年纪稍长的孩子在情感层面上经历极端波动时，这种剧烈的情绪震荡可能持续几周或几个月，也可能会持续几年，父母有时能感受到他们的情绪，有时又难以察觉。这样，孩子会不断感受到痛苦的失落感。当所有家庭成员、朋友和认识的人都在为新生儿的到来感到高兴时，当宝宝很快融入到家庭生活中时，大孩子会首先感受到自己失去了专属的关系，特别是与母亲之间的。

> **改变视角**
>
> 　　设想一下，你的伴侣回家后向你坦白，他／她遇到了一个不错的人，那人在情感和身体上都与你的伴侣如此亲近，甚至可能比你更近。下周开始，你们将一起生活。假设，你与伴侣之间一直拥有一个约定，你们之间的关系具有排他性。但现在，你的伴侣单方面取消了这个约定。对此你有什么样的想法，对有第三者"闯入"你们专有生活的设想有何种感受？同时，注意观察你的身体，注意这个想法给你的身体带来的变化。当你对孩子的行为感到不理解时，请永远记住这种观点的改变。

作为成年人，我们可以决定支持或反对。我们可以结束与伴侣的关系并说："这不是我想象中的样子。"孩子却不能这么做，他们也不想这样做。孩子爱自己的父母，实际上，他们或多或少地受这种爱的支配。然而，失去的感受却如此真实，这种悲伤强烈而痛苦。还有一个事实：除了他们自己，没有别人能够感受到这种失落。所以孩子要独自承受这种感觉，并陷入情绪混乱之中。现在，他对自己产生疑问：

我对父母究竟有多大价值？在寻找这个问题的答案时，孩子会表现出许多不同的行为。有一些大孩子会变得非常黏人，向父母寻求密集的关注、照顾和联系，作为其价值感的保证。另外一些大孩子会变得具有攻击性。一方面，他们通过打人、踢人以及／或者骂人的方式来划定自己的界限（如上所述），从而明确表示出"这个多余的小孩应该离开"，以确保其安全感——"这是我的妈妈"。这往往同时也满足了自己对建立联系的渴望，因为在拳打脚踢中也包含着"你好，妈妈，你看到我了吗？"这个信息。仅仅是这一认识就能让父母松口气，帮助他们改变观点，对自己的孩子产生同情心。

让我们再借助冰山模型，仔细观察一下孩子的攻击行为：

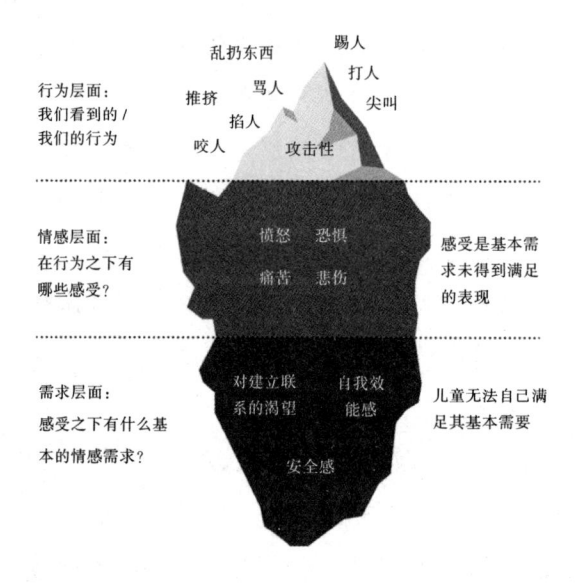

行为层面：
我们看到的／
我们的行为

乱扔东西　踢人
推挤　骂人　打人
掐人　尖叫
咬人　攻击性

情感层面：
在行为之下有
哪些感受？

愤怒　恐惧
痛苦　悲伤

感受是基本需求未得到满足的表现

需求层面：
感受之下有什么基本的情感需求？

对建立联系的渴望　自我效能感
安全感

儿童无法自己满足其基本需要

更好地理解攻击性（卡特琳娜·萨尔弗兰克的冰山模型）

第 4 章
孩子的情绪地图

请记住：激发行为的感受从来都不是只有一种。总是有各种各样的情绪混杂在一起。通常情况下，愤怒的感觉只是鸡尾酒的泡沫而已，而这杯混合物作为一个整体往往是另外一回事。

攻击性的情感鸡尾酒——一杯苦涩的混合物

你的孩子对愤怒的明显反应——攻击性——是用悲伤、痛苦、愤怒和恐惧调制成的情绪鸡尾酒，以及被没有价值的感受驱动的。

孩子通过攻击性行为让你知道他内心的想法。这种行为是一种信号，你的孩子正在发送以下信息：

● 我和/或我所处的环境一定有什么地方不对。

● 我不知道那是什么，更重要的是，我不知道该如何用语言来形容它。

● 所以我请求你：看看我，转向我，关注我。问问我，到底是什么原因让我如此愤怒，和我一起探索，请帮助我。

我们成年人对攻击性行为的评判（在冰山上层）——"你不能这样做，你不是这样的人！"——对孩子来说完全没有帮助，因为这种评价没有提供任何新的建设性的解决方案以及替代性的应对策略。

因此，我们必须感知并学会"阅读"孩子的情感表达，不要从我们的角度出发，用攻击、训斥、惩罚或家长式的指令来回应，而是要将我们对孩子的爱转化为充满爱的行动。

我们可以询问孩子：

- 你这是怎么了？
- 是什么让你如此愤怒？
- 你需要我做什么？
- 有什么我可以做的吗？

我们要认真对待我们的孩子，并理解他们的攻击性行为实际上是一种情感需求的表达。我们可以尝试感同身受地体会他们的感受，不要对行为进行评判，而是感知孩子潜在的需求，解读其传递的信号，帮助他们调节强烈的情绪，并在互相尊重的沟通中为他们指出替代性的行动方案（比如，我们在与孩子的沟通中，用语言表达出他们的愤怒，甚至可以用跺脚的方式陪着他们一起愤怒；对孩子的愤怒感同身受，并用适当和生动的表达向他们展示，该如何表明自己的愤怒）。

如果攻击性被压抑

情绪发展的目标之一，是可以处理和调节不愉快的感觉，也就是所谓的"负面"情绪。三种基本的负面情绪是愤怒、恐惧和痛苦。

攻击性是对感受到的痛苦、愤怒以及/或者恐惧的反应。人们有能

第4章
孩子的情绪地图

力处理自己不愉快的感受,并相应地消化和调节它们。要做到这一点,我们需要有机会来表达自己。如果攻击性行为被禁止,那么孩子就必须压抑自己的感情。然而,这并不能消解这些感受,相反,它们不断积累,然后在某一时刻变得不堪重负。这样就形成了一种内在的压力。

这三种基本的负面情绪作用于一个系统,在这个系统中,水被均匀地泵入管道,然后从三个不同的喷嘴中流出。然而,如果一个喷嘴被堵塞或者关闭了,压力就会转移,水就会从其余两个喷嘴喷出,势头就会更加猛烈。例如,如果痛苦被抑制,愤怒和恐惧就会变得势不可挡。如果愤怒被压制,恐惧和痛苦就会压倒一切。

这种机制会作为症状表现出来,如果不加以重视,往往会导致成年后的疾病,比如,抑郁症、焦虑症、倦怠和人际关系问题等。这就是为什么我们要支持孩子的情绪发展,并帮助他们了解自己不愉快的感受,这一点非常重要。在我们的帮助下,他们就能学会调节自己的负面情绪。

共同调节是什么意思?它是如何运作的?

在生命的最初几年中,孩子与他们最重要的照顾者的神经系统结合得非常紧密,并依赖于共同调节。这是因为,婴幼儿的自主神经系统尚未完全发育,他们还不能在兴奋和压力状态下进行自我调节。因此,他们需要外界的帮助和支持来进行调节。因此,如果你自己处于高度兴奋状态,你的孩子就更难平静下来。孩子需要照顾者能够在他们高度兴奋的状态(恐惧、痛苦、悲伤、愤怒、喜悦)下帮助他们共同调节,创造一个平静的氛围,并提供支持、安全和保障。

共同调节意味着,孩子在这个过程中了解并学习驾驭自己的系统,并能随着时间的推移承担越来越多的责任。在某些时候，他们会自己坐在"方向盘"前，所有的仪器都很容易接触到，即使没有太多的经验也可以操作。这时，父母或多或少地扮演着"情绪教练"的角色，或者作为孩子的"驾驶教练"，保护孩子不要"撞到树上"，不要发生重大的"情感事故"。他们可以提前发现危险路段，或者在孩子"打滑"的时候帮助他们再次让一切都平静下来。随着孩子的成长，父母甚至可以与孩子一起为通过下一个"弯道"制定新的策略。

与油门和刹车类似，我们的自主神经系统也由两部分组成，它们彼此之间处于动态的相互作用中：兴奋状态（油门）和平静-休息状态（刹车）。

1. 油门 / 交感神经系统（系统中的高度兴奋状态）

交感神经为系统带来能量。我们需要它来获得快乐、好奇心、欲望、力量、爱情，等等。

2. 刹车 / 副交感神经系统（平静-休息状态）

副交感神经系统控制着能量水平。我们需要它来休息、放松、内省、集中注意力，等等。

神经系统基本上处于一个持续的调节过程。只有当两个"对手"之间的调配剂量更加精细时，调节才能取得有效而丰富的成果。这就是为什么我们有必要在孩子走向成熟神经系统的道路上帮助他们进行共同调节。这意味着，我们不会让正在全速行驶（即处于高度亢奋状态中）的孩子独自驾驶，而是通过镜像机制、为内心状态命名等方式，帮助他们"操控"系统，让高速运转的系统减速，并给出风险评估和安全建议。通过这种方式，我们为孩子提供他们目前无法说出和整理的方方面面的信息。与此同时，这种共同调节的形式也自动为大脑中负责平静和休息的区域带来了积极的影响。共同调节的目的，并不是让孩

第4章
孩子的情绪地图

子立刻安静下来,而是不让他们独自面对自己高度兴奋的状态。此外,在他们内心的紧急状态下,这种形式的联系能够为他们带来安全感(我并不孤单,我不是一个人),对全局进行概览并指明方向。这是因为,不透明的过程被赋予了一种语言,高速运转的过程被放缓,孩子还无法掌控的东西变得切实可见了。

通过这种方式,孩子(随着大脑日益成熟)也可以自己制定策略,更独立地控制他们的系统。学习自我调节是一个长期的过程,贯穿孩子的整个童年时期直到成年,在此期间孩子要能够一次又一次地(尽可能多)获得控制自己情绪的良好经验。

有趣的是

顺便说一下,儿童需要整个童年时期来进行这种发展,以便能够在成年后进行自我调节。

而成年人也需要共同调节。什么时候需要呢?设想一下,如果发生了一些糟糕的事情,你会给谁打电话?是你的伴侣,还是其他你信任的、能够为你带来安慰、可以安抚你的人?

拥抱和身体接触对共同调节很有帮助。当我们拥抱某人时,这种接触刺激了皮肤上的压力感受器,这些感受器立即向迷走神经发送信号,而迷走神经作为副交感神经系统的一部分,负责我们神经系统的平静。正如我们之前提到的,副交感神经系统会在受到压力情况下调节我们的身体功能,就像一个天然的"手刹",确保我们身体的压力反应不会变得太强烈。这个效果立竿见影,因为迷走神经与调节关键身体功

能的各种神经纤维直接相连。拥抱带来的身体反应使升高的血压降低以及加速的心跳减缓。因此，在有压力的情况下，拥抱可以成为一种见效极快的"特效药"，帮助你迅速放松下来。

练习：与你的伴侣进行有意识的共同调节

和你的伴侣一起，找到一个舒适的地方（沙发或舒适的角落）：你们一前一后地坐着，也就是说，你的伴侣坐在你身后，你的背靠在他的胸部/上半身上，这样一来，你的身体就会完全被你伴侣的身体所包围，你们的上半身和腿互相接触。

这个练习，是让你有意识地感受自己被抱住的感觉，同时仔细观察。在练习中，你可以稍微移动，调整你的姿势，但是，要在上面描述的这个姿势上保持一段时间。观察你自己和你的身体，试着完全放松下来，感受你的伴侣的拥抱。尝试让自己越来越多地沉浸在与伴侣的接触中。注意你的呼吸，想象在你呼气的同时，你的身体越来越放松地靠向你伴侣的身体，靠得越来越紧，越来越重。感受被抱着时，你可以完全放松，没有任何事情要做的感觉。这可能会成为你和你的伴侣之间非常动人的时刻。感知它，允许自己感动。同时感受一下，你在什么位置感受到了紧张。有意识地在那里呼吸，并完全释放出来。保持这种姿势或者拥抱至少20分钟。你们也可以交换位置，然后聊一聊自己的感受。

因此，我们如何陪伴我们的孩子，才是决定性的。重要的是，我们要明确这样一个事实：孩子的年纪越小，就越依赖于我们家长的神经系统。这意味着，我们不仅可以通过声音、语言、手势、镜像机制进

第4章
孩子的情绪地图

行调节，还可以利用自己的神经系统帮助孩子的系统平静下来，从而实现共同调节的目的（例如，和他们一起呼吸，让自己处于一种特别平和的状态）。

下一页的几幅插图展示了不同的脑部发育状态（调节系统处于成熟和不成熟状态），并再次说明了共同调节的过程：

当父母自己变得愤怒，被汹涌的情绪淹没时，可以说是重新陷入了一种不成熟和不受控制的状态，这时大脑的图像与孩子的一致。不同的是，孩子处于这种失控状态只是因为其所处的发育阶段的关系，而成年人已经拥有一个成熟的神经系统，只是这个系统陷入了调节失灵的状态。这意味着成年人从脑部发育的角度来说，有能力进行自我调节，而孩子则不然。他们依赖于成年人和共同调节。

当父母处于高度亢奋状态时，与认知的联系就会中断。在这种状态下，由于情绪的泛滥，父母无法进入到储存着知识的理性和认知的领域。因此，有意义、有目标的共同调节就不会发生，重归平静也无从谈起。要恢复与认知的联系，我们就必须激活"离合器"，也就是呼吸。呼吸激活了迷走神经，有助于我们平静下来，让诉诸认知成为可能。提醒自己使用 U 盘：中断、自我联系和运动是让自己恢复正常的"法宝"。而启动程序，要从呼吸开始。

因此，至关重要的是，我们要帮助我们的孩子进行共同调节，好好陪伴他们的各种感受。

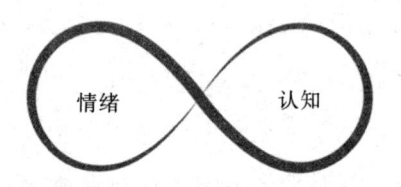

处于控制状态下的成熟调节系统（成年人）

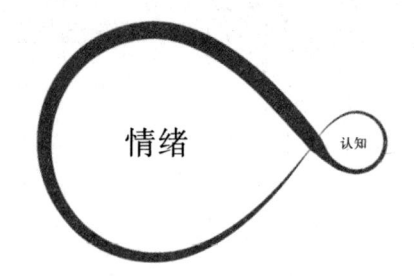

情绪　认知

处于成长发育状态下的未成熟调节系统

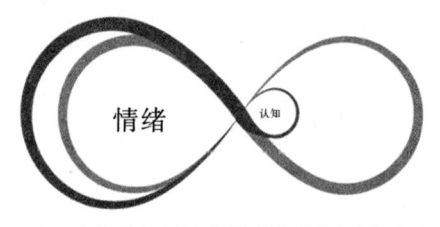

情绪　认知

处于失控状态下的成熟调节系统（成年人）

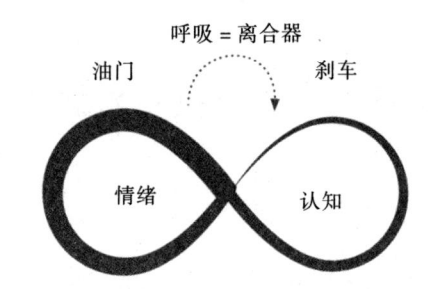

呼吸 = 离合器
油门　刹车
情绪　认知

交感神经系统和副交感神经系统的相互作用

第4章
孩子的情绪地图

□ 你的孩子是如何表达愤怒的？通过哪些迹象你可以判断他们正从生气变成愤怒？仔细想想这个转变过程，并用笔将你想到的特征记录下来。你如何判断你的孩子感到害怕？当你的孩子害怕时，他/她会做些什么？你的孩子是如何表达悲伤和痛苦的？你是怎么注意到你的孩子需要安慰和安全感的？

具有长期效用的情绪维生素药丸

"情绪维生素药丸"就是我们可以用语言表达出来的、建立联系的姿态和促进关系的时刻。请务必让孩子听到：

- 当他们在幼儿园、学校或与爷爷、奶奶在一起时，我们很想念他们。
- 我们很高兴他们在我们身旁（没有特别的原因），只因他们原本的样子，只因他们对我们很重要。
- 我们特别喜欢现在一起做的事情，尤其是和他们一起。
- 我们爱他们，他们说的每句话对我们来说都有分量和意义。

为了恢复平衡，你所能做的就是对你的孩子心存感激，让他/她时时刻刻都能真实而强烈地感受到这一点。

改变视角

想象一下，你在工作中缺乏安全感。另一位同事似乎一直都更加成功，而且更受欢迎。你因此感到有些不舒服，觉得自己的工作做得不那么好，因此没有价值、不重要。如果你有一个可以和你交谈的主管，或者他/她能够自己发现你的不适，那该多好！

> 在接下来的几周里，他/她会明确地向你发出信号，表明他/她重视你的工作，并让你深入地参与其中。
>
> 　　关键是，你的孩子要感受到，他/她对你来说是有价值的。
>
> 　　在日常生活中，你的孩子如何察觉到他/她对你来说是有价值的？让你和孩子的日常生活像电影一样在你的脑海中播放，并且换个角度——你是孩子，而孩子作为你的妈妈/爸爸——这样来度过一天。在日常生活中，你会从哪里接收到负面的、贬低性的信息？不需要评价，只是去观察。在接下来的日子里，当你与孩子的接触时，注意将这些信息转化为"情绪维生素药丸"。

　　你可以在与孩子相处的一天中，不断分发具有长期效用的"情绪维生素药丸"。这些就是你有意识地创造的或小或大的积极亲密时刻，以及让孩子感觉良好的有益信息。"情绪维生素药丸"的作用是多方面的。它对你们的关系有直接和长期的影响：它可以强化孩子的自我，让他们发自内心地相信自己的价值，以及巩固充分、良好的自信心和满足感——我现在这样就很棒。"情绪维生素药丸"可以是一句话，也可以是一个眼神，或是身体接触：

话语：
- "你在这里，我好高兴呀。"
- "我认为我们合作得非常棒。"
- "我们相互拥有对方，真好。"

眼神：
- 慈爱地看着

- 对互动颇感兴趣的眼神

身体接触：
- 牵手
- 抚摸孩子的头、背部，等等

手势：
对请求做出回应，并主动表示，例如：
- 牵起孩子的手
- 帮忙整理
- 帮助孩子换衣服（不是因为孩子不能自己做，而是因为产生身体接触是很美好的体验）

☐ 你的孩子最需要哪种私人定制的具有长期效用的"情感维生素药丸"？哪些是有效的，哪些是效果特别好的呢？注意：如果我们在冲突情况下惩罚了孩子，那么药丸就会失去效果。

亲密时刻

今天至少要给你的孩子 15 分钟全神贯注的注意力！

☐ 现在，我还有一个非常特别的问题：你怎么能看出你的孩子是快乐的？你如何确定他/她处于喜悦和兴奋之中？回忆一下（如果你愿意的话，可以详细地回忆一下）这样的情况。

第5章

更好地理解自己

第5章
更好地理解自己

当孩子出现在我们的生活中时，我们突然之间要对一个新的生命负责。这是一个特别的挑战，也为我们自己的进一步成长提供了契机。许多父母都抓住了这个机会，现在你也来到这里，在通往你自己的旅途中。为人父母的奇妙之处在于，通过我们的孩子，我们有机会重新接触和面对自己早期受到的伤害，而不是不加思考地将这种伤害传递下去。早年的被拒绝、经历过的失望、对自己不够优秀而感到的羞愧和悲伤，以及觉得自己不被重视和欣赏的感觉，都给我们的童年留下了情感上的创伤，并且被我们一直带到了今天。虽然这些事情已经过去很久了，但是，伤口有时仍会让人痛不欲生，仿佛这些经历就发生在昨天。如果我们不正视这些伤口，如果我们不把自己从过去的事情中解脱出来，那它永远也不会愈合。最迟当我们有自己的孩子，他们在情感上依赖我们时，解决这个问题就是必要的了。因为我们童年时期所有痛苦的经历，都使我们更容易将自己的痛苦传递出去，从而再次伤害别人，而且往往首当其冲的是我们爱的人。因为感情让我们在最真实的意义上受到了个人的影响；因为我们会把自己的痛苦带入一段感情之中，而不是直面真实的伤口，让它愈合。

所以，我们有机会通过我们的孩子来审视自己，剖析自己的内心，更好地理解自己，继续成长。对很多人来说，处理个人发展问题的动机是人生危机或深刻的内心冲突；而对你来说，内心成长的契机是你的孩子，以及为人父母的身份。因为你的孩子把你带出了自己的舒适区，让你重新回到自己的依恋和关系模式中。孩子想知道你的立场，你的想法和感受，想知道你是谁，为什么会这样采取行动，怎么处理问题。你的孩子在"寻找"你，所以你要先他一步，踏上寻找自己的道路。严格地说，是我们的孩子逼迫我们——当然是以充满爱意且独一无二的方式——面对自己，以及之前无意识的思维和行为模式。

这场探索之旅的主要目的，首先是让潜意识发生的过程变得有意识，并建立起新的联系。因为我们所有的行为，都与我们所经历的和与之相关的情感相连。而每一种经历又与大脑中的某种情绪有关。这种情绪被储存起来，和某种特定的行为模式结合到了一起。一旦我们进入一种与这种经历相对应或者接近的情境，与之相关的情绪就会被召唤出来，然后与这些情绪相连的反应和行动模式就会再度运行。在我们成为父母后，这种情况往往会不自觉地发生。因此，在我们前进的道路上，有必要首先回顾一下过去。不要被过去"困住"，而是要理解我们从哪里来，深入地、批判性地分析我们以前的信念、观点、思维以及行为模式。这不仅仅涉及从认知上改变我们的视角以及观点，而且最重要的是能够（重新）找到通往自己情感的通道，（重新）建立情感、认知与身体之间的纽带。换句话说，也就是理解自己的模式，去"重新感受"，并在身体中锚定这些过程。

我们已经获得了相当多的见解，学习了许多理论性的知识。我们不能只是纸上谈兵，仅有理论知识并不能使我们取得任何成就。的确，掌握这些知识可以帮助我们将无意识过程带入意识之中，然而，真正可持续的变化和成长主要来自自己和他人的（新的）经历与体验。因此，我希望你在下面的旅途中，不仅仅要阅读我对各种问题的思考，更要参与到练习中来。在这个过程中，我们要直面自己内心的矛盾，质疑自己，从而更好地了解自己。并且，我们要结束自己内心的斗争，与自己和解，和过去的一切和平相处。在这里，我也想再次强调，在日常生活中定期进行呼吸练习是一件值得长期坚持的事情。下面这个呼吸练习，能够帮助你重新建立与自己的联系，汲取力量并且放松下来。

第5章
更好地理解自己

呼吸练习

第1步：找到一个舒适的地方坐下来，调整好一个能够保持一段时间的舒适坐姿。

第2步：深深地吸气，再深深地呼出。这样做两次，找到适合自己的节奏。从第三次开始，伴随着呼吸在脑海中告诉自己：放手。吸气的时候想"放"，呼气的时候想"手"。

第3步：保持这个节奏，多久都可以，记得让你的呼吸流动起来。试着在呼气时，让体内所有的紧张感一并流出。

为了能够建立起有意义又完满的关系，你需要首先与自己保持良好的连接。因此，我们现在将踏上通往自我的道路。因为，如果你想有意识地、长期地"摆脱"旧模式，只能通过你自己的内部程序和内心工作来实现，在这个过程中，重点在于你自己。我们的目标是，在这里与你一起启动和经历内部程序，通过自我反省和内心运动获取新的视角，从而将不同的行为模式和行动与新的感受联系起来。

亲密时刻

今天要好好地关注你自己。用一件你乐于享受的、能帮助你与自己重新建立联系的小事来犒劳自己。

☐ 你想到了什么小事？你对它们有什么感受？你认为什么比较容易实现，什么比较难实现？

生儿育女，为人父母——通向自己的旅程

我们并非生来就是父母，然而我们成为父母所需要的一切是与生俱来的。为了能够在当下，在此时此刻自由而充实地生活，我们首先需要回顾、审视一下自己的过去。解读过去，放下往事，怀着爱观察自己，与自己和解，与他人和解，从而找回内心的平静。如果你愿意放下昨天，活在今天，新的关系就可以在此时此地取得成功。

> **改变视角**
>
> 你无法改变你的过去，但你可以改变对它的想法和感受，使它不再决定你的现在。也就是说，你可以改变你的视角，重新审视你的过去，以不同的方式评判它，用对过去的新看法影响你的现在，改变你的未来。

我们知道，对孩子来说，感受会激发他们的行为。这主要是因为，受到成长发育的限制，儿童和青少年的行为主要依赖于他们的情绪，而他们的认知领域还在逐步发育中。我们已经借助冰山模型详细研究了这一点。

但是，你的情况如何呢？作为成年人，你的情感和身体发育早已完成。那么，究竟是什么激励着你的行为？

你可以用以下方式解释你的行为：

1. 作为一种习得的思想和行为模式的标志，该模式作用于你的情感层面。

第 5 章
更好地理解自己

2. 作为习得的调节策略的结果。

3. 作为基本情感需求未得到满足的信号。

也就是说，你的表现和行动（冰山上层）为你的内心活动提供了线索。

> **改变视角**
>
> 同时，也要将你的行动和需求联系起来看，从而了解自己内心出现了什么紧急状况。所以，根据在冰山上层中表现出的行为，我们值得对自己的行动策略提出质疑。

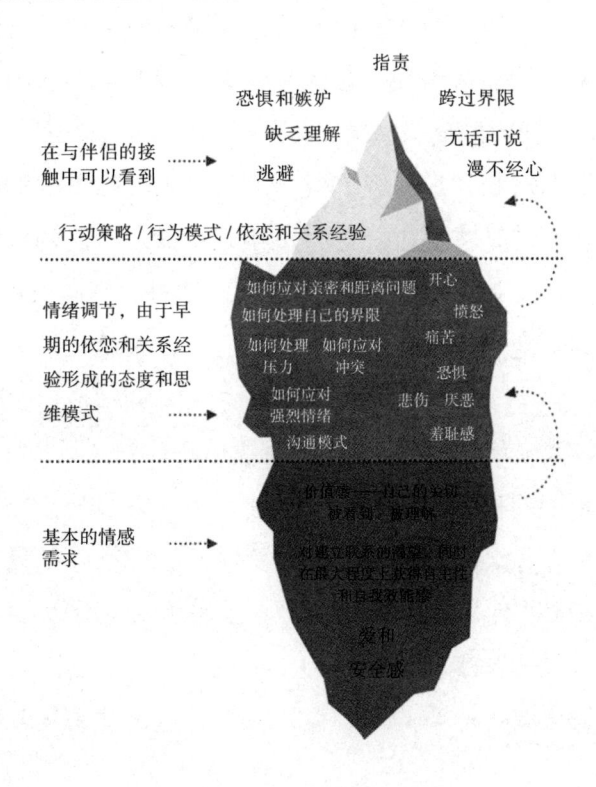

冰山图：

- 在与伴侣的接触中可以看到：
  - 指责
  - 恐惧和嫉妒
  - 跨过界限
  - 缺乏理解
  - 无话可说
  - 逃避
  - 漫不经心

- 行动策略 / 行为模式 / 依恋和关系经验

- 情绪调节，由于早期的依恋和关系经验形成的态度和思维模式：
  - 如何应对亲密和距离问题
  - 如何处理自己的界限
  - 如何处理压力
  - 如何应对冲突
  - 如何应对强烈情绪
  - 沟通模式
  - 开心
  - 愤怒
  - 痛苦
  - 恐惧
  - 悲伤
  - 厌恶
  - 羞耻感

- 基本的情感需求：
  - 价值感——自己的东西被看到、被理解
  - 对建立联系的渴望、到在最大程度上获得自主控制和自我效能感
  - 爱和安全感

☐ 冰山模型：更好地理解成年人的行为

1. 行为是后天习得的思想、行动的模式的标准
2. 行为是后天习得的调节策略的结果
3. 行为是基本情感需求的体现
4. 行为是实现策略的一种表达方式
5. 成年人也会以这种方式表示情感上的"紧急情况"

首先，你的行为是你为满足自己的基本需求而采取的各种策略的表现，例如为了满足情感安全。因此，即使作为一个成年人，你也会争取获得价值感，也会为了自己关心的事情被听到、被看到、被理解而努力。如果我们在童年经历过这种缺乏，没有学会从内心感受自己的价值，那么当我们的孩子似乎在对此提出质疑时，比如，在他们"不听我们的话"的时候，那么我们就会陷入巨大的痛苦。然而，孩子并不负责满足我们的基本需求。作为成年人，满足自己的情感需求，让自己感到有价值以及被认可，都是你自己的责任，你应该对自己负责。而孩子则不同。他们还没有能力对自己负责，因此只能依靠父母来营造这种氛围。

此外，渴望与人建立联系，努力追求自我效能感，这些都可以通过你在人际关系中的行为表现出来。比如，也许你很难放弃控制权，你总是想要"主宰"一切，但往往每件事情都让你难以承受。或者你注意到，自己很难对别人说"不"，你是不是总想取悦所有人？通常来说，后一种行为模式是基于早期经验的，也就是说，有过因自我意志和划定界限导致失去另外一方的爱的经历。我们遵循着许多各种各样的无

第5章
更好地理解自己

意识行为模式。因此,你的行为方式以及你所使用的行动策略,都指向你自己早期的依恋和关系经历,即如何处理:

- 亲密和距离
- 自身的界限
- 冲突
- 内心的压力
- 强烈的情感

所有这些经历都塑造了我们有意识和无意识的态度、思维模式和交流方式,我们在成年后,依旧在这个框架内行动。

那么,这对我们的冰山模型来说意味着什么呢?我们已经借助冰山模型观察了自己的行动链。通过该行动链我们可以更加清晰地意识到,作为成年人,我们的行为主要是由思维和想法决定的。例如,作为父母,如果你认为自己"做得不够好",那么你就会失去安全感,产生恐惧或是痛苦的感觉,甚至会陷入悲伤。这些感受又会激发你的行动。不幸的是,我们常常把自己想得很糟糕。而我们对自己的看法往往已经深深地刻入我们的内心,成为一种坚定的内心信念。

为什么我们会对自己有如此糟糕的看法?这种感觉是从何而来的呢?如果我们的父母并不怎么喜欢子女,而且也只在一定条件下才给予子女认可,那么我们今天要喜欢自己、接受自己、爱自己,也就不是一件易事了。

这是因为:

- 小时候别人看待我们的方式,就是我们今天看待自己的方式。
- 我们的父母怎样对我们说话,我们今天就会如何与自己对话。
- 我们从父母那里接收到的信息,已经被今天的我们吸收并且深深地内化了。

所以说，我们在儿时遭受的痛苦存在一种惯性。因此我们现在要做的是：察觉并追踪这些想法，转变这些想法，并且为自己找到新的信念。将这些领域整合到一起，作为一个整体来探索是有意义的，审视自己，并回答这个问题：我从哪里来？

从过去出发，重塑未来

现在你有这个机会，从过去的经历中汲取养分，萌发新的生机，并在成长中治愈大大小小的伤痛，甚至是痛苦的、创伤性的回忆。

创伤这个词来自希腊语，意思是"伤害"。在孩子的成长过程中，由于依恋关系持续出现大大小小的断裂，会发生早期的伤害，也就是人们常说的发育性创伤。请不要被这个词吓倒。在创伤治疗中，我们会对所谓的冲击性创伤（一个孤立的事件，如事故）和依恋－发育性创伤（在我们最初的依恋和抚养关系中的早期经历）做出区别。我们在这里讨论的是后者。

对我而言，创伤（在这两种情况下）意味着与他人、与自己以及与自己的感受/情感之间的联系中断了。这种中断发生的原因是，当神经系统受到过度刺激时，虽然我们可以启用定位、逃跑、战斗以及急冻等自然反应模式，却无法完全执行，或只能部分实现。并不是早期关系中的所有创伤性事件都必然会导致依恋和发育层面的创伤。也就是说，并不是每一次依恋关系破裂的经历都会不可避免地导致我们受到长期的创伤性影响。从这个意义上说，创伤是由过载引起的，特别是在被压垮的那一刻，我们没有足够的资源来适当地应对和处理后

第5章
更好地理解自己

续问题。如果身体长期没有收到信号，就表明导致过载的事件已经结束了，那么相应的创伤性反应就会产生。也就是说，过载状态不会自动缓解，所以压力系统也不会关闭，而仍然保持在一种压力时刻下内心高度亢奋的状态中。因此，系统无法再度恢复正常并重回放松的状态。造成创伤的原因不一定是严重的事件。即使是不太严重的事件也会导致这种形式的创伤，特别是如果孩子经常有这种经历的话。不是只有威胁到生命或暴力的早期经历，才会在我们身上留下深刻的印记。

书写你的人生经历——一个开端

现在我们要做的是，用新的眼光看待你自己和你的过去。研究自己和自己的过去有时并不是件容易的事。因此我想邀请你，为自己写一部传记，记录你个人的生命历程，给你的人生一个概述，也为你的人生指出方向。你的传记不仅仅是你的履历，也涵盖你的整个人生的故事，包括你的态度和价值观，以及你赋予某些事情什么样的意义。

我们的人生经历由许多小故事构成。传记创作的一个目的，就是梳理这些故事，对它们进行反思，并更好地理解其中的联系。因此，回顾我们的传记可以为现在和未来提供重要的启发。我们的目标是增强自己的能力，更好地理解事件之间的关系并整合事件。追溯自己的生命轨迹是更好地了解自己的一个绝佳方法。通过这种方式，你可以反思自己的过去，重新理解和评价你的个人经历，还可以筛选出迄今为止激励过你的因素以及你在哪些方面做得特别成功。

练习：概览自己的生命线

第1步：你需要一张大约1.5米长的纸。你可以使用绘画的长卷纸，也可以用烘焙烤盘纸。

第2步：将纸横放在你的面前，在纸的中间画一条长长的水平线。这就是你的生命线（从出生到现在）。

第3步：现在，在你生命线的起点处画一条垂直线，从纸的顶部（正）到底部（负），这样就形成了一个轴。你可以将快乐的感受（积极的感受在上方）和不愉快的感受（消极的感受在下方）标在生命线上，从而将生命线上的事件分为情绪上压抑的或者情绪上美妙的两种。

第4步：接下来，在这条水平的生命线上写下你能想到的，从你出生到现在发生在你身上的所有事件。那些曾经塑造过你的，留在你记忆中的，以及对你很重要的事件（无论积极或消极的）。请你注意，在记录事件时一定要考虑到正面和负面两个角度。慢慢来，不着急。

第5步：然后，平静地回顾一切，在回想每个事件时短暂地闭上眼睛。让自己回到那个时刻：你的感觉如何（很好、一般、糟糕）？根据你的记忆／情绪／感受，把每个事件所对应的感觉标记在感受纵轴上。

第6步：现在，将前面横、纵坐标确定的点用线连接起来，形成一条折线。

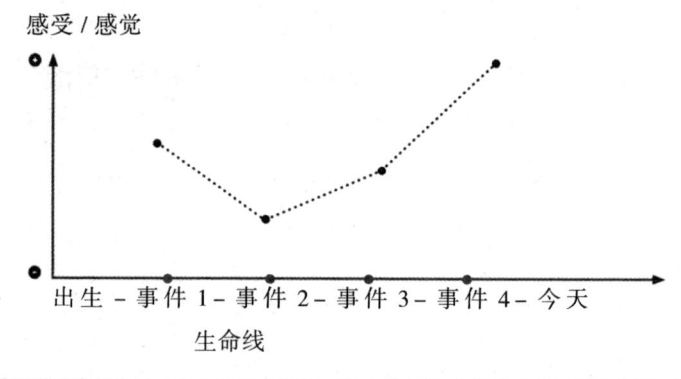

感受／感觉

出生 – 事件1– 事件2– 事件3– 事件4– 今天
生命线

第 5 章
更好地理解自己

> 以下问题旨在帮你解释以及更好地理解自己的生命线。你对此的想法和反思是非常有益和宝贵的。因此,最好用笔将它们记录下来。
>
> 首先来观察一下你的个人生命线。
>
> 你对这项练习的总体感觉如何?你有什么发现?你对自己产生了哪些新的见解?
>
> 你自己的生命线对你有什么样的影响呢?
>
> 接着,在你的生命线上,选择第一个出现的让你感到孤独、寂寞、渺小、害怕以及受伤的事件,记录下来。
>
> 问问自己:在那种情况下,你对自己有什么看法?你对其他人有什么想法?
>
> 请只去觉察你对此事的想法、感受以及感觉,并把它们写下来。记住,当你产生某种强烈情绪时,你可以将这种情绪追溯到身体的感觉的层面上。也许你感觉良好,或者不那么好。一开始,你可以只是静静地体会,将你察觉到的感受/感觉作为一个迹象,表明你发现了一个曾经受过伤害的地方,发现了一个需要关注的伤口。
>
> 现在,选出三个事件:一次积极的经历,一次成功的挑战,一件出色完成的事情。
>
> 你到底是如何克服这些挑战的?
>
> 你的哪些能力、知识,以及性格特点对你的帮助最大?
>
> 你成功地使用了哪种解决方案/应对策略?

通过这个练习,你可以对自己有更多的了解,这可能会让你忙上好一阵子。如果你在做这个练习的时候有机会与别人交换意见,甚至可以和做过这个练习的人交流一下,那就更好了。这个人可以是你的伴侣,或者是一个好朋友,无论是谁都是有帮助的。

再看一眼自己的笔记，然后回顾一下自己的整条生命线，并加以总结：总的来说，你是如何处理困难的事件和棘手的情况的？是什么一直支撑着你继续前进？重新集中注意力，写下对你来说最重要的品质和成功策略。让自己再次认识到，是哪些知识和技能对你有具体的帮助，并将它们"收拾"到你的旅行背包中。这样，它们就会在旅途中一路伴随你，你在任何有需要的时候都可以依靠它们。

自我意像[1]的意义

想要有所改变，我们首先需要做的，就是仔细观察一下目前的情况。因为只有当我们意识到当前的状况时，我们才能动起来，新的事物才会出现——从内到外都能察觉到的新事物。

练习：我的自我意像——一次自我评估

对于以下问题，请在1—10分的区间内给出你的评分。请在纸上或者笔记本上记录下问题和相应的评分：

我有多喜欢自己？

我有多喜欢自己的身体？

作为一位母亲／父亲，我对自己感觉如何？

总体而言，我对自己的生活有多高的满意度？

我与孩子们的关系有多幸福？

成年后，我对自己的人际关系有多高的满意度？

1　自我意像，亦作自我意象或自我映像，为心理学概念，一般用来指一个人内在的图像。它不仅是指能具体被他人观察到的客观事物（身高、体重、头发颜色、性别、智商、成绩等），而且还指通过自身经历或者评价他人而学到的一些事情。简单的定义是：你认为别人怎么看你。（译者注）

第5章
更好地理解自己

　　通过回答这些问题，我们内心的某些想法可能会被激活。你可以每隔一段时间重复这个练习，你会发现你的答案也在不断变化。我们可以进行更深入的自我观察，作为对本练习获得的自省和思考的补充。通过这种方式，你可以在几天内更深入地观察自己，更清楚地意识到自己的感受，比如，你可以在晚上写下你在白天的感受。我想鼓励你在阅读本书的过程中，以及在未来更长的时间内，坚持这样做。它对你的自我认知有很大的帮助。

　　也许你已经能够从你的"自传"中认识到脑海中的画面、发生的事件和过程之间的联系，并注意到了自己的变化。从长远来看，这可以改善你与自己的关系，你与他人的关系，尤其是你与自己孩子的关系也会变得更加紧密。

　　自我意像是你的内在图像。它由几个维度组成，包括你对自己的外在认知、你的想法、你持有的信念以及你的性格组成部分。通常，我们会培养一种自我意像，也就是说，一种我们希望别人如何看待自己的形象。有些人对这种形象的重视和培养，远远超过了对自己真实个性的在意程度，随着时间的推移，他们向外界展示的自己和对自己的真实感受之间就会存在越来越大的差距。

　　我们的自我意像主要是在童年时期，父母与我们的早期接触和互动中形成的。作为孩子，我们在情感上依赖父母。我们对父母高度忠诚，配合父母有意识或无意识的想法和期望。因此，在童年时期，当父母为我们设定期望并对我们进行评价时，我们就形成了一种对自己形象的认知。最初，我们未经检查就采用了这种形象。此外，随着时间的推移，我们也会形成对自己的内在信念。因此，我们为自己塑造的形象在很大程度上影响着我们的行动和行为方式。

孩子需要来自父母的镜映[1]和良好的情感信息。感受一下，你是否收到过这些信息，如果收到了，是以什么形式收到的：

- 你现在的样子就很好。
- 你永远被爱着。
- 你是受欢迎的。
- 你所带来的一切都得到了认可。
- 我看到了真实的你，并且爱你。
- 你被爱只是因为你是你，而不是因为你取得了何种成绩。

每个人都有基本的情感需求，关于这一点我们已经研究过了。在旅程的第一阶段，我们提到过"需求玻璃杯"这个概念，现在我们可以为每一种基本的情感需求都想象出一个需求玻璃杯，比如，亲密感、归属感、价值感、认同感，等等。

在每一种良好的关系中，我们都能看到上述意义中的情感信息，需求玻璃杯也会被从满足感中涌出的泉水灌满。因此，相应的需求得到了满足，例如，通过获得关注，通过一个拥抱和身体接触，通过一个表示爱意的手势或者来自亲近的人的善意、赞赏的话语。简而言之，我们的情感需求玻璃杯是通过与他人的依恋关系来填充和滋养的。如此一来，良好的、深深扎根的自我价值就会出现。当这些玻璃杯被尽力装满的时候，一个真正良好的循环就能够被建立起来，作为成年人的我们就可以用出色的策略寻找相应的"水源"。

---

[1] 镜映，指"在镜子里映出的个人形象"。例如，对于婴儿来说，会通过母亲的反应判断自己的行为正确与否，从母亲眼中寻找"我是谁"，此时，母亲就像一面镜子一样。（译者注）

第5章
更好地理解自己

童年的羞辱感塑造了我们成年后的自我意像

然而，如果孩子在其早期需要中遭遇到来自照顾者的拒绝，经历了界限被践踏的情况，或者听到了侮辱性的、让人蒙羞的话语，那么就会产生类似情绪毒药的东西，影响到自我价值。这被称为"有毒的羞耻"。我们已经研究过羞耻感这种情绪，并且发现羞耻感本身是一种非常健康的情绪，作为最重要的社会情绪之一，它让共同生活和社会交往成为可能。然而，这种有毒的羞耻感则没有任何好处，它最终会阻碍孩子与他人或者与自己建立联系。有毒的羞耻感产生于童年时期被拒绝、轻视、蔑视、贬低、羞辱的经历。如果你有这种经历，你就会接收到情感上的毒害信息——你是不值得被爱的。

- 你现在这个样子是不行的。
- 你这样做是错的。
- 你把自己伪装得很好，但要是别人知道……
- 实际上你糟糕极了，坏透了。

这些情感信息对自我价值的发展以及自我意像的塑造产生了很大影响。这样一来，非但没有养成健康的自我价值感，反而产生了强烈的自卑情绪。这样做的后果可能是，为了能够忍受以及补偿内心深处的羞耻感，总是需要人为地抬高自己。这导致了一种软弱、肤浅的自我价值，它依赖于外部世界的反馈，而不是深深扎根于自我。有时，这种虚假的自我抬高也可能以牺牲他人的利益为代价，比如，欺凌、霸凌行为等。

不健康的羞耻感也主要与痛苦和恐惧有关。它给我们的感觉是，我们不能做任何正确的事情，无法弥补或纠正任何事情。因此，留给我们的唯一选择就是退出，成为隐形人。这样一来，我们既不能培养健康的自我价值，也无法发展积极的自我形象。我们会变得没有安全感，总是依赖来自外界的反馈。在咨询工作中我经常遇到这种情况，尤其是母亲们。当我们在谈话中讨论到，她们是否能够回忆起来自原生家庭的拒绝、无视或者贬低这个问题时，通常就能发现问题的端倪。

☐ 花些时间回忆一下你的童年时光。你收到过哪些信息？你的父母是怎样支持你的？你能够回忆起童年时的羞耻感吗？

☐ 改变观点——今天的情况如何：你的羞耻感在当下有什么好处？它能保护你免受什么伤害？羞耻感能够帮你防止什么事情发生？你究竟在害怕什么？

总的来说，我们的自我意像当然会影响到他人，只不过有时会以一种不同于你所希望的方式。有时我们会想知道，为什么我们得到的反应与我们预期中的不同。这意味着，自我意像不再与外在形象相符。

我们会根据如何看待自己以及对自己的想法，解读别人说的话。这就像一副眼镜，我们通过它看这个世界。虽然我们对自己的看法每天都有一点变化，但我们经常带着以自己为主导的形象进入这个世界。而在许多情况下，这也决定了我们如何解读发生在我们身上的事情。

你可能已经注意到了，你在感到不舒服的时候会变得更加敏感，比方说，有人当面批评你时。在你与孩子的相处中也是一样的：当你感觉良好时，耐受力会更高，对孩子也不会那么敏感。与之对应，如果你自己感觉不好，感到压力，情绪紧张，对自己很挑剔，那么你在面对孩子的所作所为时也会变得更加敏感。

取决于你此刻如何看待自己，你也会对周围的世界进行不同的感

第5章
更好地理解自己

知。这就是为什么了解你对自己的看法，继续观察自己的想法是如此重要。因此，在下文中，我邀请你进行自我观察：

☐ 你喜欢自己的哪些方面？你欣赏自己的什么方面（特点，性格特征）？具体来说，你喜欢自己身体的什么方面（特点、身体部位等）？

我们与自己的对话是我们内心振动的传输频率

如果我们在自己的边界不被尊重、被贬低和羞辱的环境中长大，换句话说，如果我们遭受过暴力的对待——无论以何种形式——我们都会对自己形成负面的看法。我们会认为爱与暴力是相融的，认为我们不值得被爱护。要发现并有意识地改变这些早期的负面意识并不容易，因为我们往往对它们有强烈的认同感。这也导致，我们内心的声音不断地从这个角度对自己进行反馈，从而让我们采取相应的行动，进行相应的感受。

☐ 你内心的声音是什么样的？它的基本情绪是什么？你常常告诉自己什么？

如果你内心中有一个声音，总是以不友好的方式和你说话，那么你可以假设，这并不是你真正的内心声音，而是来自别人，比如你的父母。这是另外一个人的声音，只是今天还依旧在你的内心回响，被你当成了自己的声音。可以说，你将别人的声音进行了"声部处理"，然后接管了这个声音，并让它继续别人在你童年时开始的工作。

我们与自己的对话就像是一种传输频率，我们的内心以这个频率振动。在我们的内心中不存在真正的寂静。当我们陷入压力时，也就是当我们感觉到变化、不确定性、恐惧或是怀疑的时候，内心的对话有时会变得异常丑陋。我们会开始破坏和抵制自己。大多数情况下，是这种内心的声音在警告我们，严厉地批评我们，同时贬低我们，甚至可能恶毒地辱骂我们：

- "你又在做些什么？"
- "你为什么这么蠢？"
- "这事怎么能发生在你身上？这本不该发生！"
- "反正你不可以！"
- "别管它了！"
- "你又做错了！"
- "我就知道！又失败了！"

唉！我们内心的批判者有时候甚至会让一些美好的事情都变得令人扫兴起来，这实际上也（不知不觉地）伤害了我们自己。所有这些都对我们自身、我们的心理平衡以及幸福感产生影响。然而，由于这些都是高速运行的无意识过程，我们可能并不明白在自己身上到底发生了什么，以及我们为什么会潜在地感到如此不足和糟糕。仔细观察我们的内心对话，可以帮助我们解决这个问题。

练习：哪些想法决定了你的内心对话？

在日常生活中观察自己：哪三句话，或者哪些想法常常出现在你的内心对话中？你是否对自己非常挑剔？如果你的答案是肯定的，那么你是如何注意到的？你具体会对自己说些什么样的批评性的话？

第5章
更好地理解自己

追踪内心深处的声音

你可以追踪这个内心的声音,在找到它后首先要做的事情就是有意识地把它移回到它的源头——外部。这个声音不是来自你的,而是另外一个人的声音在你内心中成年累月、持续不断的反馈。所以,你可以将它外化,并且要让自己明白:"这不是我的声音!这不是我!"

把你自己从这个旧声音中脱离出来的一个关键步骤是要理解这种对待你的态度是属于别人的,而不是你自己的。你只是不假思索地采取了这种态度。更确切地说,你是被迫接受了这种态度,因为当时的你除了这个镜映之外别无选择。你把别人对你的贬低变成了自己的一部分。

现在对你来说至关重要的是,不要再无意识地追随这个内心声音的"指导",因为你追随这个内在形象的时间越长,有关你自己的负面信念就会锚定得越深。如果你相信自己一文不值,那么你也会以同样的方式对待自己,也会允许别人用这种方式对待你。

当父母的角色被贬低时

这样的模式往往会持续到成年后。我总是遇到这样的家长,他们被自己的父亲、母亲或是公公婆婆(甚至是邻居、朋友)贬低,这些人会对他们提出一些自以为是的建议,说出一些不受欢迎的评论,或是对他们如何抚养孩子发表看法。然后,这些孩子的家长会感到羞愧,觉得被批评、不被认可,并觉得他们必须为自己辩护。我们很难将自己与这种声音隔绝开。为什么会这样呢?因为,正是在这种时刻,我们内心的"旧程序"被激活了。那些本已尘封的感觉又重新在我们体内熊熊燃烧，内心中早年自我反思的声音重新变得响亮起来，这些都为糟糕的想法打开了大门，自我贬低又找回了存在感。我的经验是，父母要制定各种不同的策略来应对这个问题。尤其是母亲，往往会迅速陷入自我贬低的漩涡，内心活动变得活跃，而父亲的主要表现则是退缩和封闭内心。这两种策略都是保护性策略，让我们能够在童年时期承受这种场面，从而"生存"下来。

> **试着找出**
>
> 你小时候的应对策略是什么？现在仍保留了哪些？你是否会对自己产生怀疑并最终陷入自我贬低的泥沼？还是你会将内心"关机"？你要明白：这些策略虽然可能并不健康，却帮你顺利度过了童年时光。然而，在成年人的关系中，它则会阻碍你的发展，已经起不到任何帮助了。所以，和它告别吧，让劳苦功高的它卸甲归田吧。这样你就可以再为自己制定一个新的、健康的方案。

我们中的许多人在小时候经常会产生这种想法：我们有责任让父母感到开心。但这种想法是错误的。每个成年人都要对自己的感受负责，世界上没有一个孩子需要为成年人的感受负责。现在你明白了这一点，那么就请你帮助孩子，让他们也意识到自己不需要对父母的情绪负责。

即使是在成年人的人际交往中，你也不需要对别人的想法和感受负责，不需要努力让自己周围的一切都和谐共处。所以，请允许自己换一个视角，意识到没有什么是你必须要做的。需要对你的感受负责的，只有你自己，而不是别人。同时，也不要允许别人把责任转嫁给你。你要记住：你不必继续倾听和忍受。你要做的是爱自己，做好自己，为自己划定边界从而保护自己。为了做到这一点，你必须要利用好刺激与反应之间的空间（关于这一点我们已经详细了解过），这样，你就不会重蹈覆辙，误入歧途，因为这就是之前的程序在你体内运行的方式。

记住你的新"U盘"，它的中断"程序"可以帮助你再一次与自我建立连结。注意到自己的想法，但是不要接受它们，只是让它们从脑海中一闪而过，通过这种方式你可以为自己打破僵局。通过有意识地把注意力转移到自己的身体上，并调整呼吸以及重新定位，回归到与自己的连结中。或者，你可以从这个令人窒息的场景中脱身，给自己喘息的时间，比如，离开这个房间，或者可以改变话题。用语言划定自己的界限，例如，"谢谢，我听到你说的话了"。不要试图为自己辩解，深呼吸，说这一句话就够了，即使这句话听起来让人扫兴。为了活跃气氛，让对话继续，你可以建议说："我们来聊一些别的吧。"

改变视角

如果这种贬低式的沟通与你和你作为父母的角色无关，你会有何反应？如果这场对话与你孩子的福祉无关，而主要是关于另外一个人的呢？他说的都是关于他自己的事情，和你一点关系都没有。花点时间，给这个想法一点空间：你感觉如何？感受自己的内心，注意自己的内心正在发生什么变化。

我的经验是，那些贬低、批评别人的人首先是在贬低、批评自己。也就是说，他是在评价自己的人格和/或自己的价值体系，从而传递出自己的不安全感。批评越是激烈，反馈越是贬损，说出这些话的人的不安全感就越深。如果你能够意识到这一点，便可放心大胆地使用U盘，确保自己的情绪稳定。也许你正好可以借此机会为将来理清头绪：身边需要/必须有哪些人的陪伴。

以下是一些启发，关于你可以为自己的改变做些什么：

● 不要把别人反馈的意见变成你自己的想法。别人的声音不是你的声音。

● 不要不假思索地接收别人的反馈意见，划清自己的界限。

● 仔细思考，你想从谁那里得到反馈，以及究竟为何需要得到这个反馈。

● 从那些真正对你感兴趣，并且乐于与你接触的人那里寻求具体的建议。

● 在日常生活中反复练习"U盘"的使用，这样你就可以在"旧程序"开始运行并伤害到自己之前，有意识地暂停外部世界和你内心活动的进程，保护自己免遭伤害。

● 检查关于你自己的陈述，并始终对别人说话的动机保持质疑。

● 通过不断给自己输入好的想法（例如，肯定自己），对自己内心的声音长期地进行"重新编程"，这样你就可以在自己的内心深处锚定好重要的积极信息。

● 要每天多对自己微笑，哪怕是在内心微笑也可以。

● 对自己要更有耐心。

●（重新）学会对自己友善、有爱、仁慈。

第5章
更好地理解自己

培养自我同情

自我同情,也叫作自悯,意味着与自己建立联系,而不是和自己的感受脱离。意味着,你能够对自己、对自己的行为以及由此导致的后果产生共鸣。意味着,同情自己,仁慈地对待自己以及看待那些不太顺利的事情。意味着,肯定自己的痛苦,以及与此相关的感觉,比如悲伤和恐惧。

通常,我们已经形成了一种无意识的策略:通过为自己的行为找一些认知上的解释或者诿过于人的方式来预防疼痛。自我同情,是从头脑到心灵都向情感敞开大门,去感受那里的一切。我们往往会逃避这么做,逃避面对行为在情感层面(冰山中层)带来的后果,更愿意活跃在行为层面(冰山上层)上忙于评价判断。这是因为,痛苦在情感层面等着我们,而这种痛楚往往又是如此巨大,令人惧怕,所以我们会竭尽所能地否认它、把它推开,不去理会它。然而,自我同情则需要我们感知痛苦,承认痛苦,并以仁慈有爱的方式对待自己的痛苦。

是的,这是一个过程,也有可能是一个令人痛苦的过程。但这是值得的,因为你打开了自己的心扉,与内心深处之前必须被割裂的部分重新连结到了一起。一旦你获得了一种对自己的同情、同理心,或者在这个过程中对自己小时候的经历产生了共鸣,你就可以(重新)与自己建立起内在的联系。

□ **自我同情**

自我同情会触发两个重要的过程,对你和你的人际关系来说可能是突破性的:

● 你开始感受到自己在童年时不得不压抑多年的痛苦（也就是早期且通常情况下长期压抑的痛苦），它们被你的大脑或多或少地"屏蔽"了（这是一种很好的心理保护机制）。

● 通过这种方式，你将能够更全面、更深入地（重新）感知情感。你不仅会对自己以及自己所经历的事情产生共鸣，也将能够越来越充满同情心地在情感层面上向你的孩子敞开心扉。你会变得更加通情达理，从而可以与你的孩子建立一种全新的联系，并为自己发现新的行动备选方案。

这里发生的过程实际上是我们自我的一部分——也就是被常年"切断"而与我们隔绝多年的、能够产生同情心和同理心的那部分区域——被（重新）整合、连接起来的过程。因此，我们（重新）铺设起来一条通往情感层面的道路，再次建立起了联系，并在那里找回了过去被分裂开的感情。

通过培养自我同情，你可以开始更慈爱地看待自己，接受自己的所有缺点、瑕疵、棱角，接受真实的自己。

下面的这个镜子练习，能够帮助你（再次）培养对自己的积极情绪，并且激活自我同情心。它也适用于为"我们有多喜欢自己"这个问题寻找答案。这听起来有些无关痛痒，但实际上却大有益处。在短短几分钟内，这个练习就能够给我们提供关于我们如何看待自己、我们如何对待自己以及在自爱这个话题上我们的立场等信息。耐心地按照步骤进行这项练习。同样，将自己的答案记录下来会非常有帮助。

镜子练习：学会充满爱意地看待自己

第1步：花一些时间，看着镜子中的自己。认真地观察自己，就像在和一个你爱的人见面。你看到了什么？你是如何看待自己的？是好奇的、坦率的，还是更倾向于怀疑的、审视的？

现在仔细感受一下：你对自己有什么样的感觉？你能从身体中觉察到什么？

可能你并不熟悉如何感知身体的感觉，这里有一些词语也许能够帮助你表达出你觉察到的：刺痛的，快乐的，封闭的，压迫的，麻木的，平静的，温柔的，颤抖的，紧张的，呼吸急促的，温柔的，连接的，颤抖的，强大的。

请持续进行这种练习，直到你觉得自己可以迈出下一步了。

第2步：照着镜子，用亲切、慈爱的眼光看着自己，与自己进行眼神交流：温柔且饱含爱意地注视着自己的眼睛，并在脑海中叫出自己的名字："×××（你的名字），我喜欢你！"接着对自己说："×××（你的名字），我爱你！"

现在，仔细感受一下刚才在你身上发生了什么。你觉得这样做对你来说有难度吗？你对自己说的这句话有什么意义呢？你能以充满爱和善意的方式对自己说话吗？

你觉察到什么样的情绪？悲伤、羞耻、痛苦，还是快乐和轻松？稍微整理一下你的感受，然后继续感知：你的身体能感觉到什么？你能感觉到胃部的运动吗？你的腿部舒服吗？你的呼吸还顺畅吗？

第3步：再次照着镜子，用友善、慈爱的目光看着自己，与自己进行眼神交流：温柔、充满爱意地看着你自己的眼睛，现在大声对自己说："×××（你的名字），我喜欢你！"接着对自己说："×××（你的名字），我爱你！"现在，和第2步一样，再次仔细感受你身体中发生的变化。

与自己的关系——自己的内心世界

成人的心中承载着许多来自童年时期的关系瞬间。这其中有许多时刻是积极的,能够增强我们的能量。但是,有些却带着早年的伤害,这些伤害直到今天还在影响着我们的人际关系。因为孩子,我们带着童真和童心的那部分自我被触动和激活。这让我们有机会重新审视我们早年的经历,重新参与到我们的故事中。在接下来的内容中,我想同你一起深入地、充满爱意地仔细观察你心中童真的部分。它一直都存在,只是你把它深深地藏在心底。也许它已经很久没有被释放出来了,甚至可能从未被真正释放过。我说的,是你的内在小孩。

内在小孩

"内在小孩"属于一种模板化的思考方式,这个说法通过约翰·布拉德肖、艾瑞卡·乔皮奇以及玛格丽特·保罗等人的书为大众所知。如果用一种简化的方式看待成年人的心理,你会发现在我们身上既存在孩子的部分,又存在成年人的部分。除此之外,我们的心理也分为有意识的层面和无意识的层面。我们的内在小孩"居住"在我们冰山模型中的需求层面上,但是我们能够从情感层面上感知到他的存在,他以一种特殊的方式参与着我们的情感生活。

在我与家长进行咨询的过程中,这个内在(无意识的)部分扮演着重要的角色。每个人的心中都住着一个孩子。这个孩子代表了你潜意识中孩子气的一面,他隐匿在你的灵魂深处,当然更确切地说,是藏在你的大脑中。这个内在小孩承载着你整个童年的体验世界和所有早期的经历。这些可能是美好、快乐的回忆,但是他也储存了你童年

第5章
更好地理解自己

时被压抑的情感、被忽视或未满足的需求。这包括了形形色色的强烈情绪，比如，纵情大笑的喜悦、深不见底的痛苦、幸福、悲伤、痛心、被抛弃的感觉、恐惧和愤怒，等等。我们往往很少，或根本没有意识到自己的内在小孩，或者说我们灵魂的这个部分。然而在日常生活中，我们却一次又一次与他相遇，他不自觉地干扰着作为父母的我们，特别是在我们与孩子产生冲突的时候。

从我的经验来说，母亲往往更容易接受内在小孩这个形象，并且能够没有成见地与心中的他建立起联系；但对于父亲来说，有时候这会需要一些时间，并且父亲更倾向于用认知的途径进入心灵中的这个领域。当然，这只是从我的工作经验中总结出的一种趋势，我也遇到过喜欢更务实的方式的母亲，或者能够立刻找到形象化、情感化理解方式的父亲。我会观察这种倾向性，主要是因为对我来说重要的是，你不会被内在小孩这个形象吓到。相反，我希望你能够带着好奇心和兴趣来做下面的练习。

我们的目的是与自己重新建立起一种可接受的、关怀的关系，在这样做的过程中，进一步实现改变视角的可能。这是一种你与自己的全新关系体验，观察"内心批判者"以及他所带来的观念和信条，并逐渐学会消除他的影响。把"内心批判者"当作一种原始的保护能量，可以帮助你理解这个过程：在你的童年时期，是他保护你免受可能的外部批评的伤害，为你带来了生活中所需要的认可。你身体中的这部分具有一种保护功能，当涉及改变时，也可能会作为"你的守护者"首先发言。

通过与自己的"内在小孩"建立好关系，你便能够更容易地（再次）接触到自己的感受。在日常生活中与大人或小孩发生冲突时，你可以更游刃有余地应对，更迅速敏锐地理清思路——自己身体中的哪些部分正蠢蠢欲动，哪些部分会妨碍你，阻碍事情的顺利解决；总体而言，你会更加得心应手地解决问题。在与内在小孩的合作之中，你会同时拥有一种清晰的双重意识，也就是说，孩子和成年人的意识同时在场；这样，你便有机会再次体验那些遥远的，也许是痛苦的经历，重新消化它们，并将它们融入到自我之中。无意识的东西慢慢浮出水面，快速运行的过程逐渐放缓，从而变得易于理解，变得可以调节。在独处时，好好熟悉自己身上孩子气的部分；在面对孩子时，则要使用自己成熟的那部分。这样，当孩子在成长过程中经历不稳定和不确定的时候，你可以给予他支持和安全感，对他负责，并引导他安全渡过情绪的狂风暴雨。

首先我们要做的是，找到一条通往你内在小孩的途径。为此，我希望你们能够回忆童年。

入门练习（a）：回忆童年

拿出一张纸和一支笔，找一个安静的地方。闭上你的眼睛，认真地回想你的童年：

你的脑海中浮现出了怎样的画面？

你的感觉如何？

你想起了小时候的什么事？

在你的印象中，什么是最美好的？

你什么时候感到过悲伤和孤独，什么时候感到过愤怒？

你是否有过创伤性的经历？

你能想起那些不得不一遍又一遍听到的话吗？

把你能想到的都写下来。

第5章
更好地理解自己

　　另一种生动有趣的方法，是进行一场"关于童年的访谈"或是自问自答。受到心理治疗师西比尔·艾伯特－维特利希的启发，我在为家长提供咨询时也会使用这个练习。我的经验是，通过这种方式让父母双方接近各自的内在小孩，给他们空间，让他们温和地询问，友善地交流彼此内心的画面、回忆、事件、偏爱和感官印象，从而在父母之间建立起有效的联系和深层次的互动。你也可以和你的伴侣一起做这个练习。请给予彼此一些时间（每次访谈大约需要30—45分钟）。

入门练习（b）：关于你的童年的访谈

对自己进行一个简短的书面采访，并在纸上开始记录：
请告诉我：
- 你喜爱的动物
- 你小时候最美好的一次生日
- 你和气球有关的事
- 你最喜欢的一本书／一个故事
- 你与大海的接触或者用沙子垒城堡的经历
- 一件你（不喜欢或者特别喜欢）的衣服
- 你用零花钱购买的一样东西
- 一位对你有积极的影响，并且让你心怀感激的成年人
- 一个你喜爱的电视节目
- 在大自然中你最喜欢什么地方？
- 你最喜欢的糖果／冰激凌是什么口味？
- 你最喜欢的游戏是什么？
- 你小时候喜欢什么样的感官体验？（比如，喜欢把手插入米缸，或是捏橡皮泥。）
- 你小时候对四季的体验是怎样的？

通过这种访谈（或是自问自答，如果你自己做这个练习的话）营造出了一个空间，从而也创造了你与内在小孩接触的可能性，再次靠近你的能量之源和简单快乐的童真体验。

当早期的策略在日常生活中发挥主导作用时

我之前已经提到过，在与孩子的相处中，父母自己的童年经历常常无意识地扮演着重要角色。这是因为，在我们已经成年的身体、思想和感受中，仍然保留着孩提时代的感觉和经历的记忆痕迹。所有这些都储存在我们内心深处。因此，在我们的关系模式中，这种从童年时代带来的结构会显示出来。并且，在某些情景中，作为父母的我们根本无法以成年人的"成熟"方式做出反应，而是被限制在这种结构中。不成熟的行为表现在以下方面：

- 拒绝
- 傲慢
- 辱骂
- 推卸责任
- 尖酸刻薄
- 控制欲
- 被动攻击性
- 独断专行
- 冷嘲热讽
- 让别人感到丢脸
- 过度保护

第 5 章
更好地理解自己

虽然这种"不成熟"以不同形式表现出来,但基本上都可以被解释为逃避性行为或攻击性行为。我们先来看一下攻击性:

蒂莫(5 岁)正在公寓的走廊里玩球。他的妈妈走了过来,拿起球,把它放在了橱柜上。

妈妈:"我告诉过你很多次,不要在公寓里玩球。"

蒂莫:"真是的!妈妈是坏蛋!你抢走了我的球!"

妈妈:"不是这样的。球在柜子上面,只是你够不到罢了。我不是坏蛋。"

蒂莫:"是的,你就是。"

妈妈:"不是。"

蒂莫:"是的,你是!"

妈妈:"不。"

蒂莫:"你就是!"

妈妈:"不,我不是!"

蒂莫用脚踢了踢走廊上的梳妆台:"讨厌的妈妈!"

妈妈翻了个白眼,苦笑着说:"你才讨厌。"

当我们进入到一个使我们处于情绪压力下的情景中时,我们的大脑会直接将童年时期的旧经验调取出来。在这种情绪紧张的情况下,我们有时只能调动自己在 1 到 8 岁左右的年纪学会的感知过滤器[1]和行动

---

1 感知过滤器,即我们看到某一事件的视角。每一个人作为独立的个体,会以不同的方式去观察和收集信息,也会用不同的方式去理解这些信息,也就是说,拥有不同的"过滤器"。这种过滤器影响了我们如何看一件事情、一个物品,甚至能改变我们认为自己看到的是什么。(译者注)

模式，也就是说，我们会"倒向"我们小时候的早期策略。例如，我们在小时候为了吸引别人的注意力而努力奋斗时，就学会了战斗。那么，在上面的例子中，蒂莫的妈妈就像被按下按钮一样，跳进了格斗场，拔出了她的剑，进入了战斗状态。然而，从根本上说，加入这场战斗的并不是一个成年人（蒂莫的妈妈），而是她的内在小孩进入了防御状态。她愤怒地跳了出来，对自己的边界充满担忧，陷入狂热，投身到战斗中，将这场从童年时期就已打响的斗争继续下去。

"当我们感到对他人的担忧大于对自己的担忧时，我们就开始成熟了。"阿尔伯特·爱因斯坦的这句话一针见血地总结了我的观点。在上述情况下，蒂莫的妈妈并没有像一个成年人那样采取行动，而是感觉自己受到了威胁，并（无意识地）使用了童年时期的"自救式"策略。我并不是在贬低这些策略，对我来说重要的是，为你阐明它们的功能，并与你一起探索和了解为什么这些策略在你的小时候是有益的、重要的。因为，我们在童年时期制定的所有策略都有其目的性——当然是在那个时候。它们是一种应急策略，甚至可以说是一种生存策略，在我们的童年时期，它们具有保护功能。它们可以帮助我们吸引别人的注意，特别是引起人们对我们的重要需求的关注。它们为我们"工作"，照顾我们，因为没有其他人为我们这样做。

但是，在我们成年之后，它们就变得不合时宜、多此一举了。它们应该"光荣退休"，而我们则承担起了对别人的照顾——现在需要依赖我们的人。我们可以好好整理一下这些早期的策略，有意识地找到它们，然后和它们告别，放下它们，重新找到一个新的、成年人的行动方案。通过温柔地接触自己的内在小孩，转向他，面对他，你可以完成这个转变。

第5章 更好地理解自己

练习：描述一张你的儿时照片

第1步：选择一张你最喜欢的自己小时候的照片，把它放在你面前。

第2步：想象一下，你要向一个没有看过这张照片的人描述一下上面的人物。你能看到什么？你的面部表情是怎样的？你穿了什么样的衣服？你的姿势是怎样的？照片上的你多大了？照片中发生了什么事情？它是在什么地方和什么情况下拍摄的？

第3步：拿出纸和笔，为自己记录下你小时候的样子：你在小时候喜欢做什么？是什么让你与众不同？你在小时候最喜欢自己的什么？

因为，现在的你已经成为一位母亲或父亲了，所以你不仅要从今天成年人的角度来观察自己，也要带着父母对孩子的情感来看待自己。这样，当你看着照片中这个孩子（也就是你自己）的眼睛时，也许会勾起其他的记忆，作为母亲或父亲的感觉也可能会在你的心中浮现。

第4步：现在，我们来研究下面这些问题。在回答问题时，尽量往你在童年时期的情感体验靠近。花点时间，让这些问题和你的想法都沉淀下来。

靠近小时候的情感体验：

这个孩子是在什么样的环境中长大的？

他／她有什么想法和感觉？

谁来照顾这个孩子？

谁来教育／陪伴这个孩子？

谁给他／她安全感、温暖和爱？

> 谁来和他／她协商规则、讲道理？
>
> 谁伤害了他／她？
>
> 这个孩子在挂念什么？
>
> 这个孩子会面对什么样的期待？
>
> 这个孩子听到过哪些愉快的或者不舒服的"教导"？
>
> 他／她有什么未实现的愿望？
>
> 谁来挑战他／她，谁来鼓励他／她？
>
> 谁会娇惯他／她？
>
> 谁会理解他／她？
>
> 他／她可以做一个简简单单的小孩吗？还是必须表现得像个小大人？
>
> 这张照片还让你产生了哪些其他的想法和感受？
>
> 第5步：你对此有何感想？当你以这种方式思考和书写自己的童年时，你会有什么感受？

当童年的策略如今不再有帮助时

当你以这种方式与自己的内在小孩建立起联系时，你回想起了什么？这个孩子过得还好吗？

☐ 请你重新观察一下那个装满情感需求混合物的玻璃杯，从你今天的角度来看，你的内在小孩努力追求过哪些需求？安全感？自我效能感？亲密感？价值感？你被看到、被理解和被倾听的感觉？也许你能回想起一件具体的事情。

现在，我们将更进一步，与自己建立起一种特殊的关系。

> **练习：内在小孩对成年后的自己的回答**
>
> 　　看着你的照片，闭上眼睛，试着与你的内在小孩建立起联系。请想一想：他当时的感觉如何，他的感受是怎样的，什么很好，什么不太好，他期待着什么，他最大的渴望是什么。
>
> 　　倾听自己的心声，以你的内在小孩的口吻，为今天成年的自己拟出一个答案。以下面的话作为开头，添加上你的姓名和其余的内容。
>
> **文本：**
>
> 　　亲爱的成年的 ×××（你的名字）：
>
> 　　我们能取得联系真是太好了。谢谢你给我空间，允许我给你写这封信。
>
> 　　我的感受如何，你想知道吗？
>
> 　　你问我什么是好的，什么是不那么好的？
>
> 　　我错过了什么，我希望得到什么？
>
> 　　……

□ 今天的你有什么可供使用的策略？当你感到不安全的时候，你会怎么做？你如何获得安全感？你如何与他人接触沟通？你在哪里实现了你的个人自主性？

如果我们能够为自己好好整理一番，更好地了解自己，感知、安抚我们的内在小孩，并为他留出空间，我们的行为方式就有可能从"不成熟"转变为"成熟"。

蒂莫（5岁）正在公寓的走廊里玩球。他的妈妈走了过来。

妈妈："蒂莫，请你不要在公寓里玩球了，把球放在门外吧。这样太危险了。"

蒂莫："但是我想在这里玩。"

妈妈："我可以理解，但是先把球收起来好吗？我们一会儿出去，你可以带着它。"（改变视角和自身位置，同时给予关注）

蒂莫："哦，真是的……妈妈真讨厌。"

妈妈："好好好，过会儿我们一起去足球场。"（温柔地坚持自己的立场，并开辟新的视角）

蒂莫："不，到时候我就没心情玩了。"

妈妈："哦，真可惜！让我们来看看，谁来把球放到外面呢？你放还是我放？"（给予孩子自主的空间）

蒂莫："我来吧。但是我等会儿要穿上足球鞋出去玩。"

妈妈："好的，当然没问题。你可以现在去把鞋子拿出来。我想现在先把晚餐需要的蔬菜切好，然后我们一起出门好吗？"（提出建立连结）

蒂莫飞快地跑开："好的，妈妈，我可以帮你切菜吗？"

妈妈："当然，我很乐意和你一起切菜，你能帮我真是太好了。"（主动满足需求：你是有价值的）

在这个情景中，蒂莫的妈妈能够以一种"成熟"且平易近人的方式做出反应。她能够自如地切换视角，在自己和蒂莫的立场之间动态地摇摆，设身处地感受什么对蒂莫来说是重要的，同时也保持着真实的自我。因此，她能够温柔并充满爱意地坚持对她来说重要的事情，

第5章
更好地理解自己

同时引导蒂莫展望一个新的画面：如果他现在不能在走廊里踢球，那么他何时在哪里可以踢球？（冰山最下层：最重要的基本情感需求包括对联系和自主的渴望）因此，孩子在成长过程中总是在寻求与我们的联系，同时也在努力争取自我效能感。妈妈首先为蒂莫提供了自主的空间（把球放好，你去还是我去），同时提供了一个建立联系的机会（足球场/切菜），这样，蒂莫便能够很好地参与到由妈妈提供的解决方案中。这并不意味着孩子从来不会有意见分歧，也不意味着冲突永远不会出现。恰恰相反，冲突总是存在的。重要的是，这意味着在这些时刻我们依旧能够掌控自我意识，能够适当且成熟地做出反应，没有让我们的内在小孩占据主导地位，从而又陷入旧模式之中。

成熟的行为表现在：

- 承担责任
- 接受
- 尊重彼此的边界
- 统一的态度
- 自我反省
- 沟通能力
- 关怀
- 爱的支持
- 欣赏性的定位
- 负责任地使用父母的权力
- 信任
- 给予空间

回想一下七种价值指南针（见第35页），在上面列有我们的"关系天空"中七颗最大、最闪亮的指路星。其中最明亮的那颗星星就是责任。因为，我们作为父母要承担起所有的责任。作为父亲或母亲，你要对你的行动和行为负责，对你的想法和情绪负责。塑造与孩子的关系是我们的任务，孩子对此则完全无计可施、不知所措。孩子（用他们不符合我们期待的行为）最多只能造成我们主观认知上的负担。妥善处理这个问题，确保双方关系的成功，这个责任在我们的手中。一言以蔽之：建立成功亲子关系的责任完全在于成年人。

孩子们需要的，是能够扛起全部责任的父母：要对亲子关系的质量负责，也要确保孩子能够在一个良好的环境中健康成长。并且我们可以相信，随着我们承担起责任，与孩子之间的战争终将结束。因为你要记住发展心理学的基本假设：孩子的行为不是要针对你，即使有时你会这么觉得。他们总是在为自己采取行动。孩子是团队工作者，所以我们可以相信，即使我们不开启"战斗模式"，他们也会愿意合作，并且总会选择与我们合作。

下面，我想讨论儿童早期的另一个重要基本策略——习得性无助[1]。当我们在情感上投入时，我们身体中早期发育的部分（内在小孩）会站出来，干预我们与他人的交往，特别是会介入到我们与自己孩子的接触中。

利奥（4岁）正在玩赛车，兴奋地在公寓里蹦蹦跳跳，疯狂地跑来跑去。他在父母卧室的门口犹豫了一下，然后冲了进去。他知道他不被允许在床上蹦来蹦去，但是依旧一跃而起跳到床上，手里拿着小汽车，在床上发疯般地弹跳起来。他的妈妈急忙跑了过来，起初很温和地请

---

[1] 习得性无助，是指受试者在忍受超出其控制范围的反复厌恶刺激后表现出的听任摆布的行为。（译者注）

第5章
更好地理解自己

求他不要这样做。利奥继续蹦蹦跳跳，不愿停下来，她试图保持冷静，但随即变得很大声。"利奥，够了！"她耷拉着肩膀无奈地喊道。"利奥，求你了，"她恳求他，"我还能怎么做呢？"她站在儿子面前，举棋不定："你回你的房间去！"她无助地举起手臂。

另外一边，利奥看起来精力充沛、充满活力，他的小脸因为疯狂的嬉闹涨得通红，大声尖叫着。他让自己落在羽绒被上，再爬起来，又笑又叫，继续在床上疯狂地上蹿下跳。利奥的妈妈鼓足了全身的力气喊道："你没听见我说的话吗，利奥？我是认真的！马上从床上下来！"利奥似乎无视了妈妈的话。"你想惹我生气吗？不要逼我！"她冲向利奥，这时利奥已经从床上跳了下来，她想要抓住利奥，但是他逃脱了，跑到了隔壁房间。"天哪，利奥！"她叫道，疲惫不堪，"等你冷静下来后再出来吧！"

"这究竟是怎么了？"利奥的妈妈不断重复着这句话，因为她觉得儿子并不把她当回事，不听她的话。她觉得自己作为母亲的角色受到了质疑。利奥无视她的话，继续在床上蹦蹦跳跳，也不按照她的要求行事，这些都让利奥的妈妈感到无助，然后导致了挫败感。在这些情绪的驱使下，她说话声音变得越来越大，让自己筋疲力尽，最后完全放弃、放任不管了。

当存在相互冲突的需求时，冲突就产生了。这是家庭生活的一部分，无法避免。在这里，利奥的妈妈有对安全感的需求，她希望家里是和平且有秩序的——这是她满足自己需求的策略。而她的儿子则对自主性和自我连结有强烈的需求，并通过选择运动这个策略来满足自己。不难看出，不同的需求在这里发生了碰撞。在这种情况下，父母怎么会放弃自己的领导地位，无助地任由孩子摆布呢？

从根本上说，对此没有一个统一的答案，而是存在不同的方面：

1. 童年时习得的策略
2. 由于寻找新路径而产生的不确定性——用关系替代教育

1. 习得性无助

美国心理学家马丁·塞利格曼创造了"习得性无助"一词，用来描述一个人对自己无法改变某些状态或是环境的确信。这个人继而坚定地认为自己无法控制局面，不能通过自己的努力影响局势。所以，他们只能以有限的方式行动，无法通过自己的力量阻止让他们感到不愉快的情况发生。这种习得性的无助感往往导致被动忍受。塞利格曼将这种形式的无助归因于早年经历的无能为力和切切实实的绝望无助。

在与利奥母亲的交谈中我得知，她在小时候经常感到自己的需求被忽视，觉得自己没有被重视。在很多时候，她本人连同她的愿望都被父母无视了。当我们找到这条通向过去的链接时，利奥的母亲变得非常悲伤。她感到痛苦，并能感觉到童年时的那种无助感。她能够联想到，是利奥触发了她早年的情感，让她感到自己就像从前那个小女孩一样：无助且无力。由于这些感受，她没有办法做出成年人的决定。她自己心中的小女孩在那一刻显露出来，变得清晰可见：她是脆弱的、没有安全感的、无助的，充满了对被倾听和重视的渴望。

这让她开始意识到自己在小时候需要的是什么，无法得到这一切又是多么痛苦，令她难以忍受。想到了这些，她才认识到了今天什么对她的儿子来说是重要的，她要对他负责。她是一个成年人，自主并有能力采取行动，不再是一个无助的需要依赖别人的小姑娘了。

为了更加清晰地了解自己身体中的这两个部分，巩固"成年的自己"的地位，我们要更多地与自己建立连接，与自己的内在小孩接触，这是非常有帮助的。

第5章
更好地理解自己

下面这个练习的有效性在我的实践中被反复证实，它基于艾瑞卡·乔皮奇和玛格丽特·保罗关于与自己的内在小孩和解的工作手册。这是一个形象化的练习，帮助你建立与内在小孩的第一次接触。

练习：与自己的内在小孩的第一次相遇

你可以自己在家里做这个练习，默读给自己听。你也可以请别人为你慢慢朗读。

☐ **遇见内在小孩的训练**

舒适地坐在椅子上，闭上眼睛。做几次深呼吸，放松下来。在你呼吸时，将所有的紧张感释放出去。关注一下，身体哪个部位的紧张感最强——腿部、胸部、肩部，还是额头？

有意识地让身体的这个部位放松下来。接着，放低你的肩膀，放松你的下巴。现在，你的身体完全被椅子支撑着，让你的身体彻底放松下来。

好的，现在让你的思绪回到过去，回到一段特别美好的童年经历，回到一个你感到美妙和幸福的时刻。也许，你会回忆起一个特定的事件，比如，吃一口甜甜的冰激凌，或是躺在户外的草地上，阳光明媚；再比如，某个玩耍的时刻，或者被父母安慰时，你感到了完全的安全与满足。在这一刻，把自己想象成是当时的那个小孩。让所有美好的感觉再一次在你的心中出现。享受它，看着回忆的画面中那个感到幸福的小孩。

现在，想象一下，你以成年人的模样走入这个画面，向面前的这个小孩（小女孩／小男孩）介绍自己。再将视角代入这个小孩（小时候的你），看看他是怎样惊讶地看着眼前这个成年后的自己的。坐在小时候的你身边，成为一个你能想象到的最温和、最慈爱的成年人，和他说话，温柔亲切地看着他。如果你愿意，可以把他抱在怀里，抚摸他的头，牵住他的手，分享此刻感受到的美好。

让你内心的小孩知道你很开心，你会永远在他身边。是的，有的时候，这个孩子会感到孤独、无助、恐惧。但是，那些时刻都已经过去了。让你的内在小孩知道，你现在就在那里，会照顾他，这种事不会再发生在他身上了。从现在开始，你会一直在他身边保卫和守护他。再一次轻抚孩子的头，把他紧紧地抱在怀里，也将他所有的感受、活力、热情、智慧、朝气、善良，也许还有他的痛苦、恐惧、愤怒以及你此刻感受到的他的喜悦，一并拥入怀中。感受你心中的这个孩子，享受此刻，你在他身边，拥抱着他。不用着急，多花些时间。

做几次深呼吸，回到现在。带上你的内在小孩和所有的感受回来：他们都很好，都是你的一部分。享受与你的内在小孩的亲密关系。好的，如果你愿意，现在可以选择一个时间，再次睁开眼睛，慢慢调整自己。环顾四周，按照自己的节奏回到此时此地。不用着急，你可以慢慢来。

在接下来的几天里，试着时不时地回想一下这个练习。感受并且观察一下，看看你与自己的联系、与伴侣的关系以及与孩子的相处是否发生了什么改变。

□ **请写下：你对这次相遇的感受如何？**

这个将内在小孩可视化的过程令人动容，我看到，利奥的妈妈如何采取不同的姿态（内心的态度和外在的身体姿态），为自己的内在小孩而存在。现在，她能够积极地面对自己了。她说，她可以更加清晰地感受到自己身体中的不同部分，并且可以更好地感知它们。所以，在之后与利奥发生冲突的时候，她更强烈、更迅速地察觉到，这根本不是她与儿子的对抗，而是与自己童年时期的一段经历有关，对这段经历的感受在与利奥争论的过程中被触发激活了。

2. 由于寻找新路径而产生的不确定性

对于教育孩子，现在的父母总是不确定该如何做，总想尝试新的方法，经常会没有安全感、优柔寡断，最后陷入一种防御状态。我不认为不确定性应受谴责。事实上，这是为人父母必不可少的一部分。正是这种感觉，使我们能够不断适应我们的孩子，能够保持灵活和敏锐。

那么，利奥的妈妈在这种情况下会如何应对呢？这里有各种各样的可能性，我列举出了三种备选方案：

● 给予自主空间（1）："利奥，请你从床上下来。"（她朝着利奥伸出双手）"需要我帮你吗？还是你可以自己下来？"她等了一会儿，然后坚决地站到了床前。利奥看着她，然后握住了妈妈伸出的双手，微微下蹲，一跃跳下了床。

● 主动与对方沟通，并过渡到下一个场景（2）："利奥，可以让我把床铺好吗？我想把床收拾整齐。你看，这不是我们的书吗？我想和你一起在客厅的沙发上继续读它。要不你先过去，我马上就去找你？"利奥把他的屁股挪到了床边，又摇晃了一会儿。妈妈在他的身边坐下来，抱住他，然后把书递到他手里。利奥拿着书，离开卧室朝客厅走去。

● 以开放的心态建立联系（3）："利奥，你今天简直是一个野人。我觉得你做得太过分了，我很累，想在沙发上休息一下。我们一起躺一会儿好吗？"利奥继续在床上跳了一会儿。他的妈妈朝他伸出双手，利奥跳向她。他们手拉手一起离开卧室走向客厅，坐到沙发上。"你累了吗，妈妈？"利奥问道。"是的，"妈妈回答。"妈妈好可怜，"利奥说着跳了起来，跑进他的房间，拿着他的抱枕回来，"给你，妈妈！"他说，并把抱枕给了妈妈，"现在让我们一起休息吧！"

接触—连接—关系。这首先取决于你内心的态度，以及表现出的毅力和决心。你要相信自己，不要沉浸在自己的无力感中走不出来。你应该率先做出决定并且给出态度，因为你的孩子也在找寻方向。你要记住：孩子是团队工作者。他们想要与我们合作，如果我们以开放、明确的态度向他们提供这个机会，在通常情况下，他们会欣然接受。

上述的三种可能性也可以相互结合。父母可以多多尝试，看看你的孩子在不同的时刻与情境下，更易于接受哪种形式的接触。联系与沟通，这两点是建立关系的关键。而孩子总是在寻求联系和关注。如果我们能够以尊重和明确的方式建立联系、给予关注，那么许多矛盾的升级都是可以避免的。这并不意味着，利奥一定会立刻停止蹦蹦跳跳，但他可以清楚地意识到母亲的态度和愿望是什么，如果他有选择的机会，并可以自己做出决定，那么他会充满感激地接受其中一个或是另一个选项。在这种时候，要给孩子一点时间，并且清楚地说出你为他提供的几种选择方案，比如："你是想要我抱你下来，还是自己跳到我怀里？"重要的是，父母要发挥领导作用，让孩子看到、感觉到自己想要什么，而不要让孩子感到被无助地摆布。如果父母失去了主导权，孩子就会像一只迷途羔羊，他们除了自己接管领导权外别无他法，这将使他们陷入负担过重的局面，最终会导致冲突的升级。

第5章
更好地理解自己

与自己和解

现在,你已经与自己的内在小孩重新建立了联系,也对自己的行为有了更多了解,我们可以迈出下一步了。也就是,为你与自己孩子的连接扫清道路,让你们之间的关系不被你的过去拖累。这是一个内心治愈的过程,在这个过程中,你会意识到已经发生的伤害,承认它们,让自己与过往和解,从而澄澈心扉,与自己和解。这是必要的,只有这样你的内心创伤才能愈合,你才能在情感上得到释放,自由开放地塑造你的新生活。

当我在这里谈论,要允许我们内心的某些东西被疗愈时,我并不是指我们可以摆脱某些东西,尽管我知道这个说法更令人向往。然而,我们无法改变我们的过去,也不能简单地将它从我们身上分割出去。我的想法恰恰与之相反:过去可以被重塑,我们可以将一些新的东西融入到总体图景中。也就是说,这是一个整合的过程,整合已经存在的东西、已经发生过的事情。整合并不意味着事情会消失,也不意味着我们删除、忘记或压抑某些东西。整合意味着,如果我们能够主动面对那些痛苦的往事,然后在我们的(生命)历程中赋予其意义,那么痛苦就会减少一些。

你的过去……

无法被改变,但是你可以改变你对它的看法与感受。也就是说,你可以改变你的视角,将往事转化为能量源泉,重新审视它,做出不同的评价。你无法改变自己生命的起始,但你今天的生活不是——你的今天取决于你对它的理解。

承认你的过去

要认识到你与自己的关系经历了什么,下面这个练习是我们需要迈出的第一步。花点时间来做这个练习。

练习:致内在小孩的一封信

做几次深呼吸,平静下来,带着同情、善意和发自内心的充满爱意的微笑,再次看着你的照片。想象一下,你正准备给你的内在小孩写一封信。

我们开始写这封信,记住,要从你现在成年人的成熟的视角出发。下面这几点必不可少:

承认:承认内在小孩在你的小时候所经历的一切,以及他当时在这些紧急情况下为了照顾你而制定出来的应急策略。感谢你的内在小孩。你也可以具体地写下来:谢谢你找到了这些方法。谢谢你保护了我。谢谢你战斗过,在那个时候!

接管:让你的内在小孩知道,战斗已经结束,现在他可以好好休息了。让他知道,你现在接任他的角色,你会保护他,他再也不必出来战斗了,他可以放手,把一切都转交给你。

承诺:向他允诺,从现在开始,你会一直陪伴在他左右,给他所有的爱和安全感,鼓励并支持他,尊重并理解他,提供给你的内在小孩从成年的你这里所需要的一切。

日常生活中多留心关注。在接下来的几天里,试着时不时地回想这个练习,也许再读一遍这封信。感受一下,看看你与自己、与伴侣或与孩子之间的联系是否发生了什么变化。

第5章
更好地理解自己

是的，拥有一个快乐的童年永远都不晚！我对此深信不疑。童年时期的心灵伤害，其后果甚至会影响到细胞层面，并且阻碍我们的内在成长。通常情况下，这种影响了我们之前的几代人的压力情绪模式只是简单地留传下来。这就是为什么作为一个成年人，与我们的内在小孩接触，与童年时给我们带来痛苦的那部分建立联系并寻求和解是如此有意义。

对自己坦白

除了对自己的高要求之外，我还一次又一次地体会到，家长总是会产生一种愧疚感。在制造愧疚感方面，家长似乎是真正的世界冠军。这些愧疚感总是来自过去。它让我们当前的经历失去了色彩，让我们对未来感到麻木，但它却让往事依旧保持鲜活，如此一来，我们此时此地的生活被削弱了，从而也给我们现在的关系带来了负担。但是，究竟是什么动力导致了这种感觉？又究竟是出于何种原因呢？

在我们讨论摆脱愧疚感的可能方法之前，我想首先整理一下相关知识。心理学家于尔格·科尔布伦纳将愧疚感区分为两类。第一类是真实且正当的愧疚感。这种愧疚感是在我们伤害别人或伤害自己时产生的。它们来自一种健康的羞耻感。这种形式的羞耻感我们也已经研究过了，在情绪地图上我们注意到，羞耻感实际上在暗示我们"没有做好某件事情"。正是这种情绪引发了愧疚感。这些感觉都是痛苦的，但并不是无解的：只要我们能够找出并理解它们背后隐藏的过错，然后为自己的行为负责，就可以解决。我们不仅要为自己的错误感到后悔，还要道歉、请求原谅并且努力做出弥补；除此之外，我们还要进行一场社会情感关系的蜕变——以一种新的、建设性的方式与他人交往，学会在未来以不同的方式与他人相处，变得更加专注用心，并以不同的方式采取行动。

第二类是社会习得且不合理的愧疚感。它们是条件反射的结果。家长对自己产生的愧疚感，大多在这一类的范畴内滋长。在我们的生命历程中，我们会从父母、老师、亲密的长辈以及社会中接受这种愧疚感，并且内化它们。"这种愧疚感是驯服的结果，正如动物被驯化那样。"科尔布伦纳说，并由此得出结论：我们受到社会经验以及其规范的制约。因此，我们被愧疚感说服，用某种特定的方式行事。如果不这样做，我们就会受到排斥和/或者受到失去一段关系以及爱的威胁。这是我们所惧怕的。我认为科尔布伦纳的这个提示非常有价值，即这种形式的愧疚感指明了，我们可能对童年时期的某个权威人物仍有过于强烈的依赖。如果我们识别出这种形式的愧疚感，并反思在其背后潜移默化发挥作用的信念，我们就能认识到，今天不能再被它们牵制了。正是出于这个原因，许多家长才想要努力冲破重围，找一条新的道路。我想，这就是你也把这本书拿在手里的原因——为自己和孩子找一种新的、互相尊重并欣赏的方式。

接下来，我想和你一起深入探究第二类愧疚感的动态发展过程，并以一种更加差异化的方式来研究不合理的负罪的感受。

情感上根深蒂固、不合情理的愧疚感

在小的时候，我们会从父母和亲密的抚养人那里接收到不同的情感信息——好的和不太好的。好的情感信息可以增强我们的力量，满足

第5章
更好地理解自己

我们的根本-基础需求以及自我价值感。当我们感到被父母认可，从父母那里获得安全感和关爱时，我们就会接收到这些信息。

然而，我们也会从字里行间接收到一些信息带着指责的特征，暗示我们有过错。下面，我想介绍这种情感锚定过程的三种不同情况。这些过程都起源于童年早期。孩子在生命最初的几年，通过父母有意或无意之间传递的价值观体系，就已经形成了一种对依恋对象的基本忠诚。信仰、规范和价值观未经过滤就被吸收了。孩子不会质疑父母的反应和行为方式。

所以，僵化的教育模式可以作为一种情况。在这种模式下，"不良"行为都会受到强烈制裁、被禁止，或是被贬低。在与父母的相处中，我们会经常接收到下面这些负面的信息，比如：

- 你现在这样是不行的。
- 你和你的感觉都是错的。
- 你错了。

当这些情感信息成为家庭气氛的永久组成部分时，它们就会深深扎根于我们的自我之中，这可能会导致以后的愧疚感。

另外一种情况是成长中的重大变故，比如，在我们童年时期经历的父母分居、离婚，以及由死亡导致的早期丧失，等等。这些都有可能导致我们在小时候过分地自我责备，并且将我们自己的行为或是存在解释为事件发生的原因。因此，我们会有意识或无意识地感到内疚，然后告诉自己：

- 事情变成这样都是你的错。
- 如果你不这样，就不会发生这种事。
- 一切都是因为你而变得如此困难。

● 因为你这样，所以我/我们感觉很不好。

在父母分离的经历中，孩子的依恋对象往往还会通过他们的行为（不自觉地）额外助长这些（错误的）解释分析。孩子认为，父母分离是自己的过错。与此同时，他们还无法判断伴侣关系的意义，几乎不能或者根本无法理解父母之间存在的实际不和。这些早期的经历也可能导致孩子从根本上做出这样的假设：他对别人的痛苦负有（共同）责任。

最后一种情况，同样在孩子的情感中根深蒂固并导致他们产生不合理的愧疚感：他们在小时候感到自己不被需要，或者自己的父母不快乐、本身也需要情感支持，甚至说，他们的父母可能处于长期的心理压力之下，不堪重负或长期忍受慢性疾病的折磨。这种关系氛围的整体特点是：一切都太过分了。由于孩子还不能将事情充分地进行抽象概括和区分，因此他们将周围发生的一切都与自己联系起来，"一切都太过分了"的气氛可能会被孩子解读为"你太多余了"这种情感信息。

即使是这种想法，也会在孩子很小的时候引发愧疚感。它涉及一个问题：我在这个世界上受欢迎吗？孩子很早就能察觉到自己是否被需要。如果父母长期处于心理压力之下，情绪始终紧张不安，那么他们和孩子的角色分配可能会发生变化——孩子会成为父母的情感支撑，承担起对父母的情感关怀。如此一来，他们在家庭中过早承担了太多责任——在所有方面。然而，他们又很早就能意识到，自己无法完全胜任这个角色，因此，他们自己也会陷入长期的情感超负荷状态。他们接收到的信息是：

● 你要对我的处境负责。

● 如果你足够努力，一切都会好起来的。

第5章
更好地理解自己

因此，孩子从这些早期经验中获得了内心的信念，进而形成了一种不易动摇的信条：

- 我总是要确保每个人都很好。
- 我总是要做出努力。
- 如果某件事情没有成功，那总是与我有关。是因为我还不够努力，我做得还不够多。

孩子"费心费力"，力求把所有事情都做好做对，就是为了不失去父母的爱。但是，他们还无法独自调节生活和情绪，当然也不可能为身边的成年人调节。这样，孩子总会感到"徒劳无功"，因为他们自我强加的责任，或是由父母无意识地转嫁给他们的责任，永远无法被完全履行。长期处于这种环境之中，通常会导致孩子从很小的时候就开始焦躁不安，感到沮丧，甚至筋疲力尽。通常来说，他们要么会不安地退缩不前，要么会表现出攻击性行为，进入"持续战斗"的状态。

这种动态可能会给孩子留下一种（生活）感受，即自己永远都做不好，并且基本上说总是无法胜任。在我的工作中，经常遇到这样的母亲，她们的内心深处正是被这种"我不够好"的信念体系支配着。她们为家庭付出了一切，为孩子二十四小时待命，却仍有一种"还不够"的感觉。她们总是感到还不够好，怀疑自己的付出是否足够：是否做得足够多，是否做得足够好，是否做得足够正确。

因为，孩子是团队工作者，在这个方面也是如此。他们与父母在各个层面上进行合作，他们无条件地爱着自己的父母，总是在自己身上寻找父母不快乐的原因。然后，他们会坚持不懈地试图改善现状。这就是为什么孩子会不自觉地产生罪恶感和自责感，而事实上，他们并没有犯下什么真正的、具体的过错。因此，如果你在没有任何错误的情况下仍然会反复产生愧疚感，那么它实际上是一种源于童年的表现——对自己的高要求无法实现。

☐ 当你现在审视你的亲子关系时，对上面所读的内容有什么感觉？如果在你的心中产生了与内疚、过错、责任有关的感觉，请写下你觉得自己做错了什么，然后带着这些笔记去阅读下面关于"自我宽恕"的内容。

我们内心的信念模式

信念并不是宗教信仰，而是对世界和我们自己的普遍且具体的内心的确信和设想。在童年时期，通过与最亲密的依恋对象和伙伴的接触，我们获得了这些信念，并且不会（再去）质疑它。它深深扎根于我们的潜意识之中，并在我们的生活、与他人的关系以及与自己的联系中产生重要影响，导致了某一特定的行为方式。

信念也为我们提供了有用的评价体系。我们对某种情况的反应方式，取决于我们信念的本质。它是我们在不断思考的积极或消极的想法，无论是有意识的还是无意识的。我们会用自动浮现在脑海中的想法来评估外部或内部的事件。每一次新的经历都要经过我们的评价系统，这是一个后天的思维模式网络。信念的整体性帮助我们在内部定位自己，并对经历进行更好的解释和分类。

根据我们从最初的早期关系中接收到的信息，以及据此锚定在心中的信念模式和确信，形成了一张由积极信念和消极信念组成的内心地图。例如，一个积极的信念可能是："我被爱着，我感到很安全。"

第5章
更好地理解自己

消极的信念往往妨碍我们成长，干扰我们，让我们产生怀疑，例如："我没有价值。"

信念是在孩子一岁到八九岁之间发展形成的，你可以将它想象成在我们内心深处盘旋交错的树根。从这些根基中形成了一张深刻的内在思想之网，它为我们过滤无意识的态度、观点和假设。你可以将这张网中的一条信念看作是一个单一的代码。这个代码帮助你确定一个该如何感知这个世界的视角。许多这样的小代码组合在一起，就像"编程"了一个过滤器，你会透过它观察周围的环境，感知你的世界和你的真理。通常，我们不会再质疑这一视角，而这个质疑却意义非凡。因为很多时候，我们无法改变一件事情，但是，我们可以改变看待事情的视角，从而改变我们的态度。

既然信念是以这种模式在我们心中形成的，我们就有必要弄清楚这些基本观念的根源，以免只是肤浅地研究某句在脑海中迅速闪现的话。也就是说，如果我们找到了核心信念，那么所有在其之上叠加的信念都可以自行消解，如同釜底抽薪。所以，你要认真思考自己的内心信念，找出阻碍你的信念，并为自己找到新的真理。

在这个过程中，我们不必因为今天不再持有的以前的态度和观点而贬低自己。恰恰相反，我坚信，只有当我们可以理解这些内心信念为什么曾经重要过，我们才能真正放下它们，并用新的信念取而代之。信念于我们而言，一直起着一种保护作用，因此非常重要。我们应该承认并理解，在某一段时间内它对我们来说是有利的，保护着我们，也就是说，它为维持我们内心的安全服务过。

因此，我们接下来的任务就是定位和辨认内心信念，并检查它们的有效性。如果你发现，这种信念对今天的你来说不再有帮助，甚至可能是有害的，那么你就需要在生活中用新的强大的信念来取代它。

例如，在实践中我看到许多父母都带着他们童年时期的情感信念，认为自己"不够好""不行""不值得被爱"。其他类似的消极内心信念还有：

- 我必须有所成就，才能得到爱。
- 我不重要。
- 我不行/我做不到。
- 我不够聪明。
- 我总是感到害怕。

你可以通过观察自己，找到阻碍性和消极的信念。如果你感觉不太好，可以找个地方坐下，把它们都写出来：你到底有什么样的感觉？你是否感到恼怒、生气、悲伤？你现在的问题到底是什么？什么在困扰着你？

反思

在整理自己的消极信念时，重要的是敞开心扉，不要认为：我根本没有任何消极的想法！反之亦然。不要让自己的消极想法淹没你，觉得：我有这么多消极的想法，到底该从哪里开始啊？！先找到一个消极的念头。你不必一下子处理所有的消极信念。

但是，我们可以做些什么来改变内心旧有的消极信念，使之成为自己的积极信念呢？

1. 有意识地质疑信念模式，打破自己的内心循环

第一步是，建立与自己内心世界的联系。其次，要意识到自己内心的信念和信条。我们要认识到这样一个事实：我们会下意识地遵循自己的内心循环，或者说某种特定的思维模式；甚至，为了确保这个循环不会发生任何改变，我们会付出很多努力来维持这个循环，一次又一次地确认自己在这个消极信念之中。我们通过反复思考关于自己的某种特定想法来做到这一点。从思考中产生感觉，而感觉又会导致决定、行动和行为。所有这些形成了某种特定的经历，这些经历让我们在自己的信念模式中再次确认了我们自己。

请再次将你的冰山模型拿出来。让我们假设，你有一个消极信念是"我不重要"。现在，你的行为都源自这种悲伤和痛苦的感觉：你退缩，后退，不接受来自周围的邀请和提议，自己也不采取任何行动。事实上，你通过这种方式完美地自我肯定了"我不重要"的信念。所以，你的整个系统处于一种基于伤害、恐惧和缺乏（所有的基本需求）的生存模式之中。但明明这一切都已经是过去式了。本该尘封的信念被你和你的思考唤醒，正是这些思考让当时的画面和情绪保持鲜活。让想法萌生和信念形成的环境都已经不复存在了，它只存在于你的头脑中，通过你的思考栩栩如生。

2. 接受和承认

在第二步中我们要做的就是，从这个旧的内心循环中走出来。你可以这样做：首先接受并承认这个（旧的）想法，并理解这个想法是在你不得不为自己制定某种生存策略时形成的。这个想法（或这句话）对当时的你很有用。它曾经非常重要，可能是保护过你，也可能在童年时为你提供过理由，让当时的你更好地适应自己周围的世界。起初，它是好的。当时的你还不知道如何才能更好，必须先为自己下一个结论。

> **反思**
>
> 原谅自己这么长时间以来都屈服于旧的信念,也是一个过程。如果你在这一步中感到非常挣扎,那么请检查一下,你是否真的能够认识到,当年的信念体系对过去的自己是有帮助的、重要的;或者,是否在上述意义上存在一种(隐藏的)自我责备。如果你因为一次又一次为爱挣扎而贬低自己,那么不妨回到前面的章节,先面对自我宽恕这个问题。

3. 把想法与感觉联系起来,通过感受建立连接

现在,寻找一个与某个想法出现时相对应的情景,例如"我不重要"。让你的感受都涌现出来。痛苦、恐惧、悲伤或是愤怒?你有什么样的感觉?在这里,建立起联系是最重要的。你可以理性地分析其中的关联,但这并不会改变你的感觉。这个过程,就在于感受并(再次)觉察自己。它可能会对你产生很强的冲击力,你要不断提醒自己:这个情景已经结束了,你现在是安全的,是有保障的,即使你流泪了,也没有关系。也许你已经消耗了很多能量来支撑自己,来藏匿心中的某样东西,所以,现在的泪水便是一种表达,表示某样东西正被释放出来,正被慢慢放下。当然,如果感受太过强烈,你也可以在这一步为自己寻找一些陪伴和支持。记住,不要让情感淹没你。保持在情绪的边缘,以免它变得太过强烈,将你拽入其中。

感受这个情景里可能会有的悲伤和痛苦。试着花一小会儿时间,承认这些感受的存在,然后进入到身体感觉的层面,觉察身体的变化。

当你有意识地思考"我不重要,我没有价值"这个想法时,你的内心发生了什么?你感觉如何?觉察你身体的变化:心跳加快了?紧张、痉挛了?感到恐惧吗?是否有哪个身体部位感到了疼痛?腹部、胸腔?让一切保持原样,然后对这些部位进行深呼吸。

4. 与自己建立新的联系

你现在可以重新评估自己并体会:自己很重要,很正确,很有价值;你一腔赤诚,毫无偏见地来到这个世界,充满了安全感和自信心。允许自己的内心,回到这个最初的状态。你可以想象着慢慢回到你的原点(母亲的子宫之中)。在那里,还不存在任何评判,你处于全然的保护、安全、关爱和快乐之中。

重要的是

这段旅程不是关于你和母亲的真实关系,而是将注意力都放在那个保护性的原始空间上,这个空间对你来说充满爱、保护、安全和快乐。在它的庇护下,你逐渐成熟。

原点之旅

你会意识到,你的旧信念只是一个想法——认为自己不重要、没有价值的想法,只是你以为的。你不是这个想法,你只是会这样想。现在,我们来做个思想实验吧:如果没有这个想法,你是谁?在脑海中再次想象刚才那个情景。如果你没有这种消极信念(想法),当这一切在你眼前上演时,会发生什么?你会看到谁?感受你的身体,你有什么样的感觉？描述一下，如果没有这种想法，你会成为什么样的人。

在最后一步中，你可以将消极想法转变成含义相反的句子，有意识地（暂时）消解它："我非常重要！我是有价值的！"这个想法怎样才能变成真实的？有什么例子能够表明你是有价值的？你如何在生活中注意到它？去寻找这样的时刻：

● 你的同事/朋友在寻求建议，或不知道该怎么做的时候都会问你。

● 你的伴侣会在细节里表明他/她爱你。

● 你的孩子会拥抱你，希望与你有更多的接触。

● 其他的亲密时刻或人际关系岛。

你的头脑是会批判的，是会质疑的，它会怀疑，会比较。这没有任何问题。改变并不容易，而且需要时间。短期来看，维持自己旧的信念，对你的系统来说是最节能、最舒适的。这就是为什么转变信念需要时间。你要对自己有耐心。要保持开放的态度，乐于探索，愿意尝试，充满好奇。哪些转变对你有意义？哪些转变对你来说是好的？

既然现在你已经用各种方式转变了你的信念，那么问问自己：你的感觉如何？回想一下，你最初的想法是怎样的。然后看一下你对这个想法的转换版本。现在，你觉得哪一个版本对你来说才是最真实的？要对自己有耐心。有些信念可以立即被改变，有些信念则可能在很长一段时间内都无法被放下。这是一个多层次的过程，你可以参与到不同的层面中。并且，这不是一个孤立的练习，不会影响到更长远的成长。

你要认识到：你思考的和你相信的，是不一样的。所以不要期待，你将不会再有这样的想法。想法本身只是一种思考，并无害处。只有当你坚信某一个消极想法时，它才会导致痛苦。你可以天马行空地想任何事情——只是不要相信你的所有想法。拜伦·凯蒂说过："不要相信你所有的念头！"

宽恕别人——一个新的开始

对于宽恕别人这个过程，存在很多误解。因此，我必须要首先说明，宽恕别人并不意味着我们就此宣布发生在我们身上的事情是正确的，或者为他人的错误找到开脱的理由。宽恕于我们个人而言，是一种内在的释放，以及重拾自身力量的方式。同时我也想说，宽恕是成长过程的一部分；在我看来，这个部分更多处于问题解决的最后阶段。有的时候，过早的宽恕和想要释怀的愿望反而会导致伴随伤害而来的感受冲你席卷而来。因此，你要观察自己，察觉自己的感受，并选择宽恕的时机。

这种宽恕通常针对我们身边的人：父母、兄弟姐妹或是其他家庭成员。但它也可能会与我们成年生活中的人有关，比如，朋友、熟人、同事。当涉及我们的父母时，这个过程会尤其困难，因为我们所遭受的伤害和冒犯都被深深埋藏在心底，而这种痛苦往往令人无法忍受。有时，它是如此强烈，甚至会干扰我们的生活，阻碍我们没有顾虑地进入一段其他的关系。因此，夫妻关系会带着沉重的负担，亲子关系也会触及这种旧日的痛苦。

宽恕，主要是为了你自己。这是自爱的一种形式，因为你正在积极地把自己从那些束缚你、麻痹你、阻碍你的自由，不是你自己所选择的东西之中解放出来。从这个意义上说，宽恕首先意味着通过自由的、积极的、自身的宽恕行为，结束自己作为"受害者"的无力感，结束自己的无助和受他人摆布的感觉。因此，这是一个由我们个人执行的内在工作，那个让我们受到伤害的人，并没有真正、主动地参与其中。你会从无能为力、绝望无助的状态中走出来，进入到一种被赋予权力和放手解脱的新状态中。希腊语中的"宽恕"，其字面意思就是"放手，继续前进"。

宽恕，仅与你有关，和其他任何人都没有关系。在一个特定的过程中，你有意识地放下自己的感受以及一切阻碍你的东西，重新掌控你的情绪、精神和能量的自由。据说，佛陀曾经说过："心怀愤怒就像自己喝下毒药，却期待对方因此而死。"

在此，我想鼓励你开始去宽恕。因为，如果你不直面旧的伤害，那些拖累你的东西，就会一直将你牢牢攥住，让你一直处于匮乏之中。你就会在情感上、认知上和身体上依旧停留在过去。实际上宽恕和放下过去，是你能给予自己的最好礼物：因为这样一来，你就完全获得了掌控自己的能力，有了自我责任感，不再允许别人替代你，对你的故事做出评判。

改变视角

那些强加在你身上的伤害和侮辱通常与你无关。它们大多是别人的问题。人们伤害别人是因为他们自己受到了伤害。请记住：被伤者伤人，被爱者爱人。

第5章
更好地理解自己

特别是,当涉及自己的父母时,我们常常会感到进退两难。因为作为孩子,我们对父母非常忠诚,这可能会导致我们一次又一次背叛自己,而不是拒绝他们。我们可能会在选择理解我们父母的故事,还是承认发生在我们身上的不公正之间犹豫不决、左右为难。

> **反思**
>
> 理解并不意味着必须认同。你可以逐渐理解为什么别人会那样做,但这并不意味着,你必须认同对方所做的事情。你不必赞同所发生的一切。你应该照顾好自己,跟随着自己的感受。在你能够宽恕之前,要承认发生在自己身上的事情。

你可能会认为,对方做了如此糟糕的事情,不值得被宽恕和放过。你认为,发生在你身上的不公难道就这样被遗忘了?这是完全可以理解的。因此,你要觉察到这些阻力,并且允许它们的存在。也许,下面这些想法会对你有所帮助:

- 宽恕并不意味着遗忘。
- 宽恕并不意味着对方的所作所为不那么糟糕,不那么坏了。
- 宽恕并不意味着我为对方的行为开脱,或将其错误行为解释为正确的。
- 宽恕并不意味着我必须和这个人再次成为朋友,再次和他/她在一起。

电影《棚屋》就深刻地讲述了一个关于宽恕的过程。也许你知道这部电影。如果你还没有看过,那么我想向你强烈推荐它。在这部电影中,一位父亲（主人公）失去了自己的小女儿，而女儿作为受害者，在死前遭受了残忍的折磨。可以说，这是在我们生活中可能发生的最糟糕的事情之一。令人印象深刻的是，这部电影为宽恕的内在过程找到了一些象征性的画面：我们的心灵是一座花园。想象一下，你的思想和情感都像植物一样在其中生长。什么正在你的花园中盛开？是缤纷多彩、灿烂似锦的花朵吗？你的内心花园是否得到了精心的照料？你在为更多的花草准备土壤吗？你喜欢待在那里吗？还是说，花园里一片荒芜，土壤干涸，枯草横生？也许那里长着许多杂草与荆棘，你不愿意在那里停留。现在，你可以感受自己的内心：你的心灵花园是什么样子的？你想在那里种一些什么花？在你的心灵花园中，哪些花可以帮助你感觉良好？你可以将那些杂草除掉吗？

□ 想一想，你的宽恕工作可以从哪里开始呢？你应该宽恕谁（父亲、母亲、兄弟、姐妹、朋友等）？你在哪里感到冒犯，什么地方存在冲突？请写下你被伤害和冒犯的事情。

练习：卸下内心的负担，为新事物创造空间

给伤害你的人写一封信，把你内心的委屈、伤害和责备统统写下来。不要把这封信寄出。你可以设计一个告别仪式，比如，把它埋起来，把它撕成许多小块，或者将它扔进火里烧掉。这团火就象征着你的新开始。

同时，你也可以进行冥想，从而启动进一步的内在工作。

第 5 章
更好地理解自己

宽恕与放手

踏上宽恕的道路,要对自己有耐心。不会一蹴而就,这需要时间。给予自己一些时间吧,允许自己一次又一次地审视自己,审视自己的心灵花园。

第6章

营造幸福的日常生活

第6章
营造幸福的日常生活

和孩子在一起的生活是幸福的，孩子为成为父母的我们带来了许多欢乐美好的时刻。然而，在日常生活中也会有一些时刻让人感到艰难、不堪重负。毫无疑问，在生活中陪伴孩子是一种挑战，一种异乎寻常的挑战，有时甚至令人无法承受，这种不知所措的感受我们难以避免。不过它也是生活的一部分，不应该受到谴责。因此对我来说，主要问题就是我们该如何应对这种不能承受之重。一旦我们陷入到一种过度负荷的状态且停滞不前，就会感到困难重重、疲惫不堪。但是，如果我们能够设法发展出一套应对压力和超负荷的好方法和策略，那就不仅完全有可能排除万难、克服挑战，而且还能游刃有余地在轻松愉悦的氛围中营造与孩子的日常生活。

在下文中，我们将关注日常生活中的具体场景，并尝试将我们获得的所有知识、工具和方法付诸实践。游刃有余不是由外部环境创造的，且不可能一蹴而就、一劳永逸。当然，我们可以塑造我们的外部环境，但这种轻巧的感觉首先产生于你自己。它是一种内在态度和心态，一种内在的平衡感，使我们能够灵活、开放、平静地应对家庭生活中的千变万化，让我们的生活更加安宁和睦。

与你的身体重新连接

现在，如果我们想要更加专注、清醒、不费力气地营造与孩子的日常生活，那么最好使用一些策略来保持我们内心的稳定；或者，当我们失去平衡时，能够找到方法来恢复内心的稳定状态。为此，我想和你一起回顾一个格外重要的方面——与自己的身体重新连接。如果你更有意识地关注到自己的身体这个维度，你就能更深刻地感受到那些在日常生活中与孩子共处时的积极时刻。这些时刻会以更加持久的方式储存在你的记忆中,你也会明显体验到更多轻松和快乐的时光。如果你能建立起一种与自己身体的联系,并在日常生活中为这种与身体感受的重新连接赋予意义,那么你会发现,与孩子的关系将迅速改变。通过这种方式,你将发展出一种灵活的、持续的意识,用来觉察自己身上有何种感受(愉快的和不愉快的)。这很重要,也能让你注意到在与自己身体的联系中,什么位置变得脆弱。你可以时不时地问自己这样一个问题:我的身体是如何告诉我这些的?例如,当我进入压力晴雨表的临界范围并逐渐接近极限时,我的身体是如何让我知道的?只有以这种方式与身体保持联系,你才能将自己的压力晴雨表整合为一种"早期预警系统":当你感到压力时,它就会启动,并为你提供重要的指示。在你的内心迷失方向,无法再以良好的状态保持自己、陪伴孩子之前,你可以收到它的提醒。

在身体层面上,你能够及时发觉的迹象是什么呢?你如何才能回到内心的稳定状态和与自己的良好连接中?记住:当我们承受着极大的内在压力时,我们的大脑便不再具有思考出创造性解决方案的能力。在解决问题时,我们就只能在有限的程度上动用核心的认知区域,甚至连这个区域有时都停止工作了。因此颇为关键的一步是,首先我们要重新建立大脑能够与这些区域再次连接的先决条件,让自己重新回到原本的样子。而这些,都发生在你与自己的身体进行重新连接的过程中。这意味着在日常生活中,你将能够驾轻就熟地运用自己"U盘"上的"程序",也就是中断、自我连结以及运动这几个步骤。

第6章
营造幸福的日常生活

日常生活中的计划性和专注性

除了我们自己的身体之外,更加深入地分析我们对日常生活的规划以及对这些规划的想法,也是非常有帮助的。为了做到这一点,我们有必要在放大镜下认真、细致地观察孩子的日常生活,以及生活中所有在快速且无意识的状态下发生的过程,将其速度放慢,并将注意力放在某些特定的阶段上。根据我的经验,这个方法一方面能帮你找到自然的"枢纽中心"(例如,晚间的睡前仪式),另一方面有助于你找出横在自己道路上的"绊脚石",并制定新的策略来应对它们。

因此在下文中,我们会重新校准你的内心指南针,让它的指针指向那些生活当中重要的事情。通过这种方式,你能够对家庭生活的节奏更有意识,为生活找到仪式感和生活常规,保留住经过时间检验的东西,并将它们在你的日常中体现出来。

节奏、常规和仪式感

令人惊讶的是,我经常遇到一些父母,他们强烈抗拒在一天中要遵循某种自己制定的结构的想法。他们认为:预先计划的结构具有阻碍性和限制性,赋予日常生活某种强加的结构体系只会妨碍他们与孩子的生活。他们不想给自己或孩子预先设定任何指标,不想被时钟控制,而是想要自由的生活,不必每时每刻紧盯着时间,教条地生活。

☐ 你怎样看待日常生活中的结构?作为一个家庭,你们是否按照某种特定的方式安排一天的活动?

我完全可以理解这些想法,然而,作为一位有四个孩子的母亲,对此我有一种全然不同的态度。对于一个家庭来说，如果没有一个固定的框架，没有你们自己的节奏，没有一些特定的生活常规，没有许多大大小小的仪式，那么很容易就会迷失方向。通过有意义的生活常规和普通的小仪式来安排一天的时间，不仅会使我们的日常生活更加轻松，而且也是我们的天性。我的朋友安德烈·斯特恩在他的著作中深入阐述了孩子的节奏和仪式。他非常生动地将它们描述为"源自内心的财富"，并表明在我们的身体中有着某种固有节奏，孩子已经会在自己的仪式中度过一天了。

　　毕竟，我们的心脏也是按照一定的节奏跳动的，如果心跳不规律，那表明我们的身体恐怕出了什么问题。任何观察过小孩子的人都会发现，他们也在遵循着自己的节奏，甚至会独立发展出属于自己的小仪式。无论是因为想要路过某家商店，所以必须走同样的路去幼儿园，还是作为对游乐场的"告别仪式"，必须再滑三次，孩子都在自己内心深处策划着这种不断重复的结构。通过这种方式，他们为自己创造出一些会反复出现以及符合预期的东西，从而理解这个世界，并为自己构建出一个行动框架。在一定的节奏中遵循个人仪式和日常惯例来生活，可以帮助我们定位自己，创造清晰的思路。这反过来又提供了安全感，从而满足了我们生活中的根本－基础的情感需求。在我看来，成年人之所以会把常规与单调和无聊联系到一起，是因为他们认为只有多样性和不断变化才会令人满足。与我谈论这个问题的家长给出的理由是，他们想要获得自由，在日常生活中保留某种形式的自主权——这同时也是另外一种根本－基础的情感需求。我可以理解这种想法，但另一方面，它的代价也很高：或许未来不可预见、无从预料。

　　毕竟，有孩子的日常生活本来就已经充满了意外。为人父母意味着，

第6章
营造幸福的日常生活

要不断地在短时间内适应意想不到的新变化，以闪电般的速度做出负责任的反应，迅速做出决定，并根据情况适当地改变计划。无论是因为孩子的情绪爆发而导致我们无法按时从 A 地到 B 地，使我们处于时间压力之下，还是一些特殊事件（比如小的事故，既让我们在情绪上陷入焦虑和不安，又需要我们放下一切，拖家带口一起去看医生），都是有了孩子后生活中无法避免的部分，有时这会让父母产生一种失控感，并且一次又一次地感到难以承受。因此，我很能理解家长对自主和自我效能的需求。但是在我看来，这只是一种看起来明智但实则短视的寻求自由的策略。这是因为，如果这些突发事件出现于一个有特定的框架且有安全保障的结构中，我们就有可能对"干扰"做出相应的反馈，在"断路"的位置进行重新连接。

☐ 你每天的生活是什么样的？你昨天、前天或上周做了什么？你是怎样做的？是不费吹灰之力的吗？这些事情是否能带来轻松、快乐和亲密无间的相处？如果是这样的话，那就太好了！如果不是，或不总是，那么你可以改变它，这是你的自由。是的，只有你能改变它，这是你的决定。

在我看来，自由并不在于尽可能对一切保持开放，在各种经历中本能地做出反应，并一次次找到新的过渡；而在于，做出一些决定，创建一个适当的框架，并在这个框架中建立某些符合我们家庭节奏的生活常规和仪式。这并不是一种强制要求，也不是我们以限制性的方式"强加"给自己的东西。

☐ 看看你的晨间日常：你通常几点起床？是怎样起床的？你是如何开启这一天的？这是一个好的开始吗？你准备好迎接即将到来的新

工作了吗？为了让你的家庭和孩子建立起一套日常流程并按此生活，你自己需要有怎样的（内在）常规？

你拥有一个属于自己的小小感恩仪式吗？你是否会记感恩笔记、写日记或者做冥想？我知道，在有孩子的情况下这通常很难实现，但我的经验是，即便是抽出早晨的几分钟来进行这个小小的仪式，也能帮助我们在新的一天建立起与自己的重要联系。我们从哪个角度进入新的一天至关重要。如果我们是忧心忡忡、备感压力的，那么就会在一天中无意识地将这种缺乏用行动表现出来。如果我们能够从一种富足的感觉中开启新的一天，那么我们就会拥有一种完全不同的能量，伴随我们度过一天。

心存感恩，是让我们能够感知快乐和幸福时刻最重要的秘诀之一。由于我们倾向于看到缺乏的东西，而不是已经拥有的东西，所以我们需要有意识地反复提醒自己，也需要一点点练习。因此，我们可以练习感恩，并且有意识地将它表达出来。在这里我想再次鼓励你，把感恩作为一个生活常规融入到你的晨间日常中去。

如果你能把感恩作为一种仪式，为其腾出一个固定的位置，你就会立刻注意到改变。重要的是，不要只是"思考"感恩，而是要在你的身体中真正去感受它。也许你可以利用冥想，或找到其他方法，将感恩的心情作为一种感受锚定在你的身体中。这是非常值得做的事情。如果你心怀感恩，就能够更清晰地察觉到积极的体验，并更集中地享受它们。好消息是，人无法同时感受到感恩知足以及压力不幸。

构建一个良好的日常流程，因为它能让我们安稳地度过一天，在这个过程中我们也会拥有与自己联系以及与家人联系的仪式感。我们遵循这个流程，因为它对我们来说很重要。它给了我们一个节奏、一个

第6章
营造幸福的日常生活

结构、一个支点以及一个框架，在这个框架之内，我们会再次拥有自由。为此，我们应该找到对自己来说扮演着"小队长"的角色，能够提供帮助的个人生活常规，以及为我们这个小家的"家庭小组"找到一个共同的日常流程。

仪式

仪式是一种将情感重新连接的形式，让我们能够与自己、与我们的内心世界、与把我们团结在一起的东西（我们的家人和共同的经历）重新建立联系。仪式有很多种类型：有个人的、一般的和公共的仪式，也有日常和季节性的仪式。仪式是有意识的行为，它给予我们安全感和情感支持。它帮助我们进行过渡，比如，在吃饭之前，或是日落之时。

在我们的家庭中，情感仪式与情绪和体验相连接，传递着一种归属感。在仪式中，我们体验到紧密、团结和联系。我们最好能与孩子一起培养一些仪式（例如，读书，特定的食物），并如此生活。共同的生活仪式不仅对年幼的孩子来说必不可少，而且对大一点的小孩或成年人而言也至关重要。仪式是我们成为一个集体的特征，提高了我们的满足感，并给予了我们情感上的安全感。

☐ 你有哪些个人的仪式呢？比如说睡前仪式？目前对你的孩子来说，哪个仪式特别重要？在你们家，有什么共同的生活仪式？

如果我们想有意识地创造一种轻松愉快的日常生活，那么最好培养对当下状态的认识，并了解我们想要到达的目的地：

● 我目前的日常生活是怎样的？

● 我如何应对日常生活中出现的负荷过重问题？

● 哪些地方会出现潜在的"超负荷加速器"？哪些"绊脚石"我可以自己清除？

● 我是如何度过一天的？

● 我的孩子在他／她的日常安排中特别需要什么？哪些"情感维生素药丸"是必不可少的？我怎样才能负责任地扮演好父母的领导角色？

仔细地研究在家庭生活中成功相处所必需的要素，是很有帮助的。在下文中，我将详细说明我是如何理解日常生活中的计划性的，我希望你能将这些解释作为启发来接纳，而不是日常生活的"法则"。在这些启发之中，还有一些反思和身体练习，它们将帮你回归自己，与自己建立联系。

家庭日常生活的重要方面

为自己确定和设定优先事项有两个关键的方面。一是要明确从长远来看，什么对你和你的家庭来说是最重要的，找出一个清晰的焦点，并保持这个方向。二是在你和孩子的日常生活中，反复确定优先次序也是至关重要的；这样，你便能够快速做出正确的决定，即使在有压力的情况下，也能采取尽可能稳妥的引导方式。为此，重要的是我们不要让自己分心，没错，要确定优先次序。不要被那些一次又一次企图分散我们注意力的东西所干扰。是的，我们生活在一个注意力分散的社会，如果我们不留心为自己划清界限，有意识地集中注意力，那么一切会在同一时间并行发生，然后不加过滤地闯入我们的生活。如

第 6 章
营造幸福的日常生活

果你不事先确定轻重缓急，那将很难决定什么对此刻来说才是真正重要的。如果每件事看起来都同样紧迫，那么在压力大的日子里就会格外艰难，你很快就会感到晕头转向、手忙脚乱。

☐ **观察你在日常生活中设定了哪些优先事项，并思考你的优先事项具有多大的建设性。如果有必要，请调整它们，并将发生变化的事项记录下来。**

培养和保持存在感意味着在此时此地此刻存在着，也就是完全活在当下。乍听起来这并不复杂，然而在家庭的日常生活中，这确实是一个挑战，因为我们过于频繁地允许自己被拉入电子设备的世界，让自己在日常生活中一次又一次地脱离与孩子的联系。这往往发生在不知不觉中，例如，来了一个电话或是智能手机上闪现了一条信息。我们的大脑在多大程度上被困在了其他地方？我们的思想在平行世界中盘旋了多久？比如，沉浸在社交网络的泡沫中，而不是全然地和我们的思想、我们的心一起，用我们的双脚牢牢站在地面上，在真实的存在中陪伴我们的孩子。这样一来，我们很快就会失去内心的平衡和重要的自我连结，在生活中只能将与孩子的关系搁置一边。我们也会更快地陷入压力，继而导致我们可能重新回到旧模式之中。因此，我们应该意识到，我们不可能在同一个当下多线并行地行动。

活在当下有助于我们在突发情况下重新安排，一步一个脚印地进行计划。它可以帮你将聚光灯打在当下最重要的事情上。活在当下帮助你维持情绪平衡稳定的状态，让你的内心安定下来，即使是在注意力分散的情况下也可以与你的孩子保持联系。通过这种方式，你就可以有效地从自己的内心汲取日常生活所需的能量，为大大小小的危机找到更加妥帖的解决方案。

> **始终铭记**
>
> 反复且主动地提醒自己，你的内心居住着一位仁慈的观察者。有意识地激活他，让他不断在你的脑海中低语。这意味着：一次又一次地感受自己，有意识地与自己联系，向自己汇报正在发生的事情以及你的感受。随时感知你内心的压力晴雨表此刻显示的是什么。这样，当你与自己的联系减少时，你就会注意到内心的安宁和安全感在慢慢流失。做几次平心静气的深呼吸来重新建立联系，从而恢复到比较平静的状态。

为孩子的日常生活建立起基石，需要我们首先认识到一天中会发生的一切，有哪些"站点"是应该到达的，哪些过程对孩子是至关重要的。一天的基本要素是起床、早餐、午餐和睡觉。围绕着这些，还有一些较小的基石，例如，为了吃上早餐，必须要起床、活动起来、洗漱和穿衣服，等等。

我们该如何从一块基石过渡到另外一块基石呢？从顺序上看，某些停靠站真的有意义吗？比如，在早餐之前加入穿衣服这个环节是否有意义？还是说，在早餐后穿衣服对孩子来说更加容易？反过来，这也取决于各种其他因素：是否有几个孩子需要你同时照顾？你需要一个人准备早餐，还是有人帮助你？向自己提出类似的问题是一个很好的方法，确定将哪块基石放置在何处才是明智之举。因为，如果这些基石和停靠站变成了绊脚石，事情就会变得棘手了。并不是说，所有事

第6章
营造幸福的日常生活

情都必须每天一成不变。在一天中为各个基石安排一个适当的排列顺序，从长远来看，可以为你的一天带来更多安宁，使日常生活更加安稳，从而让轻松和快乐成为可能。

☐ 你的一天是如何度过的？你现在有哪些固定的日常生活流程？把它们写下来吧，花点时间去做这件事情。你是否会说，你一天的开始、常规事项、优先事项以及日常生活的基石，犹如齿轮一样紧密地咬合着，在有意义地互相配合？还是说，存在模糊不清的时候？如果有，在哪里出现了？

我们在这里谈到自律，乍听起来可能有点奇怪，但它的意思无非是在你的内心深处明确一条清晰的思路，然后你为了顺利实现对全局的规划，本着一以贯之的精神而进行持续性的行动。你可以通过预测来做到这一点，例如，如果你在晚餐之前接了婆婆／丈母娘打来的一通电话，那么日常生活的节奏就会被打乱，你也会因此变得心神不宁。这反过来又会导致你的整个计划都被打乱了，甚至影响到孩子一整晚的活动——吃饭、休息、上床睡觉。因此，明智的做法是将手机放在一边，不让任何事情干扰到自己的安排。这需要自律，也要求你的专注——同时将注意力放在自己和孩子身上。

☐ 你如何才能做到认真对待自己，实现自律生活呢？你觉得在哪些方面会比较困难？在与孩子的日常生活中，你需要哪些帮助来实现你想要实现的目标？

情感氛围描述的是你和孩子之间的气氛。家庭的日常生活总是千变万化。这些变化可能来自外部（例如，适应幼儿园，开始上学），也可能来自家庭内部（例如，兄弟姐妹之间的相处，搬家）。作为成年人，我们往往很容易接受这些变化，但很少意识到它们可能对孩子的情绪产生的影响。这些生活中大大小小的变化总会在一定程度上对你的孩子有所影响，你可以在与自己的共鸣中感受自己的孩子有何种情绪，你要为你们之间的关系以及情感氛围负起责任。

□ 每个家庭成员是否都有足够的安全感（感到被爱和被重视）？每个孩子是否都能在一天中乖乖地遵循你的安排？你的孩子是放松自在、无忧无虑的，还是看起来有些心情沉重的？你们在日常生活中有很多压力吗？你们总是会抽出一些时间，一起做一些美好愉快的事情吗？如果是，你们通常会做些什么？或者在有压力的时候，你会常常心急火燎地从停靠站 A 赶到停靠站 B 吗？如果是这样，这种情况是如何发生的？你认为怎样才能减少压力呢？你认为一切都协调得很好，适应了你以及你们的需要了吗？你能在照顾孩子之前先照顾好你自己吗？

做好接触和联系的准备，意味着在日常生活中孩子能够感受到你的存在，能够在情感上得到你的支持。在实践中，我接触过许多家长，他们在日常生活中经常沉浸于自己的头脑和思维，甚至在日常互动中也是如此。家长常说，这些盘旋在脑海中的思绪比和孩子们在一起生活还要令人疲惫。在日常生活中，家长因为迷失于当下的思考和忧虑以及不断地自我反省，从而影响到与自己身体的连接，或者丧失重要的自我联系的情况并不少见。从孩子的角度来看，这意味着在这些时刻他们失去了与父母的接触和联系。一个令人困惑的局面出现了：我（再也）感受不到我的爸爸妈妈了，尽管事实上他们就在那里。对于孩子来说，这会让他们变得没有安全感，停滞在那个时刻中，这反过来又拖累了整个日常生活的进程。对家长来说，有时这会带来额外的压力，

第6章
营造幸福的日常生活

所以他们会在相处中无意识地提速，不会（再）留心观察，或者与孩子产生共鸣。孩子感受到了匮乏，并对缺少的联系做出反应。因此，压力有如被提前预设一般。请不要忘记有意识地呼吸，并想办法在日常生活中主动地反复提醒自己。

练习：在日常生活中加入短暂的休息时间来深呼吸

呼吸是连接我们内心和外部世界的纽带。因此，要有意识地给自己留出间歇，喘口气。例如，设定一个应用程序来提醒自己进行深呼吸。在日常生活中，有意识地走到打开的窗户前，深深地吸入新鲜空气，再缓缓地呼出，一天之中反复多做几次这个练习。让自己重新适应周围的环境，再有意识地感知你的孩子。

亲密时刻

今天的挑战是，当你与孩子在一起时，一定要把手机放到一边！同时有意识地关掉电脑，并观察你与孩子的关系质量。

☐ 你的整体表现如何？与孩子的关系质量是否有变化？如果是，你是如何注意到这一点的？

作为框架的每日流程

每日流程就像一个三角支架。这个支架为我们框定了一个范围，在其中我们可以相应地活动,塑造我们的日常结构,并用习惯、常规和仪式来填满计划和生活。研究、了解自己的支架以及构成它的不同基石是非常关键的。

> **练习:你的每日流程**
>
> 第1步:请详细写下你每天的日常生活流程(包括时间)。请为此投入一些时间。如果你的伴侣能够和你一起做这项练习并互相交流、比较笔记,那就太好了。你们也可以一起写下日常流程,并谈谈你们对此的不同看法和执行方式。如果是这种情况,记得将你们对这些流程的不同看法都记录下来。
>
> 第2步:下面这个三角形的插图可以将一天可视化,并将其划分为三个基本点。请在这个"日常三角"中,画出标志着你的一天的不同时刻和停靠站,并粗略地把你刚刚记录下来的日常流程转移到这个三角形中。你可以和你的伴侣一起做这件事。
>
> 中午
>
> 早晨　　　　　　上午
>
> 第3步:回忆一个日常生活中的场景,在这个场景中事情不断恶化,变得越来越糟糕。请想一想,你在什么时候会感受到压力或紧张?
>
> 第4步:现在,请观察一下这个你正在编辑的"日常三角",

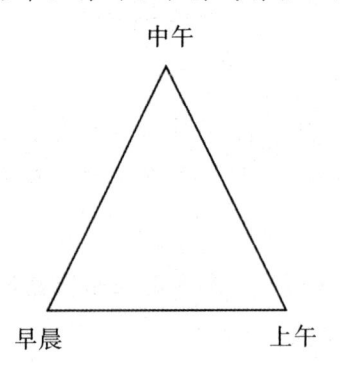

第6章
营造幸福的日常生活

> 用红色的笔标记出压力大的时刻，用黄色的笔标记出压力产生的时刻。
>
> 请写下：如果你现在可以立刻改变你/你们日常生活中的三件事情，你要改变什么？
>
> 第5步：请再次特别提醒自己，在日常生活中要关注价值指南针：责任、用心和团结在日常生活中发挥着重要作用。因此，请你再回忆一遍责任的价值，并从这个角度审视自己的"日常三角"：你在哪些方面把自己的责任转嫁给了别人？
>
> 你觉得自己的责任具体有哪些？你是如何注意到自己在生活中明显地承担了作为父母的引导责任的？

既然我们知道，孩子在各个层面上都需要安全感，那么我们就应该精确地从这个方面来审视我们与孩子在日常生活中的相处，并不断地调整和适应。如果孩子在生活中感到寸步难行或是面临情绪崩溃，那么安全感的丧失总是脱不了干系。例如，在短时间内突然冒出一些不可预测的事情时，就会出现这种情况。其后果往往是，孩子会很快失去自己的定位和方向。这就是为什么，一个由有意义的习惯和经过验证的生活节奏、仪式、日常流程组成的可靠框架，是如此重要：它创造了一个安全的、可预期的重复性活动序列，帮助我们在日常生活中更好地与孩子相处。

当方向感丧失时

儿童还没有什么时间和空间的概念。他们只是简简单单地活在当下，这是孩子的天赋，我们成年人却往往难以做到。太多时候，我们纠结于过去或执着于未来，而孩子则专注于当前对他们来说重要的事情，更喜欢被熟悉的人和熟悉的事物包围。

因此，人们会一次次产生这样的印象：一切新鲜的事物，尤其是出乎意料的事物，都会引发孩子的不安全感。是的，这种印象源自发展心理学，陌生感往往会导致孩子的拒绝或其他的行为方式，让我们在日常生活的流程中停滞不前，使我们的生活变得更加困难。孩子最需要的就是安全感。回想一下冰山模型，其中，安全感是最重要的根本-基础情感需求。所以，在这里你基本上可以断定，一天中出现的所有困难和问题最终都可以追溯到这样一个事实：你的孩子在某个时刻失去了定位和方向，他/她心中的安全感已然支离破碎了。大人们常常忘记提醒自己：孩子几乎每时每刻都要依赖我们来确保他们情感、身体和空间的安全性。而在日常生活中我们常常忽视这一点，因此往往会在不知不觉中让孩子感到不知所措、不堪重负。我们总是把自己的计划和想法放在核心位置，然后当孩子开始拒绝，对新的地方、新的人、新的事情失去好奇心，表现出我们无法归类或理解的行为时，我们又会感到惊讶。在这里，我想给大家讲一个来自我的咨询实践中的故事，并同你们一起在放大镜下仔细观察在这个故事中涉及的所有基本层面：

艾米（4岁），今天应该去理发店剪头发了。妈妈很早就告诉了他今天的计划，让他为此做好准备，也就是给了他一个方向和定位。事实上，艾米很喜欢去剪头发。他喜欢发型师马里奥，马里奥总是会热情地问候他："你好，小冠军，又该剪头发了？"然后把他抱到大椅子上。

第6章
营造幸福的日常生活

艾米喜欢对着理发店的大镜子观察自己,喜欢碎头发掉落下来时弄痒他鼻子的感觉。

然而,这一天,一切都与以往不同。在路上的时候,艾米就开始抱怨说自己的肚子疼。妈妈感到很惊讶,但仍觉得没有多么糟糕,没必要打乱原来的计划。然而,事情却变得越来越不受控制。"艾米,我们要迟到了,不要让我这样拖着你走路。"妈妈催促他,瞥了一眼自己的手机。"妈妈,我不想去理发了。"艾米说,并开始轻声哭泣。"为什么不想去呢?"妈妈有些不耐烦地问道。她停下脚步,快速给丈夫编辑并发送了一条短信。她匆忙地拥抱了一下艾米,劝他继续往前走。"不会怎么样的,你已经去过很多次理发店了呀!"妈妈试图安慰艾米。艾米抽泣着,拉着妈妈的手继续往前走。当他们就要到理发店时,艾米不愿意再走了。他站在原地一动不动,开始放声大哭,坚决不愿再迈出一步。他的妈妈感到莫名其妙,惊讶不已。"但是艾米,你到底怎么回事儿?为什么要哭呢?我就在你身边呀。"然而,艾米根本听不进去,他边哭边闹,说他就是想要回家,绝对不会再往前走一步路,也坚决不会再去理发店了。妈妈生气了。但是除了和发型师推迟剪头发的时间以外,她没有别的办法。她很焦虑,因为她试图把这一切都想明白;她也感到很恼火,因为不理解到底是什么原因导致艾米有这样的表现。

更好地理解你的孩子

这个故事抛出了几个值得我们思考的问题。究竟是什么让艾米的反应如此激烈?似乎一切都安排得井井有条,然而,却仍旧遭到了孩子的强烈反抗。这背后究竟是什么原因呢？艾米的妈妈想要更好地了解她的孩子，所以我们一起更加仔细地观察了每个环节：将整个情景放置在显微镜之下，把那些快速和无意识发生的过程速度放慢，并从不同的角度观察它们。一开始，艾米的行为好像完全解释不通。他应该去理发店，并及时接收到了这个通知，也为此做好了准备，并且他的妈妈一直陪伴着他。那么，为什么由去理发店这件小事引发的矛盾愈演愈烈了呢？

首先，我们借助冰山模型，将艾米的行为表现在冰山顶层进行分类。然后，事情就变得有趣了。我问艾米的妈妈，她能够从艾米身上察觉到什么样的情绪。于是，我们在回忆中激活了艾米妈妈的"情感吉他"，让她一边回想，一边感受艾米的情绪状态。艾米的妈妈首先感受到了艾米的愤怒。但是为什么呢？她问自己，此刻艾米应该是因为什么而感到气愤呢？她学习过冰山模型，已经考虑到了需求层面。她想知道可能是因为什么。也许，他想要获得自主权，觉得自己受到了管束和限制，想要自己做决定？是的，有那么一刻，艾米说他肚子痛。艾米的妈妈试图做出一个初步的解释。我让她放慢这个过程，不要立刻跳过情感层面直接去寻求答案，而是在这个层面多停留一会儿，细心感受。我们常常倾向于快速离开情感层面，因为这样就可以避免过多地接触到孩子内心的痛苦。感受需要时间，因为情绪只有在被给予空间时才能被感知。这个空间是必要的，我们知道，激起某种行为的从来不只是一种情绪，而是一种混合物——情绪鸡尾酒。因此，我们要在情感层面多花些时间，再更加深入地探究一下，这是值得的。在这种共鸣中，我们能为进一步行动的灵感找到具体的提示。

我和艾米妈妈能够一起感同身受的是，在艾米的愤怒中伴随着大量的绝望。通过这种方式，她逐渐察觉到，在儿子的"情绪鸡尾酒"中

第 6 章
营造幸福的日常生活

不仅含有愤怒，而且还有相当大比例的恐惧。她勇敢地继续感知，又察觉到了艾米的痛苦和悲伤。我们可以总结一下：愤怒只是鸡尾酒的泡沫，还有一丝可以察觉到的痛苦与悲伤，而恐惧才是混合情绪的主体部分。现在我们可以得出结论：艾米的根本-基础情感需求显然没有得到满足——一个人在害怕的时候，会变得没有安全感。因此，这一切都与安全感有关。在去理发店的路上，艾米似乎在什么地方失去了自己的安全感。一旦我们有了这样的认识，就可以转向其他问题了，你也可以在类似的情况下这样问自己：

- 在这种情况下，什么会导致安全感的丧失？
- 孩子可能在哪里失去了定位和方向，或者是否完全处于茫然的状态？
- 孩子是否发送过预警信号，表明他们失去了安全感？我们是否忽略了这些迹象？如果是这样，那是什么导致了这种情况？
- 我们是如何具体计划这件事情的，孩子是如何参与其中的？
- 你自己对此事有什么样的想法？当你通过视角转变将你的想法同孩子的想法进行比较时，会产生什么变化吗？

基于这些问题，我们能够对整件事情进行一些梳理：艾米事先知道要去理发店剪头发这件事，理发对他而言并不陌生。事实上，他也很喜欢去理发店。那么，究竟发生了什么让他如此没有安全感？今天和往常相比到底有什么不同？艾米的妈妈和我一起思考这个问题。在与她的进一步对话中，一个看似很小的变化浮出了水面，然而正是这个小变化产生了很大的影响：艾米一直是在爸爸的陪同下去理发店的。不仅如此，父子俩一直都在发型师马里奥那里剪头发。但是那家熟悉的理发店暂时关闭了，所以爸爸妈妈改变了他们原先的计划，却没有意识到这个细微却关键的变化对小艾米来说可能意味着什么。除此之外，这次妈妈会带着艾米一起去找她的发型师。对于成年人来说，这似乎是件习以为常的小事，毕竟，这只是去个理发店，但对艾米来说，这意味着一切。"但是，我已经告诉过艾米，这次要去找我的发型师理发了呀，他事先知道的，"艾米的妈妈说道，"肯定不会是这个原因让他彻底失控吧？"是的，它可以。正是这种细节，可能会让孩子完全偏离轨道。因为对于孩子来说，知道某件事情并不意味着他们完全理解它。艾米了解这个情况，并不意味着他已经可以推断和预见相应的后果。艾米还没有那么强的想象力，还无法预测事情的走向。也就是说，他还无法为自己预测和预判事物、事件和感受，不能独立且稳定地调整自己以适应新到来的变化。

因此对艾米来说，在一个原本安全的情感框架里，仅仅因为小小的变动，即不是像往常一样由爸爸而是由妈妈陪他去理发店，就会让他感到非常不安，从而导致内心系统的崩溃，进而引发这种行为的产生。现在，再让我们从艾米的角度仔细观察一下，这个所谓微不足道的变化所带来的后果。

对艾米来说，一切都与往常不同：首先，陪他去理发店的是妈妈而不是爸爸。也就是说，这次他们不像以往那样开车出门，而是步行到离家不远的理发店。去理发店的路也完全不一样。理发店所在的街道是陌生的，理发店本身也是陌生的，熟悉的马里奥也不会在那里等着他。

因此，如果我们改变视角就能够看出，对艾米来说，他所关注的并不是理发这件事情本身，而是这个经历所在的框架和结构。正是这些，给了艾米安全感。对艾米来说这意味着，不仅仅是过程发生了改变，它所带来的感受也很不一样——不是更好或者更坏，而只是不同。因为艾米在独自分类和消化这种"不同"，所以他变得没有安全感，

第6章
营造幸福的日常生活

并在某个时刻最终爆发出来。他迷失了方向，感觉很糟糕。他的身体通过肚子咕咕叫的声音清楚地向他发出方向感丧失的信号。艾米与自己身体的连接非常紧密，因为他能直接察觉到自己的不适，还能直接将这种不适感说出来："妈妈，我肚子疼。"虽然他可以让自己快速平静下来，忽略"不好"的感觉，只要还有妈妈的陪伴。但是很明显，妈妈在此刻并不能很好地为艾米提供情感上的支持，因为她被手机分散了注意力，一直在担心会不会迟到。所以，艾米就这样失去了与妈妈的联系，不安全感慢慢累积。妈妈在这个时候完全可以察觉到艾米的情绪变化并迅速对症下药，但她因为分心将其置之不理了。这让艾米非常恼火，以至于每往前走一步路，对他来说都加剧了内心方向感的丧失以及对整个局面感到迷惘。

现在，一切对艾米来说都如此陌生。所以他的脚步变得更慢，而妈妈则愈加不耐烦。尽管他正牵着妈妈的手走路，但是在情感和身体层面上，他却感到失去了亲密感。妈妈看着手机，打着字，似乎在想些别的事情。艾米感受到了妈妈的急躁，也察觉到了妈妈的压力。他现在无法独自理清思路，也很担心："妈妈到底怎么了？"于是，他的身体内部进入了一个高度激活的状态，他的不安全感和恐惧感变得如此强烈，以至于彻底失控，他的系统向他发出了"危险"的信号，这导致他在就要到理发店的时候开始反抗起来："我绝对不去剪头发！"哭泣、尖叫，他对妈妈到现在还不能理解自己而感到愤怒，对爸爸不在身边而感到悲伤和痛苦。艾米完全被情绪淹没了，不知该如何是好。

通过视角的转变，艾米的妈妈现在能够很好地对他的情绪状况感同身受了，并在回顾事件时逐渐清楚了当时艾米的混乱和迷失是从何而来的。她可以理解儿子的选择，从这个角度来看，艾米的拒绝甚至是一个为了自我保护并重获安全感的绝佳策略。现在，我们所探讨的重点并不是要避免这种情况的发生——在与孩子的共同生活中，这是完全不可能的。相反，我们要把这些事情理解为自我成长的机会以及与孩子共同生活的本质，继续探究它们，并认识到这些关键时刻实际上具有积极的属性。

□ 如果妈妈现在知道，对艾米来说首先缺少的是安全感，那么下次她如何才能更多地考虑到这一基本需求呢？欢迎你在继续阅读之前，自己思考一下这个问题。你也可以找一个日常生活中类似的情况，想一想自己该如何应对。

艾米的妈妈为自己找到了下面这些答案，她希望自己在日后的生活中更多地考虑到：

● 不要只是简单地通知艾米即将发生变化，而要更加详细地对他说明具体会有哪些方面和细节发生改变。（转换视角、预先说明以及鼓励的情绪氛围）

● 不要假设艾米已经理解了一切，而是要多次、反复地确认艾米的想法和感受。（愿意建立沟通和联系）

● 不再简单地按照自己的节奏带着艾米，而是在未来的道路上给予自己和儿子更多的时间与平静，不要急于求成，而是更有意识地用心生活。（活在当下以及优先事项）

● 例如，在艾米说自己肚子疼，发出重要的"停止"信号时，不要再勉强他继续前进，不要再用心不在焉、敷衍般的安慰分散他的注意力，而是保持开放的态度，更多地改变视角，与自己保持连接，从而更好地关注孩子发出的信号，并给予他支持和帮助。（愿意建立沟通和联系，活在当下以及优先事项）

□ 在与孩子的日常生活中，这样的情况对于父母自身来说是极好

第6章
营造幸福的日常生活

的成长机会。在与孩子发生冲突之后,你可以将注意力放到自己身上,问问自己当时的想法和感受。是什么导致你以这种方式应对冲突的呢?这是值得仔细思考的。

更好地理解自己

艾米的妈妈也向自己提出了这样的问题,并有了以下发现:首先,她自己就处于压力之下。她说,艾米在出门前提出的关于爸爸的疑惑,引发了她内心的压力:"为什么爸爸今天不和我一起去理发呢?"此时回想起来,她注意到这个问题并没有被自己成年人的部分接收处理,而是让她的内在小孩受到了震动。她觉得仿佛被冒犯了,突然间觉得自己失去了价值,并质问艾米:"你为什么想要和爸爸一起去呢?妈妈陪你不行吗?你更爱爸爸,不爱我了是吗?"艾米简单的一个提问,在几毫秒内让妈妈受伤的过去再次苏醒,重现眼前。

接着,我们将这种感受带到身体感觉的层面,艾米的妈妈形容她的感觉是刺痛的,心脏和胃部就像有细细的小针在扎孔一样。与此同时,她感到莫名的空虚并沉浸于自己的思绪中,所以也没有听出来艾米提出问题实际上是在寻求定位和方向。这种感觉随着她与艾米之后的每一次对话和接触而愈加强烈。于是,艾米的妈妈逐渐失去了与自己的联系,然后也失去了与艾米的联系。她被自己内在小孩的声音吸引了,越来越沉迷其中,这个声音变得越来越大,诉说着自己的过去和旧的信念。她的内心过于沉沦在自己幼稚懵懂的那部分,因此不可能与艾米的情绪产生共鸣,也不可能进行视角的转变。所以,她无法理解与共情儿子新产生的不安全感,而这最终导致了艾米的恐惧和拒绝。这情有可原：总有一些连父母也难以招架的强大力量。当孩子在日常生活中突然让我们有被抛弃的感觉，突然接触到自己内心的空虚、日常的紧迫感或恐惧时，这种力量使一切都变得异常痛苦。

所以，她会用"没那么糟糕，不会怎么样的"这类话语来转移艾米的恐惧和痛苦。分散注意力首先是一种战略性的措施和技巧，与真实有效的沟通相结合，在某些情况下也是大有帮助的，它有助于将注意力从痛苦中转移开。事实上，孩子正是在人际交往和父母的安慰中学习并体会，该如何改变关注对象以及把注意力从某件事情上转移走。然而，这次妈妈让艾米转移注意力却有着不同的目的。恐惧和痛苦的感觉此刻在她的内心深处是如此强烈，以至于她难以忍受，宁愿不再去感受它。我们做了很多事情（而且往往是无意识地），只是为了不再触碰到自己内心的痛苦。

为人父母也意味着，要能够学会与自己内心各种被激活的状态建立联系，尤其是那些所谓的消极情绪和负面感受。它是一种自我调节的形式，让我们学习对自己内心的这些部分进行内在关怀和自我管理。如果艾米的妈妈首先将注意力集中在自己身上，那么回想起来，她有机会再次建设性地解决与艾米的冲突。

在情感层面连接——你在哪里，我在哪里？

对孩子来说，如果大人能够与他们一起重新审视出现困难和问题的情况，是很有帮助的。这就是艾米妈妈下一步要做的事情。她讲述了在咨询以及所有从中获得的见解的鼓励下，她后来是如何处理这件事情的："我试着和艾米再次沟通一下去理发店的事情。我告诉他，我

第 6 章
营造幸福的日常生活

已经考虑过了,对于没能去理发店这件事我感到非常抱歉。我和他谈了谈当时的感受,并告诉他,我现在很能理解他为什么不愿意去理发店了。如果我处在他的位置,当时也会觉得很奇怪——为什么突然间是妈妈而不是爸爸陪着去理发店,发型师也不是同一个人。事后我能够向他反映出来,他觉得事情有些不对劲的感觉是正确的,我现在可以理解他的恐惧。'是的,'艾米说,'而且,我还肚子疼。'在这一点上,我感到格外对不起他。我看着他,告诉他我非常抱歉,当时没能'听'他肚子的话。我鼓励艾米,并告诉他,他的直觉非常重要,也非常准确,今后我不会再试图说服他,而是会倾听他的意见并和他讨论。艾米点点头。然后我给了他一个大大的拥抱,并说好了,我们两个以后都要'多多听从我们肚子的话',因为它有很多话要说,它的话也非常重要。"

艾米的妈妈漂亮地解决了这个问题,并在情感层面上与儿子重新建立了联系。她毫无保留地改变了视角,站在艾米的角度和他一起复盘,并且能够表示出理解。也就是说,她在事后重新活跃了亲子之间的气氛,承担了责任,把自己的感受和所发生的事情再一次用语言表述出来,并在情感上和儿子一起好好地整理总结。这样一来,艾米就能在沟通之后为自己重新评价这件事情和他的体验。通过放慢速度再次审视这件事情以及和妈妈的沟通,现在他终于可以理清到底发生了些什么,他究竟感受到了什么,并确认他的感觉没有"错"。他不再为自己以这种"爆发性"的方式拒绝去理发店而感到"内疚"了,因为妈妈说他的感觉是正确的,妈妈为他的迷失感承担了责任。这显然让艾米放松了下来,从长期来看他变得更有安全感——他回到了自己的平衡状态。通过这种方式,他就能够与自己重要且正确的感觉重新联系起来,并觉察到这两者之间是有关联的：当人迷失方向的时候，就会变得没有安全感。在这种时候，如果能找个人问问就好了。

通过这次沟通，艾米获得了良好的经验，同时也学会了应该用语言表达自己的感受——一个对整个人生都十分重要的特质。因为，如果我们对情感层面的内心活动视而不见，不去感知它，甚至否定它，我们就剥夺了孩子发展谈论自己感受的能力的机会，从而关闭了他们的情感空间。我们就远离了情感层面，并且否认了孩子的感受。这样一来，孩子就无法在与自己感受的联系中发展出一种安全的自我认知。艾米的母亲在彼此之间建立了一种新的亲密关系。她说出了艾米当时的情绪，以及她自己在那一刻的位置。通过在一种钟摆运动中进行视角的切换——你在哪里，我在哪里，两人之间产生了一种新的联系。这种联系存在于所有层面之中，存在于艾米和他的妈妈之间，也存在于参与者与自己的内心世界之间。这种与自己的联系正是这本书要讲述的重点。也恰恰是在安全的自我连结这个方面，当今有很多成年人并不确定，而我们，就像艾米的妈妈一样，在为人父母的过程中能够越来越多地重新获得这种自我连结，从而卓有成效地陪伴孩子的成长。

为了能够安稳地引导日常生活的流程，并且以有意义的方式到达固定的停靠站，过渡阶段以及设计过渡的形式是绝对必要的。

过渡阶段——孩子日常生活中的重中之重

在与孩子的日常生活中，我们会经历各种各样、或大或小的过渡。基本上，一整天都是由过渡构成的。从我们早上起床开始，过渡到吃早餐、打扮好自己、换衣服；然后帮助孩子刷牙、洗手、给孩子换衣服、出发去幼儿园／学校；孩子在学校从玩耍过渡到吃午餐，从吃完午餐到

第6章
营造幸福的日常生活

睡午觉，有的幼儿园可能会有一个特别的午睡仪式，午睡持续到下午，伴随着铃声响起，开始下午的活动和游戏，再到收拾东西回家，回到家中换衣服，开始晚上的日常惯例。所以，我们的一整天都在结束和/或中断一项活动，然后进入到一个新的情况之中。

我们需要重点思考的问题是，这些过渡并不仅仅是可以随意结束或中断的事实行为、活动，对孩子而言，它们更具有重要的情感特征——这就是他们的生活。也就是说，孩子们实际上一直在不断地告别。他们不得不和某样东西说再见，以便参与到新的事情中，"欢迎"新的事物。如果我们意识到这一点，就可以在这个意义上精心地设计过渡阶段，并自如地陪伴孩子走过这些过渡阶段。此外，我们也可以更具体地定位和预测，哪些过渡阶段对我们的孩子来说可能是困难的，对日常的总体框架更加了然于心。

举个例子：时间压力就像毒药一样。想象一下，你不得不在时间紧迫的情况下在火车站和伴侣告别。你处于压力之下，必须迅速适应告别和分离，快速调节自己的悲伤，所有积攒着的想要说的话和想做的事情都要被迫撤回，现在必须要说再见了。这时随着压力的到来，神经系统也被激活。缺乏时间会产生压力，让我们焦躁不安，甚至会激起我们心中的怒火，然后一切就失去了控制。至少对孩子来说是这样，因为他们（仍然）依赖我们进行情绪的共同调节。

所以，既然我们现在了解过渡对于孩子来说是一件多么具有挑战性的事情，我们就要格外注意，尽可能按照每个孩子自己的节奏以及适合他们的方式，设计这些过渡并陪伴他们。你可以特别注意以下几点：

通过定位、展望和引导提供安全感。多多交流，例如在吃早餐的时候，一起商量今天要做的事情。重要的是，吃早餐是你们日常生活中的固定环节，这个情景可以成为你们建立情感关系的岛屿。

引导也意味着动用能量。为了继续前行，你必须要有所舍弃。这意味着，你必须远离某样东西，再努力奔向某样东西。我经常遇到，父母在生活中通知孩子某件事情——例如，"我们现在要出门了"——的同时，他们又开始清理洗碗机。然后，他们又惊讶于孩子并没有结束自己之前的活动，还没有把鞋子穿好，接着一切都变得胶着起来，僵持不下。我们的孩子在情感和身体上都与我们紧密相连。因此，你的孩子能接收到有关你内心能量的信息。然而，你的能量所传递出的信号与你所说的不同。你的语言说"我们要出发"，但你的身体却说"我们要留下"。因此，在这里重要的是，我们要在所有基本点上发送一致的信息。一旦你能感觉到自己的内在能量，就要有意识地使用它，将它转化为行动。然后你会自动将这股能量释放出来，并利用它向前迈进。为了更有意识地感受你体内的这种能量，我们可以来做一个小实验。

练习：精力充沛地向前冲

这是一个简单的步行训练。

第一部分：为自己划出一段20—30米的距离，开始慢慢地走动起来。注意将自己的背部挺直，并在走路时低头看着自己的脚。感受自己内心的感觉。如果你愿意，可以重复这一部分的训练。

然后来到第二部分：现在再走一遍这段距离。这次，将你的上半身略微向前倾斜，眼睛望着你想去的地方。再次在自己的内心感受一下这种感觉。比较两次步行的差异。

☐ 你在第一部分中察觉到了什么？你在第二部分有什么样的感受？

也许你能觉察到，看向你想去的地方并且上身略微向前倾斜，就能

第6章
营造幸福的日常生活

完全改变你的内在能量,增加你的动力。你的身体会与所有的感官相协调,来适应变化,向前迈进。你的眼睛将方向可视化,目光看向一个目标,你的身体也会朝向它,并向它努力。

因此,特别是你在白天感到疲乏和费力的时候,可以再次将注意力更多地集中在你想去的地方,同时也去感知,自己如何在各个层面上(语言上、身体上、情感上)向外界发出这个信号。你的目标就在眼前吗?你是否可以变得更加积极主动,是否能够专注于前进,是否感觉到自己身上充满能量?简而言之,你是否行动起来了?

多留出一点时间。在制定计划时总是给自己留出一些额外的时间是明智的。对于一些特定的活动,比如说购物,时间充裕是很重要的,这样才不会让自己感到有压力。对于在日常生活中反复出现的过渡阶段(例如从玩耍到吃饭),如果能够给孩子们提供一个情感空间(说再见的时间以及自主的空间),他们通常可以非常顺利地适应、调整。只有当他们在我们身边感知到压力和紧张的时候,才会容易进入拒绝、否定的状态。在这里,请不要忘记关注你与自己的联系。缓缓地深呼吸,从而与自己的内心重新连接。

自我调控和自我连结。与自己保持联系。如果你有时间上的压力,尽量去有意识地感知这种压力。调节自己,呼吸(反复地,由浅入深地),让自己平静下来,在心中有意识地提前做好重新规划(例如,我会坐下一班公交车;我接受目前这种情况)。你会发现,压力会立刻减少。有意识地在身体中感受它,向着紧张的位置呼吸。要意识到:如果你陷入到压力和慌乱之中,那做什么都无济于事。除此之外,总是为孩子提供自主的空间,让孩子也参与到决定中来,比如,"你想穿哪一双鞋子,哪一件外套";为孩子的决定留出空间:"你想穿凉鞋还是运动鞋?"

让过渡变得简单的小物件。它们是小型的"情感桥梁",可以帮助孩子更容易进入一个新环境。这可以是：
- 从家里带到外面的熟悉的小物件
- 在尿布台旁边放一个玩具小汽车／小玩偶
- 入睡前，或者换衣服的时候读一本书
- 可以在路上吃的苹果片

很显然，这些东西实际上起到了类似"扶手"的作用。在过渡时，孩子不得不放弃一些东西，但他们得到了一些新的东西来"握住"。这也是一种身体－感官的体验，有助于帮助整个系统适应新的事物。

给予告别时间，利用一些小仪式。孩子需要时间来告别。这个过程是转身离开某样东西，以便转向新的东西。我们可以用告别的方式纪念"转身离开"，来帮助孩子更容易离开某样东西、某个人、某个环境，例如，说"拜拜"，或者把玩具车停到"停车场"，或者再抚摸一次小猫咪。有的时候，分阶段来告别也是一个好主意：在房间里再拥抱一次外婆，和外婆一起走到门口，然后在窗前向外婆挥挥手，直到望着她在转角处消失。我们也可以对石头、树叶、树枝或者大树说"再见"。我们还可以设计出各种富有创意的告别仪式。如果我们能够给予这些时刻一点点耐心、一丝丝理解、一小撮创意，告别往往不会那么困难，也不会花费那么多时间。

和你的孩子谈谈，了解他们能否为自己找到一个目标。在日常生活中重要的是，作为父母，我们要主导局面。这意味着，我们要对所有过渡了然于心，也意味着，我们要预先通知孩子这些过渡阶段的存在。家长经常会凭直觉这样做。例如，在游乐场上对孩子说"再滑两次我们就走……"，这就是一种预告。你也可以这样说："我们马上就要离开了，把这个游戏做完，然后我们就出发。"你会惊讶地发现，如果孩子知道接下来要做什么，了解你们为什么必须离开，他们的配合度会有多高。重要的是，在任何情况下都要预先告知你的孩子，并且对我们自己的时间安排心中有数，把自己的内在能量和目标放在心上。这不是一个关于我们是否离开游乐场的问题，而是一个关于我们如何离开的问题。孩子能够感受得到这种态度。

在有阻力和时间压力的时候。在这种情况下，父母往往会喜欢使用"如果……那么……"这种句式。这类句子有几种形式。有的句子，会在情感上勒索孩子，并给他们施加压力，例如："如果你现在不过来，那我就自己走了。"这种形式的施压会给你和孩子之间的关系带来不必要的负担。有的句子，能够给孩子提供信息，勾勒出一个视野，并且在没有情感压力的情况下明确某些联系："如果我们现在不回家，那么就赶不上看动画片了，我可不希望错过。"请不要期待，仅仅因为你做了解释，你的孩子就会立刻理解并对你说："谢谢你告诉我，那我们现在必须快点离开。"作为家长要认识到，对你的孩子来说，了解大概的情况非常重要，但即便如此，也依然有可能会发生冲突。

著名的"如果……那么……"句式

属于父母沟通合集中的保留曲目，主要是一种在压力情况下发出的权力信号。这种句式会给孩子施加压力，让父母与孩子之间的关系不必要地紧张起来。父母总是会使用"如果……那么……"这个句式来控制和引导孩子。

使用"如果……那么……"这种句子无异于胁迫和情感勒索，因为当父母以这种方式作为回应时，他们会使孩子变得无助和无力。孩子会从中认识到：强者是优越的，是正确的，所以与其被羞辱、被贬低，不如做一个强者。然后孩子在其他关系中会按照这个模式行事。

练习:"如果……那么……"句式

写下你自己会在日常生活中使用的含有"如果……那么……"的句子。然后,尝试用一种没有情绪压力和胁迫的方式重新组织语言。

如果你的孩子不想/不能离开,并且拒绝配合,但是你又着急要去做某件事情,可以试试下面这几个步骤:

不要让压力蔓延开来。首先感受一下自己的内心。花三分钟的时间,有意识地呼吸。

● 你可以告诉你的孩子这是怎么回事:你们必须要离开了。

● 你可以镜映,说出孩子的想法(不需要太多语言):"我看出来你不想一起走。我明白你很生气,因为你还想留下来。我很抱歉,但是我们现在必须要出发了,这对我来说很重要。"

● 描述你正在做的事情和计划要做的事情(也是为了自我调节),给孩子一个方向:"我现在抱着你去坐车。我们可以明天下午再过来,到时候你可以玩更长时间。"

● 与此同时,尝试寻找一些帮助过渡的小物件以及用告别仪式,再一次告别,例如,说"拜拜,小滑梯""拜拜,游乐场"。

● 做一些必须要做的事情,以走出困境,例如,如果你的孩子拒绝穿衣服,那么你就一边和他/她说话,一边帮助他/她穿。要保持沟通。还有,你根本不必担心如果现在不让他们自己做,他们到18岁都学不会系鞋带。

● 不要匆匆忙忙。我们的座右铭是:不要着急,会走得更快。

● 问问自己,孩子不愿意出发的原因是否可能与下一个目的地有

第6章
营造幸福的日常生活

关。例如，之后你要带孩子去上体操课？这个活动只有你的孩子参加？他/她对这个特定的情景有恐惧感？也许孩子需要一些铺垫？你可以帮助孩子进行共同调节。

重复性的仪式可以帮助孩子在日常生活中更加容易过渡，因为它们提供了方向和展望，从而给予了孩子安全感，例如，在打扫卫生时播放一首特定的歌曲；吃饭之前说一句特定的话。总是在游乐场玩耍之后顺便去看看某家商店的橱窗，这也可以成为一种仪式。或者在进屋之前，给花园里的小矮人[1]一些吃的（草、树枝……）。你可以富有创造力地设计这些小的仪式，唯一重要的是，它们能够提供温暖、积极的情绪价值。

对年龄的变化做出灵活应对。首先要培养出对过渡的认识，这一点很重要。同样重要的是，要意识到这对孩子来说可能会多么困难。

□ 注意并留心日常生活中的过渡场景，思考并试着找出什么时候以及哪些过渡对你的孩子来说可能是存在困难的。哪些过渡会带来压力？哪些会导致愤怒或者怨恨？你们什么时候会陷入冲突？在哪些过渡中你的孩子会愿意配合？在一切都进行得很"顺利"的过渡阶段，你是如何做的？是怎样提前预告的？在你看来，哪些因素是取得成功的关键？将这些答案概括出来，并相应地调整你的日常生活。请记住，要随时感受自己的身体。反思的目的是全面的，应该能够将你与自己联系起来。

---

[1] 用小矮人雕像装饰花园是德国的一个文化符号，这些小矮人是土地的小精灵，守护着家庭花园。（译者注）

既然我们已经探讨了这么多日常生活中必不可少的方面，我想在下面邀请你重新审视你的日常生活，并尽可能帮助你调整它。

练习：重新设计日常流程和过渡

伴侣练习：请花一点时间（如果有可能的话，请双方一起），根据你们现在的所有反思和思考，重新画出你们认为有意义的日常生活流程、固定的组成部分和结构。在这里，你会发现一个稍有不同的表示方法，其中仍然包括一个三角形，但是你们可以用一种更有区别的方式设计和填写。

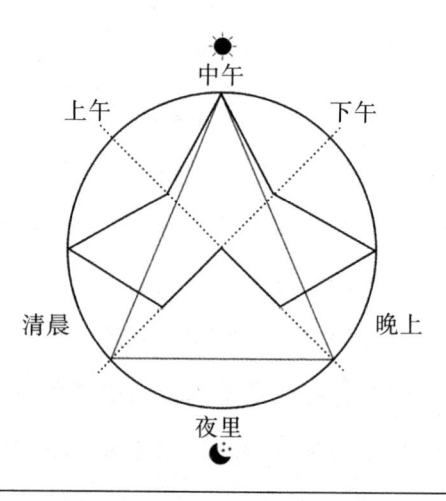

冲突也是日常生活中联系的一部分

矛盾和冲突是家庭生活中无法避免且不可缺少的一部分。我们都希望家庭生活能够尽可能和谐，但当人们在一起生活时，不可能没有冲突。因此，对我来说，问题的重点并不在于我们如何能够避免争吵和冲突，

第6章
营造幸福的日常生活

而是如何在家庭中发展出一种"冲突（吵架）文化"，富有建设性地在互相尊重、相互联系的氛围中解决冲突。

如果我试图通过以下方式解决问题，那么矛盾会使人筋疲力尽：

- 处罚和后果
- 奖励或其他操纵性的措施
- 羞辱和贬低
- 批评、质问和指责

因为我们忽视了冲突产生的原因（这一点也是决定性的），其结果就是，冲突非但不会被解决，反而会加深。它越是升级激化，就越是难以解决。因此重要的是，要找到根本原因，找到争端的根源，而不是从表面开始，也就是不要从孩子的行为入手。但首先你要明白，通常你的家庭是如何处理日常冲突的。

☐ 到目前为止，你们是如何解决冲突的？你对此有何感想？哪些方面你们擅长，哪些方面做得不那么好？

当两个或更多的人有不同的需求时，就会产生冲突。我们知道，冲突就是有分歧，使彼此不再和睦。但如果我们好好理清冲突背后的感受和需求，就大大增加了持续性解决冲突的可能性。这样一来，冲突不仅不会使我们分裂，反而会让我们团结起来。也就是说，我们可以通过解决冲突，更多地了解对方，更好地认识、欣赏对方，形成一种新的、更加紧密结合的关系。这样，所有的家庭成员（父母和孩子）都能够从冲突中成长，发展自己的个性，彼此之间的联系也会加深。这对于所有当事人来说都是一次很好的体验。

一个新的视角：把冲突视为发展的推动力

当不同或对立的需求出现并且必须加以调和时，总是会产生冲突。在家庭中，这种情况往往发生在父母和子女之间，但也常常出现在兄弟姐妹之间。

与此同时，尊重所有当事人的需求意味着以平等的态度对待对方。在这方面，作为父母的我们应该成为孩子的榜样。如果我们希望自己的孩子能够尊重别人，并以欣赏的方式与他人相处，那么在日常生活中，和孩子保持一种平等且彼此欣赏的关系就非常重要，让他们从我们身上学习到，建设性地化解冲突是可能的。这意味着，不要越过孩子的界限，而要始终捍卫并尊重它。当孩子感受到来自父母的尊重和欣赏时，他们便也能学会以尊重、欣赏的态度与他人相处。

家长在向我寻求咨询的时候，我经常注意到他们把冲突视为负面的东西，发生冲突对他们来说就如同是一种耻辱，因为作为家长的他们没有能力避免冲突的出现。与孩子的争吵和纠纷常常让我们感到疲惫无助，所以如果我们能以某种方式幸免于冲突，就会松一口气。有的时候，我们只是坐视不理，等待一切重归平静，直到冲突再次产生。当然，应对冲突令人心力交瘁，需要精力和时间，然而，如果我们意识到冲突并不是一件应该受到谴责的事情，而是将其视为一个帮助孩子和我们自己成长的机会，那么羞耻感和无助感就显得很多余了，我们可以更加冷静地处理冲突，将冲突视为一笔宝贵的财富。

作为第一步，你可以重新思考你对待冲突的态度，如果有必要的话，改变它。一旦我们准备好以建设性的方式应对冲突，其实它会带来许多积极的方面：

第6章
营造幸福的日常生活

- 促进自我观察和自我认知。
- 让我们认识到家庭的总体关系。
- 加强家庭内部的信任和凝聚力。
- 使某个家庭成员的需求得到关注。
- 促进所有参与者拥有自信的人格。
- 锻炼所有参与者处理冲突的能力。

> **冲突……**
>
> 是建设性且有意义的，只要它被彻底解释清楚且所有参与方之间破裂的纽带被充分修复。因此至关重要的是，不要让冲突的火焰自己燃烧殆尽，或者将其束之高阁，而应该在冲突发生后积极对话，直到有一个让每个人都暂时性满意的答案。

因此从根本上说，我们不应该避免冲突，而可以允许甚至欢迎冲突的存在。冲突为所有参与者提供了成长的空间。为了帮助孩子解决彼此之间的冲突，或者更好地化解我们与他们之间的冲突，首先必须更好地理解他们的行为，找到他们行为的根本原因。因为孩子的每个行为都有其意义，即使我们第一眼看不出来。而只有当我们理解了这一点，才能在行动层面上找到适当的答案和有意义的反应，并寻求解决问题的新方法。因此，我们现在将分两步进行。请保持耐心。第一步进行得越顺利，就越容易找到问题的解决方案。

还记得冰山模型和相应的原因-行为链吗？现在，我们要把这个关系链具体应用到日常生活中，你可以使用自己画出的冰山模型来做这个练习。

练习：阅读行为——理解冲突

这个练习能够帮助你，更好地将孩子的行为作为一个有价值的信号来理解，同时更好地感知孩子潜在的感受和情感需求，从而在与孩子的联系和亲密关系方面找到新的答案。现在，我们首先将注意力集中在理解因果链条上。

伴侣练习：请投入些时间（如果有可能的话，双方一起）做这个练习，并且彼此交流分享。

请写下两到三个在日常生活中你与孩子之间发生的、不同的、小的且已经过去的冲突。请将具体发生了什么记录下来。此外，请详细描述冲突发生之前的情况，以及冲突究竟是如何发生的。你回想起来的每个细节都可能有意义。

现在，试着用冰山模型和行为-情感-需求链来分析和复盘这些情景。填写下面这个表格，把你所经历的一切，以及当你进入视角变化后的感受都记录下来（你可以使用铅笔，以便于修改）。下面这些词语也许能帮助到你。

行为：我看到了什么？

拳打脚踢、捣乱、拒绝、哭闹、贬低他人、紧紧抓住、大笑、挑衅、撒谎、大喊大叫、吹牛、胡闹。

情感：我有什么感受？

喜悦、羞耻、恐惧、痛苦、悲伤、愤怒、生气。

被触及以及活跃的基本情感需求：

安全感、自主和自我效能感、亲密和联系、被倾听、被关注、信任、能够说心里话、被理解、感觉对他人有价值、认可、归属感。

情感侧写——评估你的发现

用关键词描述一下你对每个情景的思考。从行为层面开始，

第6章
营造幸福的日常生活

逐一分析每个层面。

行为层面：
我们看到的 /
我们所做的

情绪鸡尾酒

情感层面：
在行为之下有
哪些情绪？

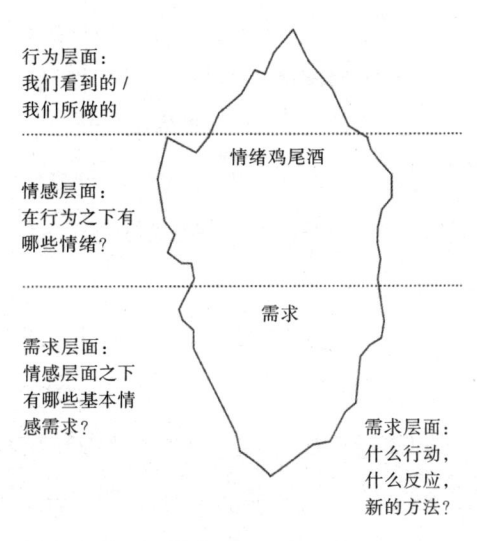

需求

需求层面：
情感层面之下
有哪些基本情
感需求？

需求层面：
什么行动，
什么反应，
新的方法？

行为层面：你具体看到了哪些行为？哪些之前你忽视的行为现在变得清晰了？描述并说明你观察到的表现和行为。尽量不要评判或贬低，例如"表现得不好"，只写下你看到了什么。

情感层面：在这个行为之下，你察觉到了什么样的感受？请描述一种主要的情绪（例如，愤怒，因为它是最明显的），然后继续感受自己的内心。还有什么其他的情绪在你的内心产生共鸣？请记住：从来不会只有一种情绪，它总是一种混合的情绪鸡尾酒。详细描述这种鸡尾酒，并写下你的孩子一定会有怎样的感受。有意识地改变自己的视角，觉察自己身上所发生的一切。

需求层面：这里涉及了哪些根本 - 基础的情感需求？将这些需求写下来，然后进一步思考，你能否从这些发现中找到其他未满足的情感需求的线索。把这些也记录下来。

现在，既然你已经可以将孩子的行为作为其感受和潜在基本情感需求的宝贵信号来阐释并分类，那么就有可能找出相关联的替代性行动方案和应对方法。这并不是说，我们要立刻寻找一个解决办法，而是说，作为父亲／母亲，我们首先要有一个建设性的第一反应和开放的态度。

所以，在第一步——更好地理解行为——之后，让我们迈出第二步：从建立联系和亲密关系的意义上寻找新的方法以及建设性的答案，因此，在下面我们要练习造句——对成年人来说有意义的"如果……那么……"句式。也就是说，你要把你的发现和新获得的对孩子的理解放入一个"如果……那么……"句式中，比如，"如果我知道我的孩子此刻感到悲伤和痛苦，那么他／她此刻最需要的是安慰。无论他／她是如何表达这种感觉的，也不管他／她的方式是否让我感到困扰"。

因此，在下面的练习中我们就要尝试用"如果……那么……"造句，并找出可能的反应／态度／替代行动。

练习：寻找解决冲突的可能途径

在这里，请使用下面这个冰山模型的插图。这个练习将帮助你在接下来这步中，从两个层面（情感层面和需求层面）出发，组织一个"如果……那么……"的表达，从而在联系和亲密关系的意义上找到新的答案。这听起来可能有些复杂，但事实上并不是这样。要敢于脱离行为层面，潜入大海的深处，直到冰山的底部。同样，在这里我们分几个步骤进行。

第1步：根据你之前对冲突的分析，将你所确定的情绪鸡尾酒和基本的情感需求记录下来，例如：鸡尾酒（愤怒、悲伤、非常痛苦）—需求（安全感）。

现在，将你的发现填入自己的冰山模型中。

第6章
营造幸福的日常生活

第2步：然后，看着这个感受-需求链，试着用"如果……那么……"句式在情感层面上造一个或几个建设性的句子，例如，"如果我知道我的孩子感到愤怒、悲伤、非常痛苦，那么他/她需要什么呢？究竟应该如何做呢？没错，如果空气中弥漫着悲伤的气息，有人感到痛苦，那么他们首先需要的是安慰"。这就取得了一个重要的认识。

同时，也在需求层面上用"如果……那么……"造几个句子：

例如，"如果我知道我的孩子现在正在寻求自我效能，并为他/她不能做某一件事而感到绝望，那么他/她之后需要其他的空间，来感受自己是有价值的"。这时你就能想起来：给孩子提供自主空间。

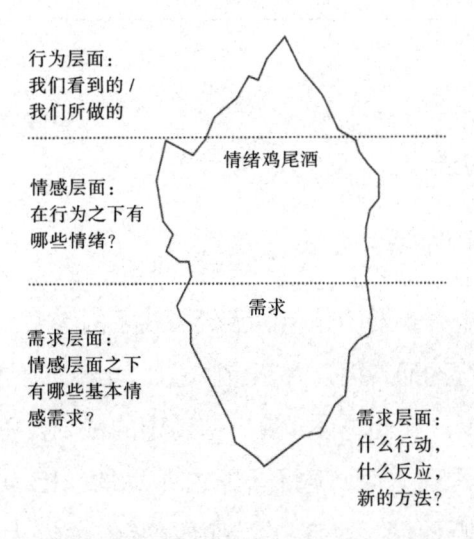

行为层面：
我们看到的/
我们所做的

情绪鸡尾酒

情感层面：
在行为之下有
哪些情绪？

需求

需求层面：
情感层面之下
有哪些基本情
感需求？

需求层面：
什么行动，
什么反应，
新的方法？

通过第二步，你现在已经得到了明确的指示，知道怎样在行为层面上做出反应和给出回应才是最好的，例如，给予安慰或者为自我效能提供空间。也就是说，你可以考虑如何与孩子建立联

> 系，以及在这种情况下哪些关系角度可以帮助到你的孩子。
>
> 因此，现在看看下面列出的这些联系和关系角度，想想哪些可以帮助到你的孩子，例如，身体接触、给予安慰和支持。相应地使用这些角度，并在每个层面旁边标注。（身体接触，倾听，支持，共同调节，关心，同情和同理心，真正感兴趣，认真对待，共情的陪伴，想要了解和理解。）
>
> 联系方面，例如，身体接触首先有助于沟通和接触，然后也有助于在行为层面实施进一步的具体行动，并化解冲突，比如："你想一个人布置桌子，还是我们一起？"
>
> 现在，写下完整的"如果……那么……"句子，并为你具体描述的与孩子的冲突找到一个可能的解决方案。

与孩子的成功沟通

每天大约会有一万六千个字从我们的嘴边经过。沟通在我们的日常生活中扮演着十分重要的角色。我们与孩子的沟通尤为重要。因此，我们应该用心进行沟通，但这并不意味着，沟通必须是复杂的。

事实恰恰相反。我们应该了解一些特定的机制，总体而言，尤其是在我们与孩子的沟通方面，这是非常有帮助的。因为，我们如何与他们交谈、如何倾听他们，对双方之间的关系有着巨大影响。沟通方式决定性地塑造了他们的自我形象、自我意识、自我价值，以及他们对彼此的理解。这就是为什么成功的语言互动是如此重要。我们要真正理解对方的意思，父母要进行细致用心且尊重欣赏的交流。

第6章
营造幸福的日常生活

> **沟通也可以是黄金**
>
> 我们与孩子讨论得太多了,把他们当作小大人来对待,让他们负担过重了,孩子需要明确的信息而不需要讨论,家长常常听到这些建议,但这都是错误的,因为与孩子进行对话并不意味着我们要不断与他们讨论事情。相反,这意味着我们要认真对待我们的孩子,倾听他们的心声,试图去了解他们的想法和感受,并在遇到困难时共同寻求解决的方法。所以,我们要注意不要说教,不要长篇大论地发表个人看法。在这里我想鼓励你,在日常生活中关注对话的基本内容,永远不要放弃寻求所有人都能接受的解决方案的希望。保持开放的心态,继续关注与孩子的建设性关系。这是值得的!

欣赏式的对话

在我看来,与孩子(以及大人)讨论日常问题和解决争端只有通过对话才能实现。然而,为了实现沟通的成功,对话的方式和方法,即对话的形式,是至关重要的。

□ 你如何判断成年人之间的对话是否成功?在沟通中,你想从与你对话的人那里得到些什么?

我在欣赏式的对话方面有很多经验,因为只有当真诚且互相尊重、欣赏的对话取得成功时,所有家庭成员才能表达出他们的需要、愿望和担忧,他们的关切才能被真正听到。作为父母,我们有责任为此搭建一个框架,因为成功的沟通不是一个巧合。欣赏性、建设性的对话需要我们投入时间,带着真正的好奇心靠近孩子,开放并公正地倾听,认真对待他们关心的事情,并对他们的观点表示理解。理解,并不意味着我们必须同意他们的观点。我们也并不总是需要立刻解决问题。

在咨询中,一位母亲谈到了她的儿子,她与儿子之间总是冲突不断。尽管她在沟通方面投入了大量的精力。她说道,她采取了几个具体的步骤:进行一个非评判性的观察,说出一种感觉,谈到自己,并提出一个请求。这是她在沟通课堂上学习到的。此外,她也反映了儿子的需要。她这样描述这次对话:

亨利(9岁)晚上趴在床上写家庭作业。妈妈看不惯他这样,想和他沟通,于是走进亨利的房间。

妈妈(进入房间):"嗨,亨利!"

亨利(抬头):"干什么啊?"

妈妈:"嗯,你在床上写作业啊。"

亨利(又看向别处):"是的,然后呢?"

妈妈:"我晚上实在是太累了,没办法耐心地陪你写作业。"

亨利(沉默)

妈妈(继续):"同时我感觉到你也很累,所以在晚上写作业会比在白天花的时间更长。我认为重要的是,你在写作业时能够集中精力,并且在你有需要的时候我可以帮助你。"

亨利(继续盯着他的书,保持沉默)

妈妈:"因此,我有一个提议,我认为应该设定一个你最晚开始写作业的时间。"

亨利的反应很恼火。他似乎不同意这个解决方案,更加想要逃避和妈妈的对话了。这时,妈妈尝试代入亨利的视角想问题:"亨利,

第6章
营造幸福的日常生活

你已经听到了我的提议，我们要设定一个时间，但是你好像觉得很烦，这是因为你想躺在床上看看书，从上学的疲惫中休整一下吗？你想要我给你20分钟的时间自己待会儿，安静一下吗？"

我仔细观察了一下亨利母亲所描述的这个小场景：是否进行了建设性的对话，到底有没有谈论到冲突的基本点？从表面上看，可能是这样的。但是，如果我们再看得用心一些，就可以发现，首先在这个场景中并没有出现一次对话，而是一个包括一些建设性意见的独白，并没有给亨利和他的观点留下多少空间。这不是一次真正的对话。

此外，还存在一些别的问题：妈妈在没有得到亨利明确同意的情况下贸然走入他的房间，然后让她的儿子更加惊讶的是，她毫无预兆地谈起了两人之间明显存在了一段时间的矛盾。她几乎是让亨利感到措手不及。

改变视角

在成年人的世界里，这就好比你的伴侣没有敲门就走进浴室，告诉你他决定辞去稳定的工作，回到大学重新读书。感受一下，如果你的伴侣以这种方式接近你，并向你突然抛出一个直接影响到你的既成事实，不给你留下任何余地的时候，你会有什么样的感觉？显然，这些在一段关系中非常基础的商量和决定，需要的不仅仅是一个通知和已经下了定论的解决方案。你对这些例子有什么样的想法？

小孩又不是我们的伴侣，家长一遍又一遍地对我说。没错，这就是为什么他们没有和大人一样的权力，无法自己做所有的决定：不是因为他们"太蠢了"，而是因为他们在认知上、精神上和情感上还没有能力预见决定的最终后果。因此，从这个意义上说，他们没有和成年人一样的权力，但是，他们具有同样的价值。这意味着，他们关心的事情、需求和愿望值得被认真对待。我们经常讨论到，孩子需要界限，却很少谈到孩子也有我们需要尊重的空间边界。例如，他们自己的房间就是这样的一个空间边界。以提议作为幌子，告诉孩子一个已经决定好的解决方案，从而让他们没有多少空间自己做出反应和判断，这并不是很有建设性：

妈妈："因此，我有一个提议，我认为应该设定一个你最晚开始写作业的时间。"

在我看来，亨利的反应完全可以理解。他试图逃避，感到压迫，并向后撤退。他根本没有机会表达出自己的想法，妈妈甚至没有询问他这样做的动机是什么。虽然此时妈妈意识到需要考虑亨利的需求，却武断地将其解释为他"很烦"，希望他"先安静下来"。在这里，亨利也几乎没有表达自己感受的空间。妈妈沮丧地离开了房间，冲突并没有得到解决。现在她来寻求我的帮助，问我如何才能更好地靠近她的孩子。

因此，我们来首先仔细观察在上面的对话中到底发生了什么。在经典的冲突性对话中，往往存在：

● 责备、训斥、评价
● 越界的行为

- 出于恐惧的行动
- 缺少联系
- 没有共同的解决方案
- 挫败

亨利的妈妈可以把注意力放到自己身上。她能够觉察到，自己已经对儿子的行为进行了评判，但是无法感同身受地领会亨利的想法，并给出回应。她也感到自己与儿子之间没有什么真正的联系。相反，她一直在为自己的恐惧而烦恼——担心亨利会拒绝。

我和亨利的妈妈进行了一次深入的咨询交流，仔细研究了价值指南针上的七颗指路星。对话，就是我们在关系天空之上的一颗璀璨的指路星。在下文中，让我们一起来探讨让欣赏式对话成为可能的七个先决条件。它们会带你走出令人沮丧的独白（一个人对着另一个人说话），走向真正产生联系的对话（我们彼此交谈）。

欣赏式对话的七个先决条件

1. 关注并转向对方

为了进入真正的交流，我们可以转向对方。这不仅仅意味着我们投入时间，静下心和对方一起讨论一个话题，也指身体上的转向，也就是面对面，将注意力集中在对方身上，从而真正向对方敞开心扉，倾听他们所说的话。

2. 带着兴趣

带着兴趣进入对话，也意味着要培养一定的好奇心，真正想要了解什么能打动对方，他或她真正关心的是什么。

3. 公开和公正的态度

以开放和开诚布公的心态进入对话，意味着在内心做好准备，愿意接受对方所说的一切，而不是一开始就做出判断。将自己的信念和想法先放到一边，以全新的、好奇的眼光来看待所讨论的内容。

4. 真正地倾听对方

倾听对方在说什么，而不是立刻用"是的，但是……"来反驳，这的确需要一些耐心。这意味着，让对方连贯地表述完自己的想法。

5. 培养对他人的理解

相互理解，或在沟通中培养对对方的理解，并不意味着一定要就某事达成一致。而是说，我们要把握对方的立场，从对方的角度理解他们。理解意味着改变视角，这样你就可以说："我可以从你的角度理解这个问题。"

6. 同理心和共鸣

为了培养理解力，我们需要同理心。同理心是一种感知和理解他人的思想、情感、态度及特性的意愿和能力。因此，同理心是必要的，这样才能与他人产生共鸣。同理心还包括对他人的感受，也就是对他人的痛苦、愤怒或悲伤的情绪反应。换句话说，就是同情心，这可能是一种给予安慰或提供其他帮助的冲动。

7. 认真对待并承认

在对话中，认真对待谈话的对象是很重要的。也就是说，要对他们发出的信号、表达的话语和反馈给予认真的回应，并且承认他们的感受和表示的需求。例如，如果对方说："这让我感到很生气。"那么我们应该接受并尊重对方有这种感觉。

亨利的妈妈和我一起仔细研究了这几颗重要的指路星，然后决定要和亨利进行一次真正的对话。她意识到，自己之前的沟通模式控制性太强了，所以没能给亨利以及他的想法留下空间。在我们的谈话中，

第6章
营造幸福的日常生活

她理解了她的控制源于恐惧，由于害怕亨利的拒绝，理解变得更加困难。这些因果关系非常重要，意识到它你才能放下过去，步入信任。她想要营造出一个好的气氛，进行一场互相尊重、理解、欣赏的对话，并将培养一种具有建设性且平等的关系作为重点。因此，我们再次审视了对话的各个环节，并为对话的态度制定了一个小指南：

- 邀请沟通 – 讨论主题 – 投入时间（关注并转向对方）。
- 提出开放性的问题，询问并真正想要了解；积极倾听，对这件事情感兴趣；对对方的观点感兴趣，无条件地改变视角（带着兴趣）。
- 总结 & 改变视角：让对方的观点站稳脚跟，而不要立即进行反驳（拥有并培养理解力）。
- 不做评判，对解决方案保持开放的态度：对对方的观点保持开放的态度（公开和公正的态度）。
- 做一个倾听者（而不是演说者），但同时又能引导和维持局面——"向深处挖掘"，在情感层面上倾听叙述者内心的感受——专心倾听，感同身受，产生共鸣（倾听）。
- 改变视角：接收信息。可以感受到什么需要、什么关心的事情和什么愿望？对方告诉你关于他们自己的什么（倾听）。
- 欣赏并保持联系——表达出你关心对方，以及关心他们所说的话（认真对待）。

于是，亨利的妈妈再次尝试与亨利展开一场新的对话。

第一步的目标是，倾听并理解他人的想法和感受：

妈妈在亨利的房间门外敲门。

亨利（嘟囔着）："嗯嗯嗯……"

妈妈（小心翼翼地把头探进门里）："我能进来一小会儿吗？"

亨利（咕哝道）："嗯嗯，好。"

妈妈（站在门口，尊重亨利的空间边界）："亨利，你想不想来和我一起喝杯热可可（果汁/苏打水）？你能抽出一点时间来吗？"

【发出邀请，向亨利表达沟通的兴趣。】

亨利（把头转向门口，回应了一声）："嗯……现在吗？"

妈妈（邀请）："如果我打扰到你了，晚一点也可以，不一定要现在。你什么时候方便？"

【等待，并一起商量。】

亨利（把书放到一边）："没关系的。去厨房吗？"

妈妈（转身走向门口）："好的，5分钟后见，好吗？"

亨利："没问题。"

（厨房里）妈妈为亨利倒了一杯热可可："谢谢你愿意抽出时间和我聊一聊。"

【认真对待：你，以及你和我之间的沟通对我来说很重要。】

"我想和你谈谈写作业这个老话题。"【谈论话题，等待，并给予空间。】

亨利（低着头看着杯子）："是的，你想说什么？"

妈妈（坦诚地看着他）："我看到，你晚上趴在床上写家庭作业。你写得怎么样了？"（一个开放式的问题）或者："我注意到你喜欢趴在床上写作业。你为什么喜欢这样做呀？"

【话题和开放性问题，真正的兴趣，等待并给予空间。】

亨利（抬起头）："是的，比起在书桌上，我更喜欢趴在床上写。因为椅子太硬了，床上比较好。"

妈妈（继续，保持坦诚）："我没理解错的话，你觉得在床上写作业更舒服？"

【总结和改变视角：让对方的陈述成立，而不立即进行反驳。给予空间并倾听。】

第 6 章
营造幸福的日常生活

亨利（看起来越来越乐于分享）:"是的，完全正确。在床上真的很舒服。我可以趴着写，也可以躺着写。"

妈妈（表示理解）:"啊，好的，我明白了！"

【在对话中以开放的心态进入视角的转变，并获得理解，转变视角：让对方的陈述成立，而不是立刻表达相反的立场。给予空间。】

亨利（点头）:"是的，而且晚上写作业时间上也比较好，这样我就可以在白天做些别的事情。"

妈妈（感兴趣地）:"也就是说，白天的时间你更想用来玩，而不是写作业，是吗？"

【要获得充分的理解，提出问题确定理解的准确性，积极倾听，对事情/话题真正感兴趣——对对方的观点感兴趣/无条件地改变视角。】

亨利（再次点头）:"是的，没错。我喜欢这样。"

妈妈（饶有兴趣地）:"那你晚上在床上写作业的感觉如何呢？不会觉得太累吗？"

【询问，积极倾听，对事情感兴趣。】

亨利（似乎更开放了）:"我觉得挺好的，我喜欢晚上写作业。累？我不觉得累。趴床上写挺舒服的，我在书下面放一个枕头，还有一个阅读支架，非常方便。这比坐在书桌前要好。"

妈妈（理解地点点头）【等待并倾听】（然后说）:"那如果你有问题要问我，或者需要我帮忙，我们该怎么做呢？"【坦诚地倾听，并希望了解他人的想法。】

亨利:"那我会喊你，或者我去找你。这没什么问题。"

妈妈（继续坦诚地说）:"也就是说，当你需要我的时候，你会希望我来找你，然后帮助你？

【总结并站在转变后的视角上：让对方的陈述成立，而不是立刻表达相反的立场。等待并倾听。】

亨利："是的，没错。你会在客厅，而且一般这个时候你也已经把莱妮哄睡着了。"

妈妈（若有所思地）："嗯，好的，我明白你的意思了。"

现在，我们已经慢条斯理地完成了第一步。你会发现，一开始我们需要做的就只是倾听和理解。同样重要的是，始终为真正意义上的反思留有空间，不要一开始就在脑海中构想什么解决方案可能会有帮助，否则就存在危险（甚至在无意识之间）——你会以一种操控性的方式提问。而对方会注意到这一点，这会让对方感到不愉快。

现在，亨利的妈妈已经了解到很多信息，她可以进行第二步了。第二步的目标是，用新获得的理解来谈论自己，以及自己的想法，并在视角的变化中交换立场。

妈妈（继续沉思着）："嗯，我理解你，亨利。只不过，我不确定在晚上我们能不能配合好。恐怕到了晚上我会觉得太累，没有办法耐心地帮助你。"【只谈论自己的情况，不要引出更多结论，对解决方案保持开放的态度，静观其变，给予空间。】

亨利（好奇地）："但是你往往很晚才上床睡觉啊，而且那个时候莱妮也睡着了。"

妈妈（若有所思）："我还有别的主意。我可以告诉你我的想法吗？"【等待，给予空间并倾听。（通常你会得到表达的机会）】

亨利（坦然地）："当然。"

第6章
营造幸福的日常生活

妈妈（坦白）："可是有时我觉得，你晚上也挺累的。毕竟已经度过漫长的一天了。你是怎么想的？有什么样的感受或者体验？"【等待，给予空间。】

亨利（坦诚地）："不，不是这样。嗯，好吧，确实，有的时候晚上是挺累的。但实际上我觉得晚上累一些的时候，写作业的效果会更好。"

妈妈（感兴趣，坦率地）："哦？是吗，真有意思。所以说，你在觉察到自己已经感到疲惫的时候，写作业更有效率？"

亨利："是的。"

妈妈："那么，有的时候在晚上写作业会不会比在白天需要更长的时间？"

亨利："不，不会。白天我会拖延，而且放学之后我也挺累的。"

妈妈："啊，好吧，所以你不觉得晚上要花更长的时间吗？好吧。"【等待，给予空间。】

妈妈："有时候我感觉到，晚上写作业是件挺困难的事情，需要的时间也更长。你知道，对我来说重要的是你一切都好，同时你以及我们所有人都能有一个尽可能好的学习、工作环境。"

亨利："嗯。"

妈妈："对我来说重要的是，你在写作业的时候能够集中注意力，当你需要我的时候，我也能在你身边帮助你。"

亨利："嗯。"【等待，给予空间】

妈妈："那我们要怎么做呢？你有什么主意吗？"

亨利（犹豫地）："我不知道。"【等待，给予空间】

妈妈（坦率地）："那我可以提一个建议吗？"

亨利："好……可以。"

妈妈（亲密地）："我现在也没有一个现成的解决方案。也许我们可以一起尝试一下，比如，找到一个最迟开始写作业的时间，无论在什么地方。"

亨利："行，好的。但是我还是想要继续在床上写。"

妈妈（开放地）："我们先试一试，看看这样是否能够坚持，好吗？让我们想一想。平常你都是吃完晚饭才开始写作业。你觉得，晚餐之前就写一部分作业可以吗？"

亨利："嗯，但不要太早。放学以后我想要先休息休息，玩一玩。"

妈妈："好的，我明白了。非常理解。我们看看，先确定一个时间好吗？比如，下午5点半开始，不要等到晚上7点半？"

亨利："嗯，好吧，我们可以试试。但是我要在床上写。"

妈妈："我看得出这对你来说很重要。但一定要在5点半晚餐之前开始。这样的话，如果你需要我，我也能更好地帮助你。我们先这样试试，然后看看效果如何，怎么样？"【等待，给予空间】

亨利："嗯，好的。"

因此，在厨房-热可可-对话中，我们要做的第一步是为我们的孩子开辟一个空间，在这个空间里，我们可以进行沟通接触、建立联系；在这个空间里，我们可以带着所有的想法和感受进行一次开放的交流；在这个空间里，孩子感到被认可和被听到。在第二步中，我们才会谈论自己。最好的形式就是使用"我"的信息。

第6章
营造幸福的日常生活

用"我"的信息作为建立联系的提议

亨利和妈妈之间进行的新对话表明,对于一次成功的交流而言,将自己的思考和感受带入其中是多么重要。因此,在对话中谈到自己,并发出所谓的"我"的信息,是至关重要的。

其实这并不容易,因为并不是每一个含有"我"这个字眼的句子都包含"我"的信息。比如,"我认为你很蠢"这句话中并不包含"我"的信息,而是一个非常典型的关于"你"的信息的句子,即"你很愚蠢"。一个"我"的信息可以是"我很生气",或者"我觉得自己被忽视了"。相比之下,还有一些"你"的信息:"你必须更加专注""你总是迟到""你从来都不遵守我们之间的约定!"这些说法往往以偏概全,具有指责的性质。因此,它们常常会导致矛盾升级,然后引发破坏性的权力斗争。

我们的目标是,在"我"的信息中表达我们自己以及我们的经历,而不是攻击或评判对方。这始终需要一定的敏锐性和敏感度。我们在谈论自己的时候,不要将导致某种情况的责任归于对方。

如果我们试图谈论我们自己以及我们的感受,例如"我很生气,我觉得自己被忽视了",那么这首先是关于我自己的信息,这样才能创造出一种积极的氛围。所以,这种形式的沟通是具有建设性的。

因此,"我"的信息旨在缓和、赞赏和邀请。在以联系和关系为导向的教学法中,"我"的信息代表着开放性和公正性,以及对他人的真正兴趣。此外,每个人都从自己的角度表达自己的想法,因为谈论的是自己的事情,所以其他人也无法抨击什么。如此一来,对话中激烈的气氛被兴趣和开放取而代之。因此,这些发言没有责备和/或批评的属性,而是提供了平等、欣赏的交流空间。这种陈述更多的是描述性的，因此没有追究"责任"或者来回推诿"过错"，而是在分享自己的视角。这可以很快缓解一段关系或者沟通交流之中的紧张。也就是说，这种形式的沟通具有缓和气氛的作用，而这正是我们的目标。毕竟，我们想进入一种良好的关系，而这种关系应该是建设性的。

> **改变视角**
>
> 试着在日常生活中以一种不同的、有意识的方式感知与其他成年人之间的交流：你是如何沟通的？别人怎么和你沟通？当你收到"我"的信息或者"你"的信息时，你的感受如何？

总的来说，亨利的妈妈在非常积极地倾听，并一次又一次地向亨利表明她理解、听到了。这也是欣赏性对话的一部分。

积极倾听意味着接触和联系

积极倾听是沟通中的一个重要步骤，也是对话中的一个实用工具，最早是由心理学家卡尔·罗杰斯在他的咨询工作中提出的。这样做的目的是，帮助谈话对象的个人发展以及理清他们所关心的问题。积极倾听是由倾听者的内在态度（对话的前提条件）和姿态所支撑的。在下文中，我将向你展示如何将这些工具投入使用。

1. 我们向对话伙伴发出信号，表明我们正在倾听（非语言反馈）
面对面的姿势，眼神接触，点头。
表达态度，例如，"嗯""是""啊哈"。
这些向对方传递出沟通和联系的信号。

2. 父母可以用自己的话复述、改写、释义、描述自己所听到或者理解的内容（内容上的反馈）

我们用自己的话重复孩子已经说过的话。这样我们就能做到，首先只关注倾听这件事，看看我们自己是否真正理解了一切，所有内容是否都正确地传递给了我们，孩子也有机会说出他们是否觉得自己的话被正确理解了。通过这种方式，可以防止误解的发生。

好的反馈可以用下面这些句子作为开头：

- "我对你的理解对吗？"
- "我听说……"
- "那么你的意思是……"
- "我想用我自己的话来总结一下你刚才所说的。"
- "我理解的是……"

3. 父母也可以在他们的反馈中反映或镜映情感内容（情感反馈）

这样做的目的是尽可能准确地感知和表达孩子的感受、愿望和想法。将这种（最初假定的）情绪状态和/或愿望反映给孩子，然后，他们要么在情感层面上感到被看到和被理解，要么会"纠正"或"补充"一些内容。

练习：积极倾听，与孩子对话

为了准备好进行下面这个练习，我希望你能先把之前所阅读的内容沉淀下来、好好吸收。然后，请找一个适当的时刻靠近你的孩子，和他/她展开一场对话，进行交流。你们并不需要去解决一个冲突，这次对话的目的是，你能够带着兴趣倾听孩子的想法和感受。你可以从简单的了解开始，比如，你的孩子正在做什么；或者在玩耍的时候和他们聊聊天，展开一次简短的对话："我们一起拼图真好呀。你今天在学校／幼儿园过得怎么样？"

投入15分钟左右的时间，有意识地运用积极倾听的三个方面。我们的目的是，能够了解孩子的一些情况，并与他们取得联系。

因此，尽量不要立刻对孩子所说的话做出反应或者进行评价，我们首先要做的就只是倾听，并复述你所理解的以及与你产生共鸣的内容。你可以使用下面这些句子：

总结并重复你所听到的内容：

"我对你的理解是否正确……"

"我听说……"

"那么你的意思是……"

口头表述／重复你所听到的内容：

"我理解的是……"

"我的印象是……"

"在我看来，似乎……"

"我觉得好像……"

然后写下你对这次对话的感受。你们谈论了什么？你的孩子感觉如何？你的孩子告诉了你什么？你理解了什么？对他的哪些话你感到有共鸣？描述你的孩子在对话中有什么样的表现，以及他／她现在的感受。

你也可以试试与你的伴侣进行欣赏式的对话。重要的是：进入对话，大胆尝试！

第6章
营造幸福的日常生活

对日常生活的启发

在下文中,我想与你一起看看日常生活中的各种情况,并将我们共同探讨的知识、工具和地图直接运用起来。幸福的亲子关系会像涟漪般扩散开来,让家庭生活变得活泼、亲密、感情深厚且充满联系。在这里重要的是,要不断检查我们对自己的期望和我们对家庭生活的构想。总会有平静安宁的时刻,也总会有些阶段,很多事情如潮水般涌来,很快让我们感到焦头烂额、不知所措。然而,有很多应付大风大浪的好机会,我们也已经制定了许多值得一试的策略。尤其是在这些时候,你要记得自己的"精神旅行食粮"和内在自我强化。

在日常生活中,尝试多进行几次小的呼吸训练,以便将自己带入当下,并有意识地建立自我联系。进行呼吸训练并不意味着你不会失去内心的平衡,而是说,你有机会找到可以采取的适当策略。

以下这些情景,是我们在育儿过程中无一例外都会遇到,并容易存在问题的典型"日常停靠站"。家长经常带着这些问题来找我,无论是通过在线课程"暑期学院"的脸书群组还是通过电子邮件。我以播客的形式回答了一些问题,也在几期"父母之夜"的直播中进行了回答,毕竟我无法以书面形式回复所有问题。在这里,我为你挑选并准备了一些匿名问题,以便让你更容易理解,该如何在日常生活中应用我们探讨的这些知识。

当我的孩子骂我、打我时

"只要我的女儿(4岁)一生气,她就想要打人。在她和妹妹(1岁)

有矛盾的时候，我进行了干预，她就把怒火转向了我。现在，我试图将她的愤怒转移到一个枕头上（让她大喊、跳、打，做些什么都行），但都无济于事。她尖叫着骂道：'该死的妈妈，你根本就不爱我。'

"我丈夫现在已经禁止她说这些话了，并问她为什么不打枕头。她说：'我不想伤害枕头，我只想打妈妈。'对此，我该如何回应呢？此刻，我握住她的手，这让她更生气了。尽管她认为我像她所说的那样'糟糕'，但只要我离开，她就会跟着我，把我推开，打我，几乎不肯接受任何建议。但我不想让她打我。我不明白她为什么会这样对我。这到底是因为什么？我真的不明白发生了什么，对此我究竟该如何应对呢？"（蕾吉娜，两个孩子的母亲）

为蕾吉娜提出的解决建议：

我理解你的无奈。如果我们转变视角，或许会有所帮助。在我看来，我完全可以理解你的女儿为什么对打骂枕头这个提议无动于衷，在你抱着她的时候她会更加气愤，以及你离开的时候她会跟着你。我想带你进入一个不同的视角，进入一个在你的成人生活中可以与之相比的情景，或者更准确地说，在你的夫妻关系中。

改变视角

想象一下，你很生你丈夫的气。他做了一些冒犯你的事情，让你火冒三丈。你刚表达出你的不满，你的丈夫就拿出一个枕头给你，让你对着枕头发泄怒火。但你并不想要枕头，你想要的是和他一起解决问题。你希望他能与你沟通，倾听你，看到你的愤怒，

第6章
营造幸福的日常生活

> 理解你。你的问题是：他感受到你生气了吗，他是否理解你的委屈？你边问边走近他。而他阻断了你试图获得答案的努力。他让你离他远些，或是握紧你的手，却不给你任何回应。你变得更加生气：他为什么不听你的话？他为什么不理解你？你感到无比孤独，你在乎的、你担忧的、你气愤的，就这样被你在乎的人晾在一边。也许，你甚至开始觉得自己一无是处，你问自己：在这种我生他气的时候，是不是我不值得他听我说话？然后，你的丈夫转身就走，他甚至要求你不要跟着他。你跑起来跟着他，怒火愈演愈烈：难道他根本不理解你？你很沮丧，真的非常愤怒，便从后面推了你的丈夫，拍打他的背，想和他沟通，但你的丈夫依旧毫无反应，想要沟通的愿望似乎对你来说遥不可及。

你能理解这种视角的变化吗？你的女儿想要告诉你她的委屈、她的愤怒、她的感觉，这些情感非常强烈，让她感到痛苦。如果在这样的时刻，我们能够不那么关心表达的形式（我们看到位于冰山上层的"打人"这一行为），而是本能地走到冰山的中间那层，在情感层面上与女儿进行沟通，去靠近她，那就更好了。

因此，你的丈夫可以先忽略女儿口头上的恶意，而是先以类似这样的方式与她建立起联系："发生了什么？你不高兴，我看得出来。哦，你想打妈妈？哇！好吧，你这么生气啊。你为什么这么气愤，妈妈做了什么让你这么生她的气？啊，她没有……或者她这样……哦，好的。这我不知道。妈妈知道你这么生气吗？"你的女儿还不能用语言表达她强烈的感情。如果我们停留在行为层面（冰山上层），只去考虑如何制止打人这一行为并"保护自己"不被打，那么我们就会对导致打人，或者说导致身体中的愤怒和高度兴奋的背景原因一无所知了。

有时它是平行发生的：孩子出现了打人的行为，我们切换到情感层面，孩子不会立刻住手（当然你也不想任凭孩子打你，至少不要被狠狠地打到，这你可以应付，毕竟你的孩子才四岁），你可以悄悄地躲避开，或者暂时转过身去；但同时，你要在情感层面上去感知女儿的感受，带着你与她的联系去探查她行为的动机究竟在哪里——情绪。不要转身离开她，而是转向她。你可能会想："这说起来容易做起来难。如果她不想让我关注她，那该怎么办？"我的回答：转向她也意味着对（不舒服的）感觉持开放态度，而不是拒绝、逃避它。所以，这也意味着在你身上有一种"内在的付出"。孩子需要的东西，可能会大不相同——需要自己的空间或是需要有你陪伴的空间。至关重要的是，你要腾出这个空间并按照孩子的需求塑造它。你可以反复尝试的，就是细致用心地镜映。（请记住：如果这激起了你内心中强烈的情感，那就不要靠得太近）。如果这种方式没有任何效果，你可以实事求是地指出："哇，你气得要打人了。我很抱歉，我希望能更好地理解你。"这些句子可以打开沟通的窗户并发出信号（有时只是作为强烈情绪的无声见证）：我在这里，你并不孤单。我看到你在生（我的）气，我看到了你的绝望和痛苦。

也许你现在有一种冲动，想要咆哮和质问："我还是不明白，她为什么要这样侮辱我、打我，她究竟为何这样对我？"我知道，你在这一点上很脆弱、很受伤。如果你不"纠结于"表达的形式（辱骂），而是"深入"了解孩子辱骂的动机（冰山中层，愤怒），你就可以对女儿的情绪做出反应，而不被冒犯到。一旦你执着于自己的委屈，就难以再去关心你的女儿以及转变视角体会她关心的事情了，你会完全

第6章
营造幸福的日常生活

囿于自己的感受中。

为了更深入地去了解,我想向你介绍心理学家弗里德曼·舒尔茨·冯·图恩的"四耳模式"。他认为在一个沟通的场景中,每句话都有不同的层面,因此人们在不同的传输通道上进行交流,在相应的接收通道上进行聆听和阐释。这四个层面,指的是事实内容、双方关系、自我表白和呼吁。

由于对接收者和发送者来说,一个陈述只有在事实内容层面是相同的,所以如果我们没有很好地调整校对自己,或是过于"培养"某一特定的嘴巴或耳朵,就难以避免在其他层面上产生许多误解。当发送者和接收者对这四个层面的感知不同,权重不同,或者当各个方面在参与者之间占有不同的位置时,就会产生误解。用一个司空见惯的句子来举例:垃圾桶满了。

以我自己的经验,我可以不乏幽默地告诉你,当我们女人说出这句话时,通常不是在表达事实内容的层面,告诉你"垃圾桶满了",而往往是想要在双方关系的层面与你产生共鸣(你从来都不扔垃圾!)。我们是在抱怨,我们必须自己做所有事情。同时,我们也想在呼吁层面上说:"你去倒垃圾吧!"然而,"垃圾桶满了"这句话也透露出一些关于我们自身的情况:我累了,很疲惫,根本不想再做与家务有关的事了。

倾听自我表白的层面,并能够在这个层面上清晰地交流,是成功沟通和建立幸福关系的关键。"我"的信息所表达的正是这个层面。总的来说,如果我们更好地熟悉所有这些层面和通道,并能有把握地定位自己,这对人际关系是很有帮助的。因为父母和孩子之间的大多数误解(顺便说一句,在成人关系中也是如此)都源于,另一个人总是、一直在自我表白的层面上进行交流。然而，家长通常会非常密集地用呼吁层面的耳朵或双方关系层面的耳朵倾听。这意味着，家长听到了呼吁，因此感到被要求、被作为工具和/或被迫做某事。

所以现在，让我们回到你和你女儿的问题上：你的孩子对你们之间的关系只字未提，即使你可能这么想。孩子总是在自我表白的层面上进行交流，在这个层面上仔细倾听是值得的。所以，把你的"接收频率"从双方关系的耳朵转到自我表白的耳朵上，听听你的女儿说了些什么。

孩子不会说任何有关于你的事情，而是谈论他们自己，并在自我表白层面发送出以下信息：

- 我现在有强烈的感受，真的很生气，很沮丧，很伤心。
- 我被冒犯了，不快乐。我感到孤独和寂寞。
- 我需要有人在我身边，和我一起探讨我的感受，并告诉我：我是有价值的。
- 我完全不同意你的决定。

但是，你却在双方关系的层面感受，并听到孩子对你的批评：

- 你不是一个好妈妈！你做什么都是错的。
- 你就是不应该得到爱，所以我也不爱你了！
- 我不在乎你，我对你说的话不感兴趣，你对我来说不重要。
- 你不值得让我听你的。我做我想做的，我不在乎你怎么想。

或者你在呼吁层面听到：

- 你做得还不够，你要付出更多！
- 做些什么，让我感觉良好。

第6章
营造幸福的日常生活

● 让我开心是你的任务。做点什么,让一切回归正常。

频率也可能会混合。因此,你可以在一个陈述中听到呼吁的部分,也有关于个人的部分。我知道,这个认识可以带来彻底的视角改变,让人"眼界大开"。

练习:找到你的主频率

在与他人交流的时候,观察自己:你自己最常用哪张"嘴巴"交流,你用哪只"耳朵"听得特别"清楚"?请用关键词写下三个例子。这张嘴/这只耳朵在你这儿位于主导地位,你认为这与什么有关?反思你原生家庭中存在的沟通模式。

这个练习对你与孩子在日常生活中的相处,会很有帮助。

练习:与孩子交流

请写下你能记住的,你的孩子在过去几周或几天内说过的话。你是怎么听到的?用关系的耳朵还是呼吁的耳朵?尝试过滤出这两个层面,并将它们记录下来。有意识地倾听孩子的自我表白。你的孩子告诉了你关于他/她的什么信息?

请再次通读关于你的孩子自我表白层面上的信息。你如何看待孩子告诉你的关于他/她自己的事情?

> **改变视角**
>
> 我总是听到这种说法:儿科医生、教育工作者和教育学家一致建议父母在小孩打人、踢人时应该明确制止他们的行为,因为他们不想挨子女的打。我可以理解其背后的想法,但从我的角度来看,这层顾虑显得有些多余。这通常不是一次性的情况,所以这个回答既不包含任何新的信息,也没有应对孩子的不同策略。结果是我们被困在行为层面和表达情绪的形式上,而没有对感受做出任何回应。所以,请在这里有意识地换个视角,"深潜"到冰山的中间那层,改变你的视野!这样,你就可以将反应集中在孩子的感受上。

如果我们无法在自我表白的层面上与孩子进行沟通,或者不是很容易接受,那情况往往是,我们陷入到了自己的情感领域,很快感到被冒犯或被拒绝。这些都是很早以前的旧的感受,它们与当前的情况无关。你的孩子谈论他/她的内心世界,期待着你的支持和鼓励。所以,要让内心跳动在当下,为你的孩子提供连接的时刻和关系的岛屿。在这些情况下,通过有意识地与自己连接,并在此时此地确定自己的方向,让自己走出"内心上演的电影"。你可以一步一步地执行这个操作,提醒自己运用 U 盘上的程序。

第6章
营造幸福的日常生活

> **亲密时刻**
>
> 想一个在即将到来的周末里,你愿意与全家人一起做的一项活动。

☐ 你们如何通过这项活动开启沟通?谁有什么样的想法?每个人都是如何表达出自己的想法的?当每个人的想法都被听到时,你的家庭会发生什么样的变化?

孩子想玩耍,不尊重我的休息时间

"我也在这段寻求幸福亲子关系的旅途中,并不断尝试改变我的视角。但有时,我就是怎么都搞不明白。当孩子愤怒地要求你现在就陪她玩时,你会怎么做?她才五岁,就拳打脚踢,气势汹汹的。但我实在太累了,迫切需要半小时的休息和自己的时间。我提出,晚点陪她一起做点什么,但她并不接受。但我现在不能也不想陪她玩。她刚在爷爷奶奶那里待了三天,在那里她从早到晚都是被关注的焦点,一切都围着她转,但我们可做不到。我和丈夫可没有那个力气。"

(弗朗西斯卡,一个孩子的母亲)

为弗朗西斯卡提出的解决建议:

你看起来真的很累,对此我感到很抱歉。请先看看你自己的能量储备,否则联系是无法顺利实现的。对于你的问题,我有以下看法:你的目标真的是让她"接受"你的说法，并尊重你现在需要休息这件事吗？你从何得知，她会缠着你陪她玩？也许，她会毫无怨言地让你一个人休息呢？请再问问自己，这真的现实吗？

换个视角看问题：她和爷爷奶奶一起待了三天，这三天过得很美好，并且也很累。她配合爷爷奶奶做了很多事，甚至可能过度配合了。她这几天很想你，但也玩得很开心。现在她可能会想：为什么妈妈需要一个人休息？我这几天根本都不在她身边啊，我们已经很久没有一起玩了。我也很累，但想要在她身边。

你也许能够成功地在第一步中转换视角，那么你也可以接受下面这个想法。问问自己，你能做些什么？首先，深呼吸，与你的内心重新连接，这样你就可以再次和女儿联系到一起，也能再次感受到她。她正在（通过游戏）寻求与你的连接。如果你不仅可以在大脑中理解这一点，而且能够通过内心感受到，那么你就可以进入到一个稳定的、当下的状态。例如，你可以为她提供空间，让她自己做决定。此外，你还可以为她提供安全感、方向和一个具体的规划。例如："你可以躺在我旁边拿本书看看（如果你无法满足她当前的愿望，则可以提供另一种形式的连接）或者看看电视（如果她依然想通过游戏来体验与你的联系）。我们设个半小时的闹钟。闹钟一响，我就和你一起……"为你们寻找更多的可能性和选择。如果她看起来根本不可能合作，那就把这当作是她负担过重和/或受委屈的信号，并镜映出对她来说还无法表达出来的内容。"啊，你这几天是不是太想我了，迫不及待地想和我一起玩了？我看得出来，我对你很重要。我也想你。我们又能在一起玩了，这真是太好了。"也许这样会减少压力和争吵，你们就有机会更好地商量什么时候一起玩能够让你们双方都满意。无论如何，你都不应该抱有期望，她会简简单单就接受你拒绝和她一起玩。

第6章
营造幸福的日常生活

我是否可以不原谅就放下？

"放下过去，是我现在非常关注的一个问题。我可以放下很多东西，我与自己处于一个良好的状态中。我的母亲由于各种原因，在我和妹妹小时候无法陪伴在我们身边。我们的童年并不轻松，我的脑海中有许多来自那时的不愉快的画面。我的妈妈已经离世了，我能够原谅她。我对这个过程感觉良好，也的的确确能注意到，困扰我的问题是如何在各个层面上得到解决的。

"但我与父亲的情况就不同了。他还健在。我们已经有几十年没有联系了。几年前，我曾试图联系他。但他明确说：'我不想与你有牵扯！'这对我打击很大。现在，我试着放手。在练习的过程中，我发现我确实无法原谅他。总有一些时刻，我全身上下都在抗拒。

"尽管如此，我可以毫无困难地想象放手，然后快乐、健康地拥抱自己和生活。但这可能吗？我也可以在不原谅的情况下就放手吗？"

（丹尼尔，三个孩子的父亲）

为丹尼尔提出的解决建议：

首先，我想鼓励你倾听自己的感受。宽恕是一个复杂的、非常个人化的过程，并且没有任何法律规定，你必须首先宽恕才能过上幸福的生活。我的经验也不是说，人们因为这种经历必然会生活在对自己和对他人的仇恨中。听起来你也不像这类人。因此，如果你在这个过程中注意到自己已经能够放下一些事情，但仍然不能，也不想在此刻选择完全原谅，这一点问题也没有。这也是发展的一部分。你可以先不管它，看看接下来会发生什么。如果你想更进一步，我可以再给你一个启发：当一个阻力如此明显地出现时，那么也许你需要更多地认识到实际发生在你身上的事情。因此，此刻有必要后退一步，审视一下：自己对父亲的指控到底是什么？你具体在指责他什么？

练习：为自己构思指责的内容

也许你可以给父亲写一封虚构的信，诉说你的谴责——你脑海中的一切，你的痛苦和悲伤。我们这样做，不是为了成功地宽恕，而是让你可以承认自己的感受。你会注意到，你的内心正在发生一些改变。

也许你还会从中发现，是否有对自己的自我责备（针对作为孩子的你或成年的你）。也许你责备自己，是不是小时候做了什么"错事"，应该做一个"更好的孩子"？你可以检查你的自责，然后问自己：这是事实吗？不！不是的！你当时还只是个孩子，你需要依靠，你别无他法。作为一个孩子，你对此完全不需要承担任何责任。但是在今天，作为一个成年人，你要停止责备自己，开始爱自己。

改变视角

宽恕意味着，为自己选择爱和内心的和平，有意识地不再对过去和已经发生的事情进行内在的抵抗。宽恕并不意味着"遗忘"一切。这只是意味着，你童年发生的事情对你今天的成年生活不再有任何影响。

第6章
营造幸福的日常生活

我该如何处理我的愧疚感?

"我现在好绝望。自从我们接受辅导以来,度过了美好的一周,就像我一直梦想的那样和谐,一切都很顺利。当然,或多或少会有一些小的冲突。正当我感到完全安稳的时候,却遇到了一个难以置信的挫折。

"那是漫长的一天(首先是幼儿园,然后接三个小孩去看医生,他们分别是1岁、3岁和5岁)。但我依旧觉得与自己的内心有着紧密的连接,甚至在与丈夫短暂的通话中我对他说,一切都好极了。当时出现的小冲突,我都妥善地解决了,甚至是看医生的'压力',我们也都很好地应对了。然后,传来了一阵爆裂声,我不知道这声音从何而来,仿佛是崩溃的前兆。

"我的母亲给我打了一个电话,骂了我一顿,因为她需要我,我让她感觉很糟糕,是我把她抛下了,让她独自一人。与此同时,就在我两个年纪大的孩子一起整理房间的时候,老二突然咬了他的姐姐一口。我对兄弟姐妹间的冲突有所了解。但是为什么这个小家伙会攻击姐姐呢?所以我尝试使用冰山模型分析。但是问他问题是白费力气:他只会大笑,发出放屁的声音或者跑开。我无法靠近他。但当时我不能继续追着老二跑,因为老三需要我。之后,我再次尝试解决两人之间的问题,但没有得到他的任何回答。于是,一切席卷而来:我陷入了旧的模式中,大声训斥他,将他赶走了。

"突然之间,一股怒气在我心中升腾,因为我没能成为我想成为的那种母亲。我走到外面,崩溃大哭起来,因为我实在是太绝望了。我不知该如何解释这种愤怒,因为这种感觉比以往任何时候都更加强烈。

我有种感觉，我想把一切都抛开，我的孩子们在别的地方会比和我在一起好得多。然后强烈的愧疚感涌上心头。我本来逐步和儿子恢复了良好的连接，而现在我又把一切都毁了。我怎么会因为这样的事情而爆发呢？"（玛蒂娜，三个孩子的母亲）

为玛蒂娜提出的解决建议：

首先，如果你对自己如此苛刻，那么在与他人的接触中又怎么可能柔软呢？谁会在沿途给你一个拥抱，感谢你所做的一切？最重要的是，你要在内心拥抱自己，并对自己说：你足够好了；你非常棒；你所带来的一切都无比美好。

这并不是说，一切总是一帆风顺，你总是把每件事都做得很好，而是说，当事情出现问题时，我们可以停下来，重新找准方向，然后以一种新的、不同的方式继续前进。看看你所拥有的，看看积极的，不要让你的大脑诱惑你只看到你认为自己没有的东西。

回想一下，为什么我们倾向于看到缺陷而不是看到积极的一面：为了生存，关注危险比关注进展顺利的事情更重要。这意味着，大脑必须立即从喜悦切换为恐惧，以便某些反应，如逃跑或攻击反应，成为纯粹的生理反应，从而确保我们的生存。在与孩子的日常生活中，这往往会使我们陷入错误的认知。

让我们进入这个情景。当你没有得到儿子的答复时，针对你的绝望我有一个建议。尽管在他这个年纪，他实际上（仍然）几乎没有多少表达能力，但对你描述的动态过程，我有一个想法：有没有可能，是因为你的儿子两次没有（不能）回应你，而是笑着跑开并发出奇怪的声音，这一行为引爆了你最初的不快情绪（在日常生活中，你实际

第6章
营造幸福的日常生活

上可以很好地处理这种情绪），将你置于一种更强烈的愤怒情绪——一种你过去就熟知的愤怒，和一丝储存在你内心深处的悲伤？会不会是你早期孩子气的那部分被激活了，两个旧的信念被你儿子的反应唤醒了？"没人听我说的话"（然后你就把他训走了，旧的模式）和"我不值得得到一个答案"？在那一刻，你小时候的自我可能助长了这种无价值感，而这可能引发了你的愤怒。也许是通过"你就是什么都做不好"这样的想法，猛一下子，你就和早年的自己，以及那些旧的能量和早期的信念混合到了一起。我认为，再次审视那些早期的信念可能会对你有所帮助。无论如何，你都付出了很多，做得非常出色，你也应该看到这一点。当你有如此大的负罪感时，这一点往往会被忽略。

这让我想到了下一个启发：我想鼓励你，在情感上更加独立于你的父母。你不再是小女孩，不需要再依赖他们。你现在是一位有着三个孩子的成年女性，你有自己的家庭。你们现在是一个独立的系统，从你的角度来说，作为一位母亲，你现在没有资源（仍）用于照顾你的父母和你的原生家庭，并调节他们的感情。你可以允许自己走出这些模式，努力争取不再像你早年儿时的策略那样依赖自己的父母。我把这个过程命名为"分娩自己的父母"。这并不容易，因为我们在这个方面有很多盲点。你可以先为自己做个检查，是否在沟通中依然保留着孩子般的希望。例如，希望得到一个道歉，或是希望最终被看到、被认可。这些条件都是不利于"分娩"的，它们让你更容易执着于以前的依恋和孩子气的模式。在这个过程中，你与父母的接触更有可能以失望为标志，过去的伤害以当时的模式延续下来。你得到自己所期望的东西的概率并不高，但这并不意味着，你就得背弃你的家人。重要的是，和你会在那里得到这种关注的期望说再见。

最后一个启发：你问道，为什么老二要去攻击老大？要改变你对年幼孩子的看法：在他来到这个世界上的时候，已经有人占据了他的位置。孩子总是在寻找这个问题的答案：我对父母来说有多重要？你能做的就是，在日常生活中一遍一遍地回答这个问题，发给他们具有长期效用的情绪维生素药丸，同时也不要在兄弟姐妹之间的具体纷争中扮演警察和/或法官的角色。相反，你可以将冲突调节为两人（我们就叫他们米娅和诺亚吧）之间的对话来进行缓和：

你可以过去问问你的大女儿："你们怎么了，孩子们？"

米娅："诺亚咬我。"

你坦诚地看着米娅："让我看看。天哪！来，让我们都冷静一下！"

你照顾好需要照顾的事情，与此同时继续沟通："嗯，一个小伤口，真的很疼，是吧？你一定也很生气吧？"

米娅："是的，非常生气！我和他说了，让他停下来，但是他更过分了。"

你问："然后呢？"

米娅："然后我也更生气了，真是气死我了！"

你大胆地给出一个解释："因为他根本不听你的？"

米娅："是的，因为他根本不听我说的话，然后我狠狠地推了他一把。"米娅低下了头。

你又把目光转向了诺亚，他不知从哪儿冒了出来，站在门口，不确定地笑着，看起来有点内疚，你询问他："那你为什么生气呢？"

诺亚摇摇头："不知道。"

你："但无论如何，你就是感到很气愤。"

诺亚点点头："是的。"

第 6 章
营造幸福的日常生活

你可以说:"我觉得打人或者咬人都不是解决问题的好办法。但我可以理解,因为你们俩都很生气。"

然后你可以给他们一些空间。

你问问他们两个:"现在呢?现在空气中弥漫着大量的愤怒。"

两个孩子都点点头。

"要么你们两个现在分开,自己去做点什么吧,我们之后再谈这件事。"

两个孩子都点点头。诺亚沉浸在拼乐高的游戏中,米娅坐在沙发上看书。

你可以用这种,或者类似的方式来调解兄弟姐妹之间的冲突。这不是说,孩子们要立刻"和解",或者一个孩子向另一个道歉。我经常看到父母坚持让孩子们这样做。但这主要只是一种形式。我们不必在这时"教导"我们的孩子,但我们可以相信,如果不强迫他们,不逼着他们道歉,他们会自己再次寻求联系,并想要补偿对方。通过语言和握手进行的正式道歉,孩子们会在之后的生命历程中作为一种补偿性的社交策略学习到。根据我的经验,当孩子们被给予时间和空间去感受的时候,做出弥补的冲动就会自然而然地产生了。这时,我们就可以和他们一起寻找策略来表达遗憾,并为已经发生的事情做出弥补。弥补的方法有很多种,可以是孩子积极地拿来冷敷袋帮助治疗伤口;或者从他自己珍藏的糖果中拿出一颗小熊软糖作为礼物来表达他的歉意,或者找到一个完全不同的方式——道歉与和好可以有很多面。请再回顾一下"与孩子的成功沟通"那部分内容。你要自信,要相信自己。

> **亲密时刻**
>
> 今天的主题是与他人分享快乐。与你的孩子和家人讨论,在过去的一周,你们每个人感到最美好的亲密时刻是什么?为什么?

☐ 你对这些挑战的感受如何?哪些挑战你可以轻松应对,哪些挑战对你来说特别困难?

后记：用爱代替恐惧

  我们一起出发。你踏上了这段通往幸福亲子关系的旅程，这段旅程也自然而然会通向你自己。所以，这也是你开始寻找自己的出发点。

  我们的目的，是更好地了解你的孩子和你自己。为了做到这一点，我们一起把放大镜放置在那些无意识并快速运行的过程之上，并在显微镜下观察某些特定的模式。这样做是为了将你与自己重新连接起来，尤其是在有压力的情况下，不要迷失自己，让自己回归平衡，从而进入当下，进入有意识的行动。因为，只有在这种自我连接中，你才能安稳地与你的孩子建立联系。也就是将你的大脑和心灵重新连接到一起，对孩子所经历的事情敞开心扉，去感同身受，使用你自己的共鸣空间。这样，你就能以一种全新的方式与你的孩子重新建立联系。我们已经探讨了思维、感觉和身体这三者之间的关系，并理解了这些层次之间相互作用的重要性。在冰山模型的帮助下，我们一次又一次清楚地告诉自己，我们和孩子的行为都是由一种感受和一种情感需求促成的。这使我们有可能从新的角度出发，改变视角。

  我们需要这种视角的改变，以便能够有意识地采取不同的行动。能够有意识地行动，是一种你可以获得的全新的自由。这种自由，是做出决定，并有意识地审视和深入认识表现出的行为背后的心灵 – 情感运动。我们给孩子提供感受的空间是非常重要的，在创造这种空间的过程中，同时要考虑到孩子潜在的需求。在我们的旅程中，我的目标是帮助你更好地观察和理解孩子关心的事情和愿望、情绪和需求，这样你就能在日常生活中更好地回应你的孩子。你不会再轻易被自己的旧模式驱使，冲动行事，而是能够有意识地做出反应。为此，有必要探索你自己和你的内心世界，在自己的内心深处进行一次发现之旅。在这个过程中，我们还遇到了一些今天仍旧活跃的旧模式，这些模式也对我们与孩子的关系产生了影响。

孩子需要可靠、有爱、真实的关系，如果我们想在这个意义上陪伴我们的孩子，重要的是我们要在思考、感受和行动中意识到自己。在这种新的视角下，我们有过许多不同的体验。我想把一些基本的内容再次总结一下：

● 一个愤怒的孩子并不是一个"没有教养的"孩子，孩子只是想要告诉你他的感受，从而使你了解他的需要。

● 把注意力放到自己身上非常重要。特别是当你觉得受到孩子的挑战和挑衅时，你要敢于看向自己。因为这关乎你，无关任何其他人。

● 如果你的孩子不听你的话，他/她就是在听自己的话。我认为这是一个非常巧妙的见解。你的孩子正在忙于自己，忙于自己的感受和需要。

● 你的孩子没有责任满足你的基本需求。但是，在与孩子的接触中，你自己情感上的缺乏往往变得清晰起来。

多年前，当我自己成为一名母亲并踏上这段旅程时，在各个层面上都有一种"回家"的感觉：自己重新去连接实际上曾经连接过，但在某个时候被迫分开或是脱离的东西。因此，我写这本书的目的也是

后 记

让它成为你的旅行伙伴，陪你走过这段通往你自己的道路，陪你回家，并为你展示越来越多的与自己建立联系的可能性。我们的孩子是开启这段旅程的契机，而这段旅程也是你自己的成长机会。这种个人发展是一个持续性的过程。因此，你可以一次又一次地重复这段旅程，你会发现，你所读的内容、所做的练习以及进行的思考，在一段时间后会有不同的感觉，你会发现更多的维度。你还会注意到，在你阅读完本书之后，你的蜕变会变得更加深入。为了让你更深刻地意识到与自己联系的重要性，我想把核心放在我认为至关重要的视角转变上，关于这点，我想在此回顾一下价值指南针。

所有这七颗指路星——责任、用心、尊重、信任、合作、对话、平等且建设性的关系——在与孩子（以及成年人）的日常生活中都具有重大意义，因为它们指出了我们团结和睦的基础。然而，当我们审视我们自己的生活方向，尤其是审视我们与孩子的关系方向时，有两颗星星我认为格外明亮。一颗价值不可取代的星星就是责任这颗指路星。我们要为自己与孩子的关系质量负责。我们也要为自己的决定、思想、感情和我们的行动负责。这一责任不可转让，也不可讲价。作为父母，责任一定在我们这边。它可能会让人感到负担过重或困难重重。然而，如果你真正理解这种责任，把握住它，承担起它，从内心深处活出它，那么你就能从被它控制的感觉中解脱出来，责任也就不再是负担。恰恰相反，你会感觉到，责任意味着自由。这种自由意味着，你有选择，能够为自己和自己的生活做决定。你是塑造你生活的主人，没有别人可以替代你。你总是有选择的。当你能够感觉到这一点时，在你自己心中和你的生活中就会产生一种不可思议的自由。

第二颗重要的、决定性的、闪耀着光芒的指路星是信任。你要记得：

从控制走向信任。对我来说，这也是人生中最重大的视角转变之一。因为，如果我们不能信任，我们就处于情感的匮乏中。如果我们基于这种匮乏感来塑造我们的生活，那么所有其他的价值，比如，责任、用心、尊重、合作、对话、平等且建设性的关系都会被这种感觉所渗透，并透着恐惧的色彩。同理心和共情是用心、相互尊重地共处和对话的先决条件，缺少信任，同理心和共情就会变得困难。因为在控制行为的背后，是潜藏在情感层面的恐惧。我们控制，是因为我们害怕，而恐惧的产生是因为我们感到不安全，缺乏根本－基础的情感需求——安全感。当然，有时我们在与孩子的日常生活中会失去安全感，这时我们的警报系统就会启动，驱使我们根据自己的不安程度进行控制。在这里，我们要放手，进入信任。

现在，你已经熟悉了自己内心的警报系统，并可以在日常生活中有意识去相信，你的孩子会在需要你的时候来找你。然而，我在这里还谈论到一个更大维度的问题，也就是：我们的行为是出于恐惧，还是出于爱？恐惧是一种关于未来事件的感觉。我们害怕等待着我们的东西：痛苦的东西，让我们悲伤的东西，让我们羞愧的东西，等等。也就是说，恐惧预示着未来的痛苦，使我们无法信任，转而去控制。然而，爱是联系、快乐和信心。个人发展教练劳拉·马利娜·塞勒说过一句话，用在这里非常合适："恐惧是对未来痛苦的预期。爱则是对未来幸福的期待。"

在这里，我想做一个更加具体的区分，因为恐惧的特征是预期，而爱首先是活在当下，并不完全是为了实现未来的期待。爱，首先是一无所求的。爱是深信美好。因此，你应该能够意识到下面这个关联：如果我们和孩子的关系是出于一种充满恐惧的期待，那么从这个角度

后记

来看，我们总是有必要不断地检查我们自己的预期，比如，通过控制我们孩子的方式。我们将尽一切努力，确保预期的痛苦在未来不会发生。为此，控制是必要的。然而，如果我们能够改变我们的视角，放下恐惧和控制，用爱来信任，全新的局面就会打开。我们做回了我们自己。

当我们作为婴儿来到这个世界时，我们内心都怀着一种不可动摇的原始信任，也就是一切都会好起来的：我们是安全的，我们会找到联系，我们会受到欢迎，我们可以成长。因此，我们的情感的原始状态是自信和深深的信任。然而，在我们的童年经历中，这种状态可能被依恋-关系经验所动摇，甚至被破坏，或至少被埋葬起来。然后我们意识到，内心的安全感只能通过对外部的控制来实现和满足。我们在四处弥漫的恐惧和担忧中，更加不信任这个世界，更想要去控制。

这段旅程应该会让你回忆起最初深深扎根于你心中的原始信任，它仍然在你体内，可以引导你走出自我。在你心中的爱、对自己的信任，它的特征是自信、希望、热情和快乐，对自己深刻的信念感，以及对生活美好的坚信不疑。这是你的宝藏！为了到达自己内心中这个丰饶富足的核心，你需要与自己的连接。你总是可以通过与自己的联系来找到自己的中心，利用你内心的宝藏，为自己定位。

重拾信任就像学习飞行一样。这种感觉很不寻常，因为我们真的是在放下一个让我们感到安全的旧模式，翱翔于天际，信任我们自己的翅膀。但这非常值得，因为当你回归自我，当你出于深深的信任和内心的自信而行动时，一个全新的维度就会在你的生命中打开。这个神奇空间的大门打开了，让你可以一次又一次地以全新的方式爱你的孩子。在这个空间里，真正的关系产生并相遇。这也意味着，你将会在那里一次又一次地遇见自己。也许会出现疑虑和恐惧。察觉到它们，允许它们的存在，接受它们，让它们去吧。始终满怀信心。所有这些，都是成为父母和为人父母的一部分。这是作为人类的一部分，也是我们这段旅程的一部分。如果我们不感到疲倦，以开放和好奇的态度对待生活，那么我们的旅程永远不会结束。

在此，我想引用一段精彩的对话来结束我们的旅程，它在我的人生之旅中陪伴了我很长时间，一次又一次地感动着我，我想它触动了我们每个人内心深处的智慧。我相信你知道它。摘自安托万·德·圣-埃克苏佩里的《小王子》：

"'再见，'狐狸说，'我的秘密是这样，很简单：用心去看才看得清楚。本质的东西眼睛是看不见的。'"

这就对了。让我们永远不要忘记这一点。谢谢你开启了这趟旅程。我希望，你能继续走这条路，有意识地去感知生命中许许多多的幸福时刻，感受你体内拥有的能量、力量和宝藏，能够与他人分享这一切，尤其是与你的家人和孩子。

保持健康，保持联系！感恩有你！

你的，卡特琳娜

致　　谢

　　这本书会问世，一方面因为我自己也是一个旅行者，也因为二十多年以来我曾密切陪伴过无数人，走过他们自己的旅程。因此，首先我要感谢所有这些我在咨询和指导课程中遇到的人，感谢他们对我的信任，允许我在实践中以依恋－关系为导向的方式陪伴他们的日常生活。能和你们合作，我感到很荣幸。我尤其要感谢在网络课程"暑期学院：更好地理解孩子"中陪伴了我一年多的家庭。感谢大家的信任，感谢大家出发，感谢大家一次又一次地踏上旅程，感谢大家想有所改变。谢谢你们允许我如此紧密地陪伴在你身边。非常感谢许多KBV课程的负责人和bbEF辅导员，我曾有幸为她们提供培训：像一块石头落入水中，激起涟漪一片……这是多么奇妙！她们带着依恋和关系的信息，传递给更多的人。

　　我还要感谢我的家人——我四个优秀的儿子，没有他们，我就没有机会走过这么多弯路，没有他们，我就会缺乏对一些宝藏小径的了解，他们过去和现在都是我最好的老师。谢谢你们，孩子们。你们是发生在我身上的最美好的事情。我还要感谢我的爸爸和妈妈，还有我的兄弟姐妹们。你们是我的起点，如果没有你们，一切都会变得不同。

　　我要感谢我最亲爱的朋友安德烈·斯特恩。多年来，我一直与他有着深厚的友谊，他对儿童的看法总是给我很大的启发。我还要感谢我的朋友兼同事朱迪思·沃格尔·魏辛格和萨维纳·蒂尔曼，她们都是如此关爱我并无条件地陪伴在我身边。与你们的交流是如此宝贵。谢谢。还有ATI，她总是在那里，是真正的"超级保姆"。因为她真的是"超级棒"。你是伟大的。

我从心底感谢我的优秀团队，这个团队已经成长了一段时间。特别感谢苏珊娜·林克。没有你，苏珊娜，这本书就不会以这种形式存在。感谢你对我的爱和耐心，感谢你在我身边的力量。感谢克里斯汀和索尼娅。没有你们，我会一团乱的。感谢马泽·海尔舍。我享受和你一起度过的时间，当我们为我们的播客举办"家庭会议"时，你的问题和你在我耳边的声音让我们深受感动。感谢你总是来我的工作室拜访我，让我们能够一起讨论出这些如此重要的话题。我们总会找到时间一起吃顿晚餐的。

我还想从心底里感谢我所有的老师和"旅伴"，所有在我参加的培训和进修中遇到的人，以及那些我曾经请教过的人。

我还要感谢贝尔茨出版社的卡门·克尔茨，感谢她坚持不懈地善意询问，直到这本书顺利问世。也非常感谢我的编辑卡塔琳娜－特姆尔，她以如此细腻的笔触将文本打磨得如此清晰有爱，并陪伴它进入最终版本。

感谢诺拉·伊姆劳、丹妮尔·格拉夫、卡蒂亚·希尔克、赫伯特·伦茨－波尔斯特、苏珊娜·米耶罗、阿伊达·S. 德·罗德里格斯、达米·沙尔夫以及劳拉·马利纳·塞勒，多年来，他们一直把亲情和关系作为工作的中心，使世界每天都变得更加美好。同时要感谢所有我现在没有提到名字，但也在过去几年中给予我很大支持和陪伴我的朋友，感谢你们在Facebook、Instagram、YouTube上关注我，听我的播客，使用我的应用程序，给我写邮件，积极鼓励我。现在，最后，要感谢正拿着这本书的你，感谢你阅读这本书，感谢你信任我，允许我陪伴你走完这趟旅程。非常感谢。